Vers les Sommets

Lettres de la

Comtesse de Saint-Martial

(Sœur Blanche, Fille de la Charité.)

LIBRAIRIE PLON

Il a été tiré de cet ouvrage 8 exemplaires sur papier de Hollande, numérotés de 1 à 8.

Vers les Sommets

PARIS. TYP. PLON-NOURRIT ET Cⁱᵉ, 8, RUE GARANCIÈRE. — 13601.

Que le soleil d'Égypte, mon cher Léopold, illumine
ton cœur de ses rayons éclatants, malgré la vraie misère
de bon sort de passer l'hiver au Caire! La vraie lumière
est au-dedans de nous, et si l'âme est sombre, nous
verrons l'obscurité partout. Courage, encore un peu
de temps, les années et la vie passent rapidement...,
les heures d'épreuve sont comptées, et bientôt l'Éternité des récompenses sans fin s'ouvrira pour ceux qui
auront su souffrir avec générosité et constance.

Lis la Réflexion du chap. XLVII livre III de l'Imitation, elle est superbe et bien consolante.

Ta sœur qui t'aime

Sr Blandine
Fille de la Charité

Turin 23 Décembre 1889

Blanche de Fischer à quatre ans.

Aquarelle par Dietler.

Vers les Sommets

LETTRES

DE LA

COMTESSE DE SAINT-MARTIAL

(SŒUR BLANCHE, FILLE DE LA CHARITÉ)

SECONDE SÉRIE

AVEC UNE LETTRE AUTOGRAPHE

DEUX GRAVURES ET UNE INTRODUCTION

PARIS

LIBRAIRIE PLON

PLON-NOURRIT et Cie, IMPRIMEURS-ÉDITEURS

8, RUE GARANCIÈRE — 6^e

1910

Tous droits réservés

COMPAGNIE
ᴅᴇꜱ FILLES DE LA CHARITÉ
DE
SAINT-VINCENT-DE-PAUL

Rue du Bac, 140.

Paris, 14 janvier 1904.

A Monsieur

le baron Léopold de Fischer.

Monsieur,

Avant de vous accuser réception du livre que vous avez bien voulu m'envoyer, et de vous en remercier, j'ai tenu à le parcourir. J'ai été très heureuse de retrouver dans ces pages si vivantes, notre chère Sœur Blanche telle que je l'ai connue pendant son Séminaire, avec cette nature élevée, cette âme noble et généreuse qui, au prix des plus intimes, des plus coûteux sacrifices, tournait tous les élans de son cœur, toutes les ardeurs de son courage vers Celui qui pouvait, Seul, la consoler et lui suffire.

Votre livre, selon mon humble appréciation, est appelé à faire beaucoup de bien dans une société où les âmes comme celle de votre sœur deviennent bien rares et où les cœurs brisés par la douleur ne savent plus chercher et trouver la consolation là où elle l'a cherchée et où elle l'a trouvée.

Je fais donc les vœux les plus sincères pour son succès dont je ne doute pas d'ailleurs, et je vous remercie d'avoir bien voulu m'en donner les prémices, vous assurant du souvenir très affectueux que je conserve de votre chère sœur et vous priant d'agréer le très profond respect avec lequel j'ai l'honneur d'être,

Monsieur,

Votre très humble servante

Sœur Marie KIEFFER,
Supérieure générale
de la Compagnie des Filles de la Charité
de Saint-Vincent-de-Paul.

INTRODUCTION

Parmi les femmes contemporaines dont les vertus attirent et retiennent notre attention, il en est de plus célèbres que la comtesse Albert de Saint-Martial, en religion sœur Blanche, des Filles de la Charité de Saint-Vincent de Paul; mais peu de vies, peut-être, nous laissent un souvenir aussi profond, aussi salutaire, aussi entraînant.

Dix années de bonheur, dix années de larmes... voilà toute son histoire.

Est-ce au contraste de ces deux périodes qu'est dû l'intérêt qu'elle nous inspire? N'est-il pas plutôt dans l'élévation surnaturelle d'une âme qui, ayant connu les douceurs de la vie, ne s'est pas amoindrie à ce conctact et, violemment brisée par la perte de tout ce qu'elle aimait, a su dominer sa tristesse, comme elle avait régné sur les joies si pures de son foyer?...

Dans la cruelle transformation de son existence elle s'élève calme, sereine, toujours plus haut... toujours plus unie à Dieu... toujours plus rayonnante de paix, et nous sommes saisis d'admiration devant cette physionomie qui reste suave et gracieuse sous les traits de la douleur. Elle instruit, captive, édifie tout ensemble... Parfois, la chronique des saints déconcerte le néophyte par l'âpreté du chemin qu'elle présente à nos regards. Mme de Saint-Martial, dans sa correspondance, nous livre, sans s'en douter, les secrets d'une vertu qui n'a rien d'austère... il semble qu'en retrouvant la trace de ses pas, nous allons y mesurer les nôtres et la suivre allègrement sur les hauteurs de la perfection, tant on voit d'attraits et de charmes jusque dans les meurtrissures de ses plus dures sacrifices.

Un premier recueil de Lettres parut il y a quatre ans, sous ce titre *En Haut!*, et le succès imprévu de l'ouvrage, qui atteint sa trentième édition, nous révéla ce que nous venons de dire... En cherchant à retracer le portrait moral de sœur Blanche, en nous faisant l'écho de sa pensée, notre intention était d'ériger à sa mémoire un pieux monument d'amicale souvenance. Nous voulions conserver aussi dans des pages durables le parfum de cette âme d'élite, très tendre et très forte.

Tant d'utiles exemples ne pouvaient être réservés à un cercle de privilégiés : la lampe ne doit pas rester sous le boisseau, mais porter au loin les bienfaits de sa lumière créatrice... Il devait être donné à toutes les âmes encore chancelantes dans la voie du sacrifice, dans celui du devoir journalier, de se tremper et de se reposer dans le commerce d'une nature aussi ferme, pétrie d'ardeur, de jugement et de générosité, d'un cœur aussi énergiquement affectueux, d'une volonté aussi assoiffée d'idéal holocauste. L'Écriture ne dit-elle pas que « s'il est bon de cacher le secret du roi, c'est rendre gloire à Dieu que de révéler et de publier ses œuvres »?... Nous pensions, et des juges autorisés le pensaient avec nous, que la méditation de ces feuilles vivantes, toutes chaudes, toutes suggestives, pleines d'aspirations délicates et de réelle piété, serait capable de toucher le lecteur, de l'affermir même dans ses bons sentiments, de le réconforter par la fière envolée de vaillance et d'espoir qui s'en dégage. — Et tout cela jeté d'une plume alerte, avec quelque chose de cette finesse d'esprit, de ce brio chevaleresque, dont s'énorgueillissent à juste titre les épistolières du dix-huitième siècle.

A notre époque frivole et trépidante, où la course des heures emporte la réflexion ainsi que le vent balaie la poussière du chemin, ce livre semblait arriver comme un anachronisme. Nous reçûmes, au contraire, des félicitations émues, des témoignages de sympathie d'un intérêt réel. Ils nous vinrent de près et de loin, jusque d'Abyssinie, de la Nouvelle-Zélande. Le volume allait sa route, d'un pas rapide et sûr... Sœur Blanche perpétuait son œuvre par delà la sphère de son activité terrestre. En prolongeant cet apostolat, elle continuait à soulager, à adoucir, à éclairer, à fortifier. Elle accomplissait le rêve de toute sa vie : *faire du bien en faisant le bien!*

Une jeune femme de vingt-sept ans avait perdu son mari. Sa douleur anéantissait ses forces; aussi, n'ayant plus le courage de la supporter, voulut-elle demander aux plaisirs mondains, sinon la consolation, du moins l'oubli momentané de son martyre. Étouffer les pleurs, les cris de révolte, dans le bruit, les rires et les tourbillons, les folles équipées!... Il est si facile de s'égarer dans les haliers fleuris du monde! Quelqu'un lui apporta *En Haut!* Elle l'ouvrit d'une main distraite; des lignes, lues au hasard, éveillèrent sa curiosité, puis son intérêt et bientôt, subjugée, conquise, elle dévorait les pages où se déroulait sa propre odyssée. N'avait-elle pas éprouvé les mêmes déchirements, passé par les mêmes angoisses? Mais quelle dignité, quelle force, quelle fidélité dans l'amour de la comtesse de Saint-Martial!—Hier encore désespérée, courant à l'abîme, l'infortunée achève à peine sa lecture que déjà elle s'est ressaisie. Elle sera comme sœur Blanche, pieuse, vaillante, et se donnera au soin des malheureux... En essuyant leurs larmes, elle a retrouvé le sourire!

Le succès de notre œuvre dépassait nos attentes. Nous en remerciâmes humblement Celui qui donne à la semence le germe et la fécondité.

**

Aux témoignages de félicitations se joignait l'expression de regrets...

Regrets de tourner le dernier feuillet; plaintes de ne connaître de cette belle vie que les dernières pages. « J'étais triste, en fermant le livre, écrivait une femme du monde, il me semblait perdre une amie avec laquelle j'avais passé des heures exquises. » Et d'autres : « Nous connaissons le repos de l'âme victorieuse... vous nous confiez les mystères de son arrivée au port... En Haut! Mais ne nous direz-vous rien des sentiers qui l'y ont conduite? Ne saurons-nous rien des joies terrestres qui ont précédé ses douleurs et son immolation?... »

Désireux de répondre à des souhaits aussi légitimes, nous avons compulsé à nouveau la correspondance de Mme de Saint-Martial; nous avons relu les lettres écrites dans la chaude atmosphère du *home* qu'elle avait su rendre si agréable au compagnon de sa vie. — Ce n'est pas encore la religieuse, dépensant ses forces et son temps au chevet de la maladie, parcourant les allées d'un vaste établissement qu'elle vient de transformer, ou le front penché sur les inextricables difficultés du grand livre. — Ici, c'est la femme du monde, partout admirée, partout choyée; la douce fée qui, par son sourire et son dévouement, sait retenir au logis les beaux rayons

*

d'amour sans lesquels toute existence n'est que chaîne et torture; c'est l'épouse dont la vie simple, tranquille, mais heureuse, s'écoule devant nos yeux. Ici, c'est encore — surtout — la jeune veuve, accablée de chagrin, parlant à notre cœur par l'entremise d'une amie, confidente de ses pensées les plus secrètes... échange épistolaire qui est comme le prolongement au jour le jour de causeries familières.

Elle est surprise en plein bonheur par un de ces coups de foudre qui terrassent les plus forts. Nous la voyons succombant presque sous le fardeau! Nous assistons à l'aube nouvelle de sa foi, se relevant après l'agonie du premier choc, contemplant au travers de ses larmes la victime rédemptrice du Golgotha... Elle tressaille alors, prise d'un beau zèle de sacrifice, de renoncement, d'oubli des choses d'icibas, et, toute palpitante de générosité et d'amour, s'élance dans la voie royale de la Croix pour rejoindre plus sûrement celui qu'elle a perdu.

> ... Éternité!
> Prix des travaux d'une heure,
> Tu vaux la peine que l'on pleure,
> Que l'on combatte et que l'on meure,
> Pour naître à ta félicité.

Il y a lutte cependant. Une pareille révolution ne s'effectue pas sans combats, ni sans entraves...

A la lueur des éclairs divins qui illuminent l'horizon de son âme, elle a vu le but à atteindre, la perfectibilité dans la vocation religieuse, où Dieu l'appelle. Mais que de liens à briser! Parents, amis, souvenirs, vieilles habitudes, il faut quitter tout cela, puis se quitter soi-même. Ah! ce n'est point aisé... Peu à peu la vérité se fait jour entièrement, la volonté du Seigneur se précise et Blanche de Saint-Martial s'incline. Avec courage, avec résignation, mais aussi avec confiance, avec une abnégation complète, elle s'engage sur la route qui lui est tracée. Puisque sa place n'est plus dans le monde, faisant taire ses aspirations et sa nature, elle se rangera parmi les humbles servantes du pauvre, s'immolera sous le joug de l'obéissance, et se consacrera désormais toute entière et sans restriction au service de Jésus-Christ. Rude calvaire, que la noble femme gravit sans hésitation, sans un regard en arrière, mais qui d'étape en étape la rapproche toujours davantage du faîte et de la palme promise aux vainqueurs.

. . . .

Notre pèlerinage ici-bas est rempli de peines et de joies. Ainsi le veut l'ordre des choses. La nuit ne succède-t-elle pas au jour, le soleil à l'orage? De même, les rêves de la jeunesse sont troublés par l'angoisse et s'envolent à jamais sous l'étreinte de la douleur.

Mme de Saint-Martial nous est un guide aimable, prudent et sûr, car elle a connu les enchantements d'un printemps sans nuage et a su traverser sans faiblir les rafales de l'hiver...

Mieux encore que dans les précédentes lettres

nous entrevoyons cette alternance. La note est plus intime : c'est l'âme qui se révèle. — Les heures coulent rapides à lire des pages où la vertu se montre sans fard ni recherche, et pourtant avec des formes pleines de charmes. On suit sœur Blanche dans son vol vers l'idéal ; on plane avec elle au-dessus des misères humaines. Rien de noble, d'indulgent, de loyal, d'aimant comme son cœur, et néanmoins dans une enveloppe fragile, elle sait montrer la force d'âme d'un héros. Dès ses débuts elle nous étonne par l'accompli de ses sentiments ; elle foule aux pieds les séductions de la terre, elle dédaigne nos petitesses et nous entraîne *vers les Sommets !*

« C'est une dame, mais toute d'or, pourrait-on dire avec le vénérable directeur de Mme de Chantal, et infiniment propre à servir son Sauveur ; que si elle continue, elle le fera avec fruit. »

Ce nouvel ouvrage débutera par des fragments choisis dans les plus anciennes lettres de Blanche de Fischer, — celles qui suivent immédiatement son mariage. Il y en a peu. Habitant Berne la majeure partie de l'année, Mme de Saint-Martial n'avait guère l'occasion de correspondre avec sa famille, et l'intimité, qui plus tard la lia si fortement avec les cousines de son mari, Mmes de Marcé, n'existait pas encore. Sur sa jeunesse rien malheureusement

ne nous a été transmis. Son caractère un peu froid
ne la disposait pas aux confidences avec ses petites
amies... Alors seulement que le fer du sacrifice l'eût
pénétré de sa pointe inflexible, cette âme fine et
loyale sentit monter en elle un besoin d'épanchement... Ce fut comme un inconscient désir de faire
revivre quelque chose des heures d'autrefois. Il lui
semblait retrouver des étincelles du bonheur perdu,
en remuant les cendres sous lesquelles il était à
jamais enseveli. — « D'aimer le mari tant qu'il est en
vie, c'est chose assez triviale entre les femmes, mais
l'aimer tant qu'après la mort d'icelui, on n'en veuille
point d'autre, c'est un rang d'amour qui n'appartient
qu'aux vraies veuves. Espérer en Dieu tandis que
le mari sert de support, ce n'est pas chose si rare,
mais d'espérer en Dieu quand on est destitué de
cet appui, c'est chose digne de grande louange :
c'est pourquoi on connaît plus aisément en la vi-
duité la perfection des vertus qu'on a eues au mariage. » (Saint François de Sales.) La mort seule
fixe l'amour, le réalise, le fait durer. Par elle, le cher
être parti reste intact en notre mémoire; rien ne
peut plus l'altérer; il devient un élément de nous-
mêmes, et sa vie, en nous, ne dépend plus que de
notre constance à l'y garder. En effet, la mort
est une voie naturelle; c'est l'émigration de l'âme
qui, détachée des poussières de ce monde, s'en-
vole vers la patrie céleste, suprême asile des bien-
heureux.

L'amour est d'ordre divin... Les joies qu'il nous procure ici-bas ne sont-elles pas un avant-goût de la félicité infinie dont bénéficiera l'âme chrétienne, ayant atteint la plénitude de son essor, dans l'approche du Seigneur et la réunion à tous nos aimés? — Hymen! Combien ce mot n'évoque-t-il pas d'enchanteurs émois!... Seul le luth cher au poète saurait traduire le flux de sensations qui soulève notre poitrine, quand pour la première fois jaillit en nous cette source de vie. Paysages de rêves où l'on marche à deux, la main dans la main, où l'on foule au pied des gazons d'émeraude, où croissent des arbres à la forme inconnue, où embaument des fleurs qui ne sont pas de la terre, où le murmure des eaux, vives et limpides, dans la retombée de mille gouttelettes, le heurt de ses vagues, emplit l'atmosphère d'un chuchotement de féeries et de légendes d'amour — toujours d'amour, — d'un bruissement de cloches et d'alléluias séraphiques.

Hymen! Oui, l'amour, ce sentiment merveilleux qui transforme les êtres et fait battre les cœurs; ce trouble étrange qui pénètre nos fibres les plus intimes, s'empare de notre esprit, qui bouleverse et apaise tout ensemble, qui meurtrit et que l'on ressent néanmoins comme un frisson délicieux. — L'orage passe, la folie détruit... L'amour vrai n'est pas uniquement fougue et ardeur. Il doit être fort, profond, vif, bienfaisant comme l'effluve du printemps, pareil à sa sève généreuse; il doit ressembler aussi à la franche beauté de l'automne... Lorsque, au dehors, la saison devient fraîche, lorsque la forêt se dore et le soleil descend précoce dans la paix du soir, l'on tourne ses regards plus volontiers encore vers la chambre close et l'on songe avec complaisance au feu clair qui pétille gaiement derrière les chenets. C'est l'heure des confidences, des longues causeries; l'heure où, attentif aux détails, l'homme considère le sillage de ses pas. C'est l'heure, ineffable entre toutes, où il cherche l'aide d'une épaule amie et, dans la douceur des épanchements mutuels, ce philtre de vaillance, un soutien contre les vicissitudes inéluctables de la vie.

Alors seulement il est véritable, sincère. Un amour fait de confiance et d'estime, d'amitié, d'abandon, de fidélité, de dévouement. Un amour qui veut réchauffer et non pas consumer; dont les flammes, tel un embrasement sacré, doivent luire, éclairer jusqu'à l'instant fatal, marqué par l'horloge du destin, où, notre souffle s'éteignant, nous retournerons en terre pour quitter la terre et monter aux cieux, sublime transfiguration.

Et un jour, là-haut, deux âmes se retrouveront, créées l'une pour l'autre; deux âmes qui cheminaient naguère au milieu des brumes crépusculaires, maintenant dans le flamboiement de l'éternité.

.   .   .   .

Sur la tombe de Mme de Saint-Martial les roses fleurissent... D'année en année l'éveil des bourgeons a mis son clair sourire tout au long des tiges, qui plus fortement enlacent le marbre, et leurs fins pétales rouges, en s'égrenant, jonchent le sol, comme pour une tiède et subtile caresse. Un manteau de lierre étend sa verte parure, ornant les grillages, se mêlant à l'écharpe de myosotis et de bégonias dont l'éclat symbolique avive le pieux terrain. Immuable, entre les ifs sombres, la croix dresse son svelte profil tutélaire, tantôt vêtue de neige, cinglée de givre, tantôt resplendissante aux feux du jour.

Les hautes branches ondulent au zéphir. Le ciel est pur, admirablement. Et, sous la feuillée, dans l'ombre douce, s'élèvent de joyeux gazouillis : chant d'harmonie et d'espérance.

Berne, avril 1909.

Léop. DE FISCHER.

LETTRES

DE LA

COMTESSE DE SAINT-MARTIAL

L'Épouse.
La Veuve.
La Religieuse.

I

Gloire à Dieu au haut des Cieux et
paix sur la terre aux âmes de bonne
volonté !

Alleluia !
O Jésus ! Je me fie à Vous...
Et pour le Temps et pour l'Éternité !

(29 mars 1891.)

— Lorsque, le 19 août 1875 Blanche-Marie de Fischer unit sa vie à celle du comte de Saint-Martial, rien ne faisait prévoir l'orage qui, dix ans plus tard, devait éclater sur la jeune épouse.

Une irradiance de bonheur était dans l'air, et aucun nuage ne planait à l'horizon.

Son enfance fut calme et paisible, mais studieuse. Très jeune encore nous la voyons préférer l'étude aux divertissements de son âge. Blanche savait rire néanmoins; elle eut ses petits caprices et ses petites espiègleries. Elle aimait le grand air, les exercices qui vivifient l'esprit en fatiguant le corps... les patins, le cheval furent ses plaisirs favoris. Son caractère ferme, un peu décidé, se complaisait devant l'obstacle pour le vaincre et — effort de la pensée ou travail des mains — elle y mettait tous ses soins et toute sa persévérance.

Mlle de Fischer vient d'atteindre sa dix-huitième année; elle fait son entrée dans le monde. Ses allures ont un cachet de vraie distinction. Toujours affable, mais contenue, réservée, elle a le mot spirituel, la repartie enjouée, et cet ensemble de qualités la fait vite apprécier, choyer même. Cependant elle ne semble pas s'en apercevoir; elle passe sans retenir les éloges, sans s'arrêter aux succès.

(Pour les détails biographiques, voir *En Haut !* p. III à XLVI.)

L'ÉPOUSE

A SA MÈRE

Dijon, 21 août 1875.

Ma bien chère mère, vous êtes sans doute impatiente de recevoir une lettre, et c'est pour vous tranquilliser un peu sur mon sort que je vous écris quelques mots. Notre voyage s'est fort bien passé jusqu'à présent. Jeudi soir, à Neuchâtel, nous avons trouvé un délicieux appartement, avec un dîner tout préparé. Devant nos fenêtres passait un joli balcon qui dominait le lac! La soirée était belle et nous l'avons prolongée un peu plus peut-être qu'il n'eût été absolument nécessaire, vu les fatigues de la journée. Mais rassurez-vous, je me porte à merveille. Ce matin, j'ai dormi tard et j'étais prête juste au moment du déjeuner. Après midi nous avons pris une voiture qui nous a menés voir les curiosités de la ville et des environs. Nous rentrons dans cette minute, à six heures nous dînerons pour aller ensuite au théâtre d'été. Demain nous partons pour

Fontainebleau; j'espère que j'y trouverai une lettre de vous, car moi aussi j'ai hâte de savoir ce que vous faites. Soignez-vous, ma chère maman, ne vous fatiguez pas trop.

L'hôtel ici est assez bon; nous avons la chance d'avoir un salon rouge partout et les arrangements sont confortables. C'est tellement drôle de s'entendre appeler madame! Cela me fait un singulier effet, il me semble que j'ai vieilli de dix ans!

.   .   .   .

Décidément ce n'est pas commode d'écrire quand on est marié. Albert vient me déranger après chaque ligne! Cela n'empêche pas que je suis certainement la plus heureuse personne du monde, et je ne voudrais pas changer mon sort contre un empire. Mon mari vous envoie à tous je ne sais pas quoi; il a fait une bien belle phrase, je l'ai oubliée!

Fontainebleau, 25 août 1875.

... Hier, nous avons fait une promenade de midi à six heures dans la forêt, qui est superbe. Je ne veux pas faire ici un tableau de ces magnifiques futaies, ni de tous ces sites charmants à travers lesquels nous avons fait passer nos petits chevaux (deux poneys blancs). C'est très agréable de courir par les petits sentiers; je remets à plus tard de vous raconter tout en détail, car pour décrire les richesses de ces bois de Fontainebleau et la splendeur du château, il faudrait beaucoup de temps. Ce matin nous sommes allés déjeuner à Marlotte, gentil village sur la lisière de la forêt. Vous avez bien raison, ma mère chérie, de penser qu'Albert m'entoure de soins; il est en effet toujours attentif à ce qui pourrait m'être agréable et toujours prêt à sacrifier ses propres désirs quand ceux-ci s'éloignent des miens.

... Je me suis dérangée pour un régiment de hussards qui me fait le plaisir de passer deux fois par jour sous mes fenêtres. Ils sont charmants. Après le dîner nous retournerons dans le parc du château, où il y a un grand étang contenant des centaines de carpes dont quelques-unes datent, dit-on, de François Iᵉʳ. Je me suis prise d'une belle passion pour une de ces bêtes qui a l'air vieux, mais vieux! et respectable! elle est toute grisonnante. Nous allons chaque jour lui jeter du pain. Du reste, nous sommes très gais et rions de tout comme des enfants. Mais il faut absolument que je vous quitte; au revoir, chère maman, embrassez tout le monde. J'ai reçu une bien bonne lettre de grand'maman (1), lorsque vous irez à l'Enghe dites-lui mille choses de ma part. Quand irez-vous à Glyon?... Je m'embrouille complètement dans ma lettre; Albert se met au piano et joue l'air du ballet que nous avons vu à Dijon l'autre soir. Cela donne envie de danser. Je fais des pâtés d'encre de tous les côtés, mille pardons... mais je me sens si heureuse!

Paris, 30 août 1875.

... La vie parisienne est très agitée; c'est à peine si l'on a le temps de dormir. Il est une heure du

(1) Mme de Fischer de Mür, née comtesse Mulinen.

matin, nous revenons du Théâtre-Français, où nous avons passé une soirée très agréable. Il y a un acteur célèbre qui fait pleurer la salle. En rentrant, nous avons pris une glace chez le fameux Tortoni! Hier nous étions à la Gaîté, demain nous allons à l'Opéra. Ma tête est toute embrouillée; vous auriez des migraines épouvantables au milieu de ce brouhaha de voitures, de courses, de cris, de chevaux... Le bois de Boulogne est charmant et fort animé entre quatre et six heures. Nous ne faisons aucune visite maintenant, nous n'irons à Versailles également qu'au retour. Réellement je suis désolée, ma petite mère chérie, de ne pas pouvoir vous raconter ma vie plus en détail maintenant, mais il est bientôt deux heures, bonsoir, je m'endors. Mille et mille choses à tout le monde. Donnez-moi des détails sur toutes les personnes auxquelles je m'intéresse.

Blois, le 3 septembre 1875.

Hier nous avons été déjeuner à Chambord, superbe demeure bien digne de son noble propriétaire (je suis devenue légitimiste enragée!), mais qui fait l'impression la plus triste; tout est dans un état voisin de la ruine. La journée d'aujourd'hui sera consacrée aux visites, celle de demain à faire le tour des curiosités qu'offre la ville, et dimanche nous allons à Pont-Levoy... J'ai été interrompue au milieu de ma phrase, puis j'ai dû m'habiller pour sortir. Nous avons fait onze visites. Tout le monde est du reste si aimable que c'est un véritable plaisir.

On est ici très royaliste; dans les salons ce ne sont que tapis, écrans, coussins, avec la fleur de lys, et je n'ai guère vu de dames encore qui ne portent pas cet emblème sur des bijoux quelconques; il faut absolument que je m'en achète aussi... Je suis horiblement agitée et occupée, vous n'en avez pas une idée. Les Français ne peuvent se tenir tranquilles. C'est assourdissant, et de penser qu'aux Bordes (1) ce sera bien pire! On y danse tous les soirs, il paraît qu'il y a de la jeunesse!

Château des Fontenils, 19 septembre 1875.

Nous voilà enfin, chère maman, établis tranquillement pour quelques jours; après tant de va et vient, cela repose. Vu le grand deuil de ma cousine de Marcé (2), les mondanités ne sont pas effrayantes; cependant l'on se voit presque tous les jours, mais simplement. Ils sont tous charmants, d'une gaieté, d'un entrain, d'un prévenant, et ils s'entendent parfaitement entre eux. Ce sont des déjeuners sur l'herbe, des promenades en voiture échevelées à travers les bois, enfin une vie comme je l'ai toujours rêvée. Au milieu de cela j'ai perdu mon calme habituel, Maria (3) prétend même qu'on ne me reconnaît plus et que vous serez fort étonnée en me voyant.

... J'ai dû mettre ma grande robe de satin noir,

(1) Le château des Bordes, propriété de M. Léopold de Bodard de la Jacopière.

(2) La comtesse Louis de Marcé, née de Carbonnières.

(3) La marquise d'Iquelon, née de Saint-Martial.

ouverte par devant, avec tous les nœuds mauves et
mon chapeau à fleurs pour aller faire une belle visite
à la comtesse Lamote-Baracé (1), à trois lieues d'ici.
Il n'y avait heureusement que peu de monde et cela
n'a pas été trop gênant. D'ailleurs, Mme de Lamote
est le vrai type de la grande dame, aimable, spirituelle, mettant chacun à son aise, tenant son salon
avec beaucoup de grâce.

... Albert me soigne on ne peut mieux, et vous
pouvez être entièrement rassurée sur ma santé. Vous
ne me reconnaîtriez plus en voyant comme je le
laisse me dorloter, mais je suis si heureuse de voir
quelles attentions il me prodigue que je le laisse faire
avec le plus grand plaisir.

Paris, 22 septembre 1875.

... En quittant les Fontenils nous nous sommes
arrêtés à Blois et nous avons déjeuné chez une dame
fort aimable qui nous a reçus on ne peut mieux. Sa
fille, Mme Roger de Marcé, belle-sœur de mon cousin
Louis, a même poussé la gracieuseté jusqu'à nous
donner un superbe plat en faïence de Blois. Je ne
puis que me louer du charmant accueil qui m'est fait
partout, aussi en voyant tout le monde sans exception
aussi aimable, ai-je pris un peu plus d'assurance. Il
y a même des moments où je suis fort animée et où
il me semble que j'ai de l'esprit... Ce soir nous ne

(1) La comtesse de Lamote-Baracé, née de Virieu, au château du Coudray-Montpensier.

faisons rien parce qu'Albert me paraît fatigué et
pour l'obliger à se soigner je lui ai dit que j'avais
mal à la tête, ce qui n'est qu'une mauvaise raison
puisque je me porte mieux que jamais. Aujourd'hui
c'est la première journée de pluie que nous avons,
mais malgré les torrents qui tombaient du ciel nous
avons fait des courses en quantité... Albert m'a
offert un splendide piano Pleyel, ce qui me met au
comble de l'enchantement. Puis nous avons choisi
des meubles pour le salon et un mobilier en chêne
sculpté pour le fumoir. J'ai un délicieux buvard en
cuir de Russie avec chiffre en argent. Nous avons
du reste acheté une foule de jolies choses, et quant à
moi je suis complètement à sec. Tant pis, vive
Paris! La vie y est charmante!

... Pensez, chère maman, que j'ai l'incroyable
chance de pouvoir aller aux *Huguenots* vendredi!
J'avais toujours tant désiré voir cet opéra sur une
grande scène. Les bons acteurs commencent à rentrer; il y aura foule. Samedi on donne une représentation de gala pour la rentrée de Mme Carvalho
dans *Faust* et je m'en réjouis follement.

Berne, 3 octobre 1875.

Me voilà enfin un peu tranquille après le remue-
ménage de la journée et je profite de ce qu'Albert
n'est pas encore rentré pour vous écrire. Nous
sommes très bien arrivés hier au soir; les bonnes
étaient là et avaient tout préparé pour le mieux. Ce
matin j'ai fait un voyage de découverte dans mon

royaume et j'ai été fort touchée en voyant avec quel tendre soin vous aviez tout prévu! Ma chambre me plaît beaucoup, c'est coquet à ravir. Je ne saurais vous remercier assez, chère maman, les paroles me manquent pour rendre ce que j'éprouve. Il fait un temps épouvantable, aussi ne suis-je pas sortie; j'ai trimé et rangé toute la journée... Mon Dieu, que c'est ennuyeux que vous ne soyez pas là! J'ai une foule de questions à vous faire sur ceci, sur cela et je suis fort embarrassée. Où sont les tabliers blancs? J'ai un tas d'ouvrages et n'ai le temps de rien faire. Heureusement que j'ai d'excellents bonbons à côté de moi; sans cette douce consolation je me laisserais aller au plus sombre désespoir. Bon! voilà qu'on ne peut pas allumer le gaz! Et puis la cuisinière qui veut des paniers, des seilles, des pelles!...

---

6 octobre 1875.

Depuis ma dernière lettre bien des choses se sont arrangées, mais mon intérieur n'est point encore très confortable. Si seulement nos meubles de Paris étaient là! J'ai voulu aller jouer du piano à la maison, hier, mais le salon était en combustion; on posait les tapis. Demain, si mes meubles n'arrivent pas, j'irai m'établir là-bas. La distance ne me paraît pas longue, aussi je pourrai aller très facilement vous embrasser souvent. Reposez-vous bien, chère maman, afin d'être vaillante lorsque vous reviendrez. Comment! vous commencez par me faire espérer que vous viendrez à la fin de la semaine et puis finale-

ment ce ne sera que lundi, et encore! Par exemple,
je vais devenir égoïste et souhaiter la pluie.

Aujourd'hui nous avons été à l'Enghe où nous
avons trouvé tout le monde bien portant, grand-
papa (1) surtout avait une excellente mine. Puis j'ai
été chez l'épicier choisir différentes choses, mais je
m'aperçois que je n'ai que des pâtes pour les soupes
et pas de provisions utiles! Néanmoins je commence
à savoir m'y prendre, Albert m'a acheté un livre de
cuisine qui est une ressource. Il est vrai que je ne
l'ai pas encore ouvert! A propos, est-ce que j'ai
changé de mine? J'ai rencontré plusieurs personnes
qui ne m'ont pas reconnue. J'ai engraissé, je crois,
mais quant à être devenue méconnaissable, c'est
autre chose.

A MADAME MARIE DE LA CROIX (2)

Berne, 28 décembre 1875.

Enfin, ma chère sœur, je parviens à vous écrire
et vous êtes sans doute étonnée de n'avoir jamais reçu
de lettre de moi. La cause de ce long silence a été
bien involontaire, je vous assure, car s'il n'avait tenu
qu'à moi je vous aurais déjà écrit des volumes. Peut-
être ne savez-vous pas que j'ai été assez souffrante;

(1) Albert-Rodolphe de Fischer de Mür (1796-1876), chevalier
du Saint-Empire, membre du Conseil souverain de la Répu-
lique de Berne, dernier secrétaire-général des Postes régaliennes
agnatiques, capitaine de la milice bernoise.

(2) Mme Marie de Saint-Martial, en religion mère Marie de
la Croix, des dames Ursu'ines de Blois.

j'ai passé deux mois tantôt au lit, tantôt étendue sur une chaise-longue. Il n'y a que quelques jours que je recommence à marcher un peu.

Albert m'a admirablement bien soignée; vous ne sauriez croire tout ce qu'il y a de patience, de douceur et dévouement en lui. Il a d'autant plus de mérite que moi je n'étais pas toujours d'humeur agréable. Malheureusement, (heureusement me répète tout le monde!) il est très occupé et passe une grande partie de la journée à son bureau, ce qui fait que je suis souvent seule et livrée à mes propres réflexions. C'est dans ces moments de solitude que je vous demanderai la permission de venir causer quelquefois avec vous; je sais que vous aimez beaucoup Albert et je veux espérer que vous prendrez aussi un peu d'intérêt à sa femme, n'est-ce pas?

Que vous dire de la vie que nous menons? Elle est calme et paisible, car depuis que je suis souffrante nous ne voyons que peu de monde, et malgré cela les jours se succèdent rapidement. Les heures du soir surtout s'enfuient avec rapidité; c'est l'instant où Albert est bien véritablement à moi. Comment vous décrire le plaisir toujours nouveau qu'il y a dans ces causeries si douces au coin d'un bon feu!

Quelquefois je me demande s'il est possible qu'une pareille joie dure éternellement; et cependant il n'y a pas de raison pour qu'elle cesse, car nous nous aimons plus encore qu'au premier jour. Nous entendons l'un après l'autre mourir les bruits de la ville, à qui nous n'avons pas demandé une joie et que nous regardons s'agiter de loin, sans avoir besoin d'elle et sans qu'elle ait besoin de nous. Puis tout se tait, la nuit se fait calme et il semble qu'il n'y ait plus dans la création que nous et notre amour. Je ne sais pas d'où viennent et je ne sais pas où vont ceux qui passent le soir, mais je plains ceux ou celles qui n'ont pas, aux premières heures de la nuit, un cœur qui les aime et leur fasse un monde de leur isolement.

Tout ce que je vous écris là vous ennuie peut-être, ma chère sœur, mais vous me le pardonnerez en me voyant si heureuse. Vous qui êtes si bonne vous avez de l'indulgence pour un cœur qui déborde de bonheur et d'amour et qui voudrait verser partout le trop plein de sa joie.

Laissez-moi seulement vous dire encore que je vous aime beaucoup, que je voudrais pouvoir vous embrasser à travers la vilaine grille noire de votre prison et que vous me ferez un immense plaisir le jour où je recevrai une lettre de vous. Si Albert était là il me chargerait de mille tendresses pour vous, mais il n'est pas rentré encore; d'ailleurs il vous écrira lui-même un de ces jours.

Pensez quelquefois à votre petite sœur toute dévouée.

A SA MÈRE

Londres, 29 mai 1879.

Nous voici installés dans la plus grande ville du monde, après un voyage des plus heureux (1). Paris était charmant, des buissons de lilas de tous côtés,

(1) M. de Saint-Martial avait dû se rendre à Londres pour siéger à la Conférence internationale des Télégraphes, en qualité de secrétaire général du Bureau internationa' des Télégraphes.

des devantures de magasins plus brillantes que jamais, des équipages, du mouvement, de l'entrain et un beau soleil pour éclairer le tout; c'était ravissant. Quel dommage de n'avoir pu rester plus longtemps! Il a fallu réellement se mettre en quatre pour faire toutes nos courses; et encore aller voir tante Isaure (1), Mme de Soulaine (2) qui demeure aussi loin que celle-ci, mais d'un côté tout opposé; passer deux heures au Salon; être avec ma belle-mère (3), venue de Blois pour nous voir; et aller à l'Opéra-Comique entendre la *Flûte enchantée.*
— Hier il a fallu nous lever de fort bon matin, mais à Calais nous avons eu la chance de trouver le nouveau bateau, construit de façon à éviter presque tout roulis; grâce à cela personne de nous n'a senti les moindres atteintes de ce terrible mal de mer. La traversée est jolie, il y a un moment où l'on n'aperçoit plus la terre, rien que de l'eau et du ciel à l'horizon. A Douvres, l'officier de la douane était prévenu, mais il s'est montré trop tard, nous avions déjà fini. Là-dessus nous avons filé vers Londres avec la vitesse du vent. La campagne est plus verte qu'en France; des prés, des troupeaux de moutons, de grandes plantations de houblon, des arbres; de quart d'heure en quart d'heure une petite ville ou village d'un aspect très curieux, car toutes les maisons sont pareilles; on dirait des jouets d'enfants. En arrivant ici nous avons trouvé un délégué de l'administration avec son secrétaire, qui nous a

(1) La comtesse Jules du Planty, née baronne Goumoëns.
(2) Mme de Soulaine, née de Tilière; tante de M. de Saint-Martial.
(3) La comtesse douairière de Saint-Martial, née de Tilière.

conduits à l'hôtel. La plupart des délégations sont
logées ici. Dans ma chambre m'attendait un merveilleux bouquet de fleurs rares avec la carte de
M. de Keyser; c'est du dernier galant.

———————

6 juin 1879.

Par le beau temps Londres est assez joli, mais
nous avons souvent de la pluie, ce qui assombrit le
tableau. Hier nous avons été dans la Cité; on ne peut
se faire une idée du grouillement infect qu'il y a
dans certaines rues. Le pont de Londres est un
spectacle vraiment curieux. Une circulation inouïe,
d'immenses chariots de marchandises de toutes
espèces, collés les uns aux autres, parfois des encom-
brements tels qu'on voit à perte de vue rester immo-
biles pendant des demi-heures des files colossales;
une population sale, en haillons, une odeur de pois-
son et d'eau de mer, une boue noire coulant à flots,
une atmosphère mélangée de fumée de charbon et
de poussière, un ciel jaunâtre, voilà pour le dessus;
au-dessous coule la Tamise, large, grise, charriant
de vraies flottes de bâteaux marchands, des mouches
remplies de monde, des canots, etc. etc., au loin des
mâts, des cordages, et toujours l'inévitable brouillard couvrant le paysage.

Mercredi prochain il y a grand dîner chez le
postmaster-général et jeudi chez le lord-mayor,
mais pour les hommes seulement; ce dernier doit
réunir en même temps le congrès littéraire, Victor
Hugo, About, Claretie, etc., ce qui sera très intéressant. On organise une représentation de gala à

l'Opéra, pour laquelle je me réjouis beaucoup. Demain soir M. Curchod (1) et nous, devons aller dîner chez le représentant d'une des grandes compagnies, mais j'aurais bonne envie de m'excuser, car c'est à la campagne et il n'y a pas d'autre moyen que d'aller en chemin de fer, ce qui me paraît bien impratique, en grande toilette; il fait presque tous les soirs un temps affreux, boue, pluie et vent. Quand on a été dehors pendant dix minutes, on a les yeux pleins de poussière. La première chose qu'on est obligé de faire en rentrant, c'est de se laver et de changer son col et ses manches, car on a des taches de charbon partout. Pour ne pas vous faire un tableau trop noir de Londres, j'ajouterai que j'ai trouvé les magasins mieux que je ne croyais; les devantures sont arrangées avec moins de goût qu'à Paris, mais sont jolies cependant.

———

11 juin 1879.

Aujourd'hui, malgré la pluie battante, je suis partie bravement par le railway, Albert étant en séance, pour mon lunch chez Mme Mayne, qui est décidément une femme charmante. C'est très joli chez elle, arrangé avec beaucoup de goût. A trois heures elle a fait atteler et nous sommes allées faire quelques courses dans Piccadilly, après quoi elle m'a déposée chez lady Anderson. Les quartiers élégants ont de beaux hôtels, des squares superbes, remplis d'équi-

(1) M. Henri Curchod, directeur du Bureau international des Télégraphes à Berne.

pages très brillants. Devant beaucoup de portes on voyait des laquais en grande livrée, poudrés, culottes courtes; il n'y a nulle part de portes cochères, tout comme à Berne. Les hôtels se ressemblent et même l'intérieur est disposé pareillement. On met beaucoup de fleurs sur les fenêtres; elles sont toujours fraîches, aux couleurs voyantes et égayent les façades qui sont partout bien noires.

Jusqu'à présent il n'y a eu encore que deux séances générales, dont l'une était très chargée, il est vrai; pour le procès-verbal de celle-là Albert a dû travailler toute la journée de jeudi et le soir en revenant du dîner du lord-maire, une partie de la nuit. Mais celle de vendredi était toute petite; j'ai rédigé moi-même, pour avancer plus vite, une partie du procès-verbal, pendant qu'Albert était en séance de commission, et ce n'était pas trop mal fait, paraît-il, puisqu'on l'a imprimé tel quel. Pour le secrétariat général tout s'arrange aussi mal que possible, personne ici qui sache assez bien le français pour rédiger les procès-verbaux, et, comme l'administration anglaise est en froid avec l'administration française, rien à attendre de ce côté-là. Mais je suis sûre que vous ne comprenez pas grand'chose à tout cela. Moi, j'y prends de l'intérêt, car j'en entends parler si souvent que j'y suis bien forcée. Je commence à m'entendre un peu à toutes ces discussions.

---

19 juin 1879.

C'est incroyable comme les distances sont grandes ici; il ne se passe pas de jour où nous ne fassions deux ou trois heures de chemin de fer et cependant nous n'allons pas très loin. Avant-hier, pendant la séance, je suis allée avec Mme do Rego, femme du délégué portugais, excellente et très sympathique, faire une visite à la campagne; une heure et demie pour le trajet et autant pour revenir. Les Anglais trouvent cela tout naturel, mais moi je commence à me fatiguer un peu de cet éternel parfum de charbon et de fumée. Il y a dans les environs des cottages charmants, la campagne est fort jolie, mais il faut la chercher loin. Hier, j'ai fait avec plusieurs personnes une promenade à Hyde-Park pour assister au défilé du club des *four in hand*. Il y avait foule, piétons en grande tenue, équipages nombreux, amazones en quantités. Mais quelles drôles de toilettes l'on voit! Des chapeaux comme ceux du directoire, des robes de velours gros bleu garnies de satin or, avec cela des parasols rouges : c'est un assemblage de couleurs criantes qui fait mal à voir. Quelques costumes noirs, parfois très jolis, toujours des étoffes riches, satin, velours, brocatelle. Les deuils, par exemple, se portent d'une façon étrange; profusion de crêpe, des robes entières en crêpe, puis un gros collier avec un immense médaillon en or bien jaune et bien voyant, et une grosse rose rouge sur le chapeau. C'est fort bizarre. Beaucoup de bijoux, toujours des gants noirs, ce qui est très drôle avec les robes crème ou rose tendre. Les femmes, en général, me paraissent moins jolies qu'à Paris, mais quelques-unes sont ravissantes; les tournures sont très élégantes et sveltes. Mais les pieds et les mains! Quel contraste! Il est vrai que pour trotter dans cette boue il vaut mieux être douée de solides bases.

... Si je voulais vous décrire toutes les choses que

je vois et fais, il faudrait des volumes; je réserve
cela pour nos causeries du retour. — Après le
lunch nous irons entre dames à une représentation
théâtrale pour laquelle on nous a gracieusement
envoyé de beaux billets à une guinée. Demain soir il
y a grande réception chez M. Pender, M. P.; il y
aura S. A. R. le duc de Cambridge, et on dit que ce
sera très brillant. Je regrette qu'il n'y ait actuellement aucun bal de cour, cela m'eût intéressée.
Samedi excursion en steamer à Richmond et Hamp-
ton Court, avec là-bas promenade en voiture dans le
parc et dîner à sept heures. Nous avons des invitation de tous les côtés, il y en même pour le 23 juillet! Tout le monde est fort aimable et nous comble
de prévenances. Au milieu de tout cela on n'a pas
encore eu le temps de travailler beaucoup; si l'on
continue ainsi, ce sera une affaire de mois... La
semaine prochaine nous voudrions aller entendre la
Patti et la Nilson, mais ce sera difficile, je crains, car
il y aura des séances et par conséquent du travail
pour Albert, outre les « entertainements » officiels
qui prennent beaucoup de temps. Le repos du dimanche fait un bien immense après les incessantes
agitations de la semaine; ce jour-là tout est bien
tranquille et l'on jouit vraiment du calme répandu
partout.

———

22 juin 1879.

... Les bords de la Tamise sont tout ce qu'on peut
imaginer de plus délicieusement joli, « lovely »
comme on dit en anglais. Des pelouses d'un vert

charmant et unies comme un tapis de velours, des arbres magnifiques, des habitations princières appartenant à des familles de la plus haute noblesse, tout à côté des cottages simples et gracieux, une floraison superbe ; enfin, c'est une contrée idéale et qu'il faut avoir vue pour se faire une idée de cette fraîcheur pleine de sève que nous voyons dans les paysages anglais.

Les deux délégués turcs, dont l'un avec sa femme, sont arrivés l'autre jour, et notre collection est complète. Au milieu du tohu-bohu on se croirait à la tour de Babel, et on finit par ne plus savoir quelle est sa propre langue ; Mme do Rego, qui est Portugaise, causait hier avec un Portugais également, mais elle s'est si bien embrouillée qu'elle a fini par répondre en une espèce d'anglais écorché, car elle ne le parle pas. C'était à mourir de rire. La plus drôle de tête est celle du secrétaire japonais qui ne sait pas d'autre langue que la sienne. La délégation japonaise se compose de trois membres, mais malheureusement ils sont toujours en costume européen. Vendredi au bal Pender nous avons vu l'ambassadeur de Chine, celui-là habillé à la mode de son pays. Si toutes les soirées anglaises ressemblent à celle-là, ce ne doit pas être bien amusant. On a toutes les peines du monde à entrer par une porte et on se laisse pousser pour sortir par l'autre. Il y avait de belles toilettes, des bijoux magnifiques et des dentelles de prix, mais tout cela arrangé sans goût. L'entrée et la cour étaient décorées d'une manière artistique, mais les pièces de réception sont trop petites pour contenir un pareil monde. Le 30 il y aura grande matinée musicale chez Mme Mayne et le 1ᵉʳ juillet chez la baronne de Reuter ; je pense qu'il y aura à peu près la même foule. Mercredi prochain, il y a une excursion officielle à Greenwich pour visiter la « Scotia », ce qui sera intéressant. Jeudi, nous allons à *Lohengrin* entendre Mlle Nilson. Vendredi, je vais prendre le thé chez Mme Mayne et le soir nous allons à *Don Juan* avec la Patti. Samedi, grande excursion à Windsor.

La mort du prince Louis Napoléon agite beaucoup; il paraît que les Anglais avaient de la sympathie pour lui. Il est du reste naturel qu'ils s'émeuvent de cette mort si inattendue, et dans les rangs de leur armée. Toute la noblesse va s'inscrire à Chislehurst. Le jour même où l'on apprit la nouvelle, l'impératrice avait reçu une lettre de son fils; quel coup pour cette pauvre mère!

1er juillet 1879.

Voici la période de travail qui commence; jusqu'à présent, il faut l'avouer, on ne s'y était pas mis sérieusement. Tout le monde est d'accord pour trouver le séjour de Londres très fatiguant, aussi voudrait-on en finir au plus vite. Il y a eu séance hier et de nouveau aujourd'hui, ce qui a forcé Albert de travailler une grande partie de la nuit. Demain, excursion en masse à Woolwich; le soir, bal donné par la Société des Arts. Jeudi, soirée chez le représentant de la Compagnie des Télégraphes. Vendredi, dîner chez Sir James Anderson. Samedi, fête champêtre, concours de lawn-tennis, danse sur l'herbette fleurie, à la campagne, chez les Pender. Dimanche nous dînons enfin chez Allan Chambre (1), qui jusqu'ici s'est obstiné de ne pas nous montrer sa femme. Lundi, on nous mène en corps à Covent-Garden où l'on donne le *Barbier de Séville* avec la Patti, quelle chance! Mardi, soirée chez le secrétaire du Post Office. Mercredi, grande fête chez le docteur Siemens. Puis cela devient vague. Vous voyez, que si l'on veut, on a tous les jours quelque chose, sans compter les invitations à luncher. Les jours de séance je suis toujours invitée chez l'une ou l'autre de ces dames. Les intérieurs anglais sont charmants, arrangés avec un certain goût artistique et d'un confort idéal. Par exemple les familles sont nombreuses, il n'y a jamais moins de sept enfants et bien souvent davantage.

Dans ce moment on parle beaucoup du prochain départ de Sarah Bernhardt qui a donné sa démission de sociétaire de la Comédie-Française et a signé un engagement pour deux ans en Amérique; on lui donne deux millions, plus les frais de voyage et de séjour. N'est-ce pas effrayant? Il y a un engouement inouï pour cette femme partout, cela finit par la griser complètement et la rendre insupportable.

<hr>

11 juillet 1879.

Dimanche, j'ai dîné chez les Chambre; malheureusement au dernier instant Albert n'a pu venir et je suis partie par des torrents de pluie avec M. Cur-

(1) Cousin de Mme de Saint-Martial.

chod. Après une heure et demie de route nous avons
retrouvé Allan, qui nous attendait à la station. Sous
prétexte de nous faire admirer son jardin, le malheureux nous a promenés sur un sol détrempé,
sous des arbres ruisselants, avant de nous faire entrer dans la maison. Sa femme est fort bien, très gaie
et vive; c'est à peine si elle sait quelques mots de
français. Sa mère (1) vit avec eux actuellement;
elle est paralysée, clouée sur un fauteuil, mais très
aimable, demandant des nouvelles de chacun, s'intéressant à tous. Elle m'a parue un peu étonnée que
nous n'ayons pas été voir à Paris ses cousins de Lamarre (2), les nôtres aussi par conséquent, et leur
fille La Tour d'Auvergne (3) (vous ne me les aviez
seulement jamais nommés, ce que je me suis gardée
d'avouer!). Enfin, bref, ce sont des gens très bons et
simples, et je voudrais bien y retourner, si nous
avons le temps.

16 juillet 1879.

Albert est extrêmement occupé maintenant; il y a
séance sur séance et au lieu de le laisser travailler
tranquillement dans la soirée, ces messieurs des
délégations viennent à chaque instant lui demander
quelque chose, ce qui prolonge bien entendu. Aussi

(1) Mrs. Francis Chambre, née de Mellet; tante au troisième
degré de Mme de Saint-Martial.
(2) Le général Fabien de Lamarre et Mme de Lamarre, née
Belgrave Hoppner.
(3) La comtesse Émile de la Tour d'Auvergne, née de Lamarre.

n'ai-je pas voulu aller aux dernières parties, afin qu'il ne soit pas toujours forcé de travailler la nuit. On pense terminer la semaine prochaine; notre séjour menaçait de s'éterniser et nous avions déjà formé le projet d'allumer un superbe arbre de Noël! Pour clore dignement la Conférence, on a l'amabilité de nous offrir un voyage à Manchester, Liverpool et Édimbourg, avec fêtes variées, excursions dans le pays, dîner à bord d'un navire de guerre, etc., etc. Si nous ne sommes pas obligés de revenir à Berne à bride abattue, nous comptons passer par Bruxelles.

... Pendant les séances je suis presque toujours avec Mme do Rego; aujourd'hui nous avons pris une voiture pour aller faire un tour à Hyde-Park, ce qui était très amusant. Des toilettes à faire dresser les cheveux sur la tête! des choses inouïes; malheureusement pas de soleil. Je ne crois pas avoir aperçu un seul rayon depuis la journée de Windsor; l'air est éternellement humide, toujours des brouillards. J'espère qu'à Saint-Moritz vous jouissez d'un temps plus agréable. De la pluie, de la pluie! C'est l'accompagnement forcé de tout ce que l'on fait ici!

Cologne, 2 août 1879.

Nous nous rapprochons de Berne peu à peu, mais il fait si chaud qu'on a presque pas le courage de se mettre en chemin de fer. Le voyage en Écosse a été charmant; quelle ville idéale qu'Édimbourg, cela nous est resté comme un rêve. Je remets à plus tard les récits de cette délicieuse excursion. Le retour à été une bousculade et un brouhaha général; courses aux deux bouts de la ville, les paquets, les adieux, un dernier tour à Hyde-Park... Nous avons quitté Bruxelles ce matin à six heures pour voyager avant la rigueur du jour; le soir nous avions dîné chez les V., qui ont été fort gracieux. Demain nous pousserons jusqu'à Mayence par le Rhin, ce qui sera plus agréable. Puis nous nous arrêterons encore un jour ou deux à Strasbourg. Ainsi nous arriverons à Berne à peu près en même temps que vous; j'espère que la cure vous aura fortifiée et fait beaucoup de bien. Au revoir donc à bientôt, chère maman, j'embrasse tout le monde de cœur et très à la hâte.

A MADEMOISELLE DE MARCÉ (1)

Berne, 13 juillet 1882.

C'est à vous cette fois, ma chère petite Louise, que je m'adresse pour vous donner de nos nouvelles et je n'oublie pas que vous m'avez promis de me tenir au courant de vos faits et gestes. Chaque fois que vous voudrez bien prendre la plume à mon intention vous me ferez le plus grand plaisir et j'espère que vous ne tarderez pas trop à commencer

(1) La comtesse Marie-Édith-Louise de Marcé (fille du comte Louis de Marcé, ancien enseigne de vaisseau, porté à l'ordre du jour pour sa conduite à Petropoulowsky, officier de la Légion d'honneur, cousin germain de M. de Saint-Martial), depuis 1894 chanoinesse de l'ordre noble de Sainte-Anne de Munich, dame d'honneur de Son Altesse Royale la duchesse de Vendôme, décédée le 22 juin 1906.

l'éxécution de ce bon projet. Que devenez-vous? Si vous avez aussi vilain temps que nous, vous ne devez guère faire de promenades, à moins que votre cher père n'ai fini par vous communiquer son optimisme. Nous avons eu si froid ces jours derniers qu'on faisait du feu comme en janvier; à deux reprises il est même tombé un tout petit peu de neige. J'ai été très occupée à choisir la corbeille de mariage de mon frère aîné, car ma mère ayant été un peu souffrante, c'est moi qui ai dû mener une correspondance nombreuse; nous avons si peu de ressources ici que, sauf les fourrures, il faut tout faire venir et c'est parfois compliqué. Les journaux nous ont raconté votre fête en l'honneur de Rabelais, mais je suppose que vous ne vous êtes guère montrés à Chinon ce jour-là. Le nouveau chemin de fer doit maintenant siffler et fumer devant votre parc, ce qui n'est peut-être pas toujours agréable. Avez-vous commencé les répétitions pour la messe que vous deviez chanter le mois prochain? Hélas, nous ne pourrons pas vous entendre!

Ah! que je n'oublie pas de vous donner une nouvelle qui vous intéressera tous, je n'en doute pas. Albert vient d'être nommé chevalier de la Légion d'honneur et, comme il en a reçu l'avis du ministère ce matin, vous voyez que ce n'est pas vieux.

----

25 août 1883.

Depuis longtemps déjà, ma petite Louise, je voulais vous écrire et je suis vraiment honteuse de vous

donner aussi rarement signe de vie, alors qu'il n'y a
peut-être pas un jour où nous ne parlons de vous et
de votre charmante famille. Que vous devez être
heureuse d'avoir des parents aussi accomplis sous
tous les rapports que ceux que vous avez; c'est là
une grande bénédiction de Dieu, on ne saurait trop
l'en remercier. Mais je ne sais vraiment ce qui me
prend de vous faire ce discours; ne sais-je pas que
vous leur rendez largement ce qu'ils font pour vous
et que votre tendresse filiale les récompense d'une
manière bien douce.

Je n'ai pas voulu laisser passer le jour de votre
fête sans vous exprimer les affectueux souhaits que
nous faisons pour votre bonheur et vous voudrez
bien, chère Louise, les partager avec votre excellent père.

Nous avons passé une partie de l'été chez mes
parents, à la campagne, et nous ne sommes revenus
en ville que pour recevoir Paul (1); après son départ,
qui malheureusement aura lieu dans deux jours,
nous retournerons encore à la campagne pour une
quinzaine, puis nous irons faire un court séjour chez
une de mes tantes dans les environs de Vevey et de
là nous reviendrons définitivement prendre nos
quartiers d'hiver. Vous voyez que nous ne nous
absentons guère; en juin nous avons fait un petit
tour à Zurich, Lucerne, Schaffhouse, et voilà tout.

Maintenant que je vous ai donné de nos nouvelles,
causons un peu de vous. La dernière lettre de votre
charmante et aimable mère est du 19 avril, aussi le
temps me paraît-il long sans savoir ce que vous

(1) M. l'abbé Marie-Jacques-Paul de Saint-Martial, chanoine
honoraire du chapitre de Blois, curé de Cellettes, frère de M. de
Saint-Martial. — Alors aumônier au collège de Pont-Levoy.

devenez et cependant c'est ma faute puisque ma main a fait la paresseuse. Vous savez que je prends la plus grande part à tout ce que vous faites et que je vous serai très reconnaissante si vous voulez me donner des détails sur votre vie.

Quelle triste et douloureuse nouvelle nous avons reçue aujourd'hui! Quoique attendue depuis quelque temps, le mort de Monseigneur (1) n'en frappe pas moins douloureusement tous les cœurs vraiment français. Comme on se sent opprimé et triste en voyant finir ainsi une vie si loyale et si noble! Pauvre chère France, que deviendra-t-elle maintenant et qui sera capable de la tirer de l'incommensurable abîme où elle tend à se perdre? Le *Clairon* nous donne aujourd'hui un excellent article plein de cœur et d'émotion. On se sent profondément touché et péniblement ému en voyant disparaître à jamais la monarchie traditionnelle, dix fois séculaire; quelle responsabilité pour les hommes qui ont empêché la France d'être prospère et heureuse sous le règne du dernier descendant de la branche aînée.

A MONSIEUR HENRY DE FISCHER (2)

Berne, 4 janvier 1884.

. . . .

J'ai reçu avec plaisir ton aimable envoi de Boissier, mais cependant, mon cher ami, je veux te

(1) Son Altesse Royale le comte de Chambord (Henri V de France).

(2) Frère de Mme de Saint-Martial; à Paris pour ses études.

reprocher un brin d'avoir fait cet excès; toutefois je ne te gronderai pas trop, vu surtout que j'aime beaucoup les bonbons et que ceux-ci sont excellents. Ce qui m'a attristé profondément, c'est le ton de ta lettre. Pourquoi te laisser aller à un pareil découragement? On a toujours dans sa vie des moments où l'on se sent pris d'une lassitude telle qu'il vous semble que l'on voudrait se laisser anéantir; mais il faut réagir vigoureusement, lutter avec courage pour prendre le dessus et finalement ces jours noirs passent aussi, tout comme les heures roses. *Cheer up! Sursum corda!* Hélas! je sais bien que le *struggle for life* est pénible, mais après tout tu n'es pas dans une situation absolument désespérée parce que tu ne possèdes pas d'hôtel, avenue du Bois, ni de chevaux! Il y en a d'autres... Il faut bien qu'un homme apprenne, et sache quand il le faut frayer avec un monde qui n'est pas de son goût. C'est bon pour de rares privilégiés de se trouver toujours avec leurs pareils, et encore! mais quand il faut travailler et se faire une carrière, l'on est bien obligé de se trouver en contact avec des inférieurs souvent grossiers de manières et de cœur.

Je ne te raconterai pas nos étrennes parce que notre mère t'aura, sans doute, donné des détails là-dessus. Je te dirai seulement qu'Albert m'a offert une très belle émeraude, montée en bague; que nous avons dîné hier soir chez les H..., où il y avait une brillante réunion; que ce matin trois ramoneurs fourragent dans l'appartement, ce qui est des plus inconfortables; et que mercredi prochain nous donnons un grand dîner d'hommes, l'ambassadeur (1), les

(1) De France.

ministres de Russie, d'Autriche, de Bavière, etc., etc.
Les invitations ne sont pas fréquentes cet hiver;
il semble que tout le monde soit sous le poids d'un
événement écrasant, mais personne ne sait s'il est
passé, présent ou futur! On prétend que le peuple
croit fermement à une guerre prochaine, sanglante;
et devines-tu sur quoi se base cette croyance? Sur
les couchers de soleil si beaux et si rouges que nous
avons depuis quelques mois; il paraît qu'en 1870 le
même fait s'était produit.

Vendredi nous aurons une représentation du *Bel
Armand*, donnée par une troupe en passage. Connais-tu la pièce? Elle est de l'Odéon, théâtre peu
« v'lan » et où tu ne vas peut-être jamais.

———

5 février 1884.

. . . .

Décidément, mon cher Henriot, notre correspondance se croisera toujours! Ce matin ton aimable et
printanier envoi est venu me surprendre agréablement à mon réveil et ma première sensation a été un
doux parfum de violettes. Tu as été gentil d'avoir
pensé à m'envoyer ces précurseurs de la belle saison. Nous avons depuis quelques jours un temps
splendide, mais, malgré le soleil, les violettes sont
excessivement rares, c'est à peine si quelques pro-
priétaires de jardins bien situés peuvent en montrer
deux ou trois. Tes bouquets, qui embaument mon
salon, vont faire un effet charmant et je ne sortirai
pas aujourd'hui, afin de ne pas manquer les visites.

Aussi ne puis-je mieux faire en attendant que de venir causer un peu avec toi en te remerciant de tes bonnes lettres. Je constate avec plaisir que tu parais assez gai et que tes idées sombres ont tout à fait passé. Tu mènes une vie fort agréable, il me semble, remplie d'amusements; je veux espérer que les plaisirs mondains et autres ne nuiront pas à tes travaux. Nous avons lu *Tristesses et Sourires* il y a quelque temps déjà, l'ayant acheté au moment où il paraissait. Je trouve comme toi que c'est un livre charmant, plein de finesses exquises et exhalant un parfum de fraîcheur honnête, hélas! bien rare dans la littérature du jour, Albert me l'a lu à haute voix et je l'en ai goûté davantage. — D'après ce que tu m'écris, je vois que tu as pas mal de connaissances; qui fréquentes-tu le plus? Chez ton ami, M. de Batthyàny, tu vois probablement surtout des étrangers. Qui est donc cette comtesse de Lanchâtre dont tu parles quelquefois, est-ce une Française? Ainsi écrit le nom paraît drôle. Es-tu retourné chez Mme de Sèze? A ce propos il me revient à l'idée que mon beau-frère, l'abbé, m'avait dit une fois qu'il pourrait peut-être, si tu le désires, te donner un mot d'introduction pour la duchesse de Maillé.

Le vernissage de l'exposition des aquarellistes a été fort brillant, à ce que je lis, il paraît y avoir des peintures charmantes. En fait de théâtre, les premières se succèdent; il me semble qu'il n'y en a jamais eu autant. L'autre jour encore, *Hérodiade* aux Italiens et la *Cosaque* aux Variétés. Cette dernière, d'après les comptes rendus, doit être fort au-dessous des précédentes du même genre. Nous aurons samedi *Severo Torelli;* espérons qu'il sera bien donné, car sans cela quatre actes en vers seraient durs à avaler. — Il y a eu ces derniers temps quelques festivités, entre autres, un charmant dîner chez les H. M..., fort bon et bien arrangé, suivi d'une soirée dansante. Malheureusement j'avais une crise de névralgies ce soir-là et j'ai dû quitter de fort bonne heure. Comme je sais que tous les petits détails t'intéressent, tu ne seras peut-être pas fâché d'apprendre que j'avais une toilette en satin broché crème, garnie de dentelles, avec traîne carrée et corsage également crème, bordé de fourrure, ce qui n'était pas vilain comme effet et sortait de ce que l'on voit toujours.

14 mars 1884.

. .. .

J'allais prendre la plume pour t'écrire lorsque j'ai reçu ta lettre. Mon but était de tâcher de te consoler de l'échec que tu viens de subir, mais comme deux minutes après j'ai eu la visite d'Édouard (1), — il est reparti avant-hier, — qui m'a raconté que tu l'invitais à une soirée, j'ai jugé qu'une tristesse qui se manifestait en donnant des fêtes n'avait peut-être pas besoin de mes apitoyements, et voilà comment il se fait que je n'ai pas écrit de suite. J'espère que tu vas te remettre au travail avec ardeur et je te souhaite vivement de pouvoir obtenir enfin ta dernière mention. Écris-moi comment s'est passée ton invita-

(1) M. Édouard de Freudenreich, Dr. jur., secrétaire de légation, cousin de Mme de Saint-Martial; il s'occupa plus tard de microbiologie, fut nommé directeur du Laboratoire fédéral de bactériologie, à Berne, et publia divers travaux très remarqués.

tion et quels étaient les convives. Y avait-il des
invitées?

Nous vivons tranquillement ici, pas comme toi
dans un flot de mondanités. Hier nous avions un
petit dîner intime, mais charmant : Mme P., les V.
d'E. et le comte d'A., tous de bons amis que nous
voyons très souvent. Nous allons fréquemment les
uns chez les autres après le dîner et de temps à
autre on s'invite au repas. C'est là un genre d'intimité que j'aime beaucoup. Lundi prochain il y a
grand bal au Bernerhof, donné par les deux ménages
G. et A. M... Le temps est superbe et d'une chaleur
surprenante à cette saison; on est tout étonné de
vivre à côté des fenêtres ouvertes. Je suis sûre que
Paris est charmant, le marronnier du 20 mars aura
sans doute devancé l'époque de ses feuilles et les
lilas ne tarderont guère à embaumer l'air de leurs
délicieuses senteurs.

.   .   .   .

Le fauteuil ancien, dont je te parlais l'autre jour, est
en notre possession depuis une huitaine; je l'ai placé
à moitié dans l'embrasure de la fenêtre, à côté de la
cheminée, et je l'ai adopté comme place habituelle.
Quant à mes ouvrages, ils avancent avec lenteur;
c'est désespérant! Le bandeau de cheminée n'est
qu'aux trois quarts terminé, car je ne puis y travailler tous les jours à cause du canevas très fin qui
fatigue les yeux, puis j'ai continuellement d'autres
choses qui réclament mon temps. Aujourd'hui j'ai
fabriqué une planchette pour ta photographie; elle
est recouverte de peluche olive avec une application en satin chaudron, dans l'angle de gauche.
Es-tu content?

Blois, 18 mai 1884.

. . . .

Le temps nous a délicieusement favorisés à Paris, des journées superbes. Nous avons couru beaucoup, fait un joli nombre de visites, été au spectacle tous les soirs. J'ai regretté qu'on n'ait donné la *Favorite* à l'Opéra que hier et que Sarah Bernhardt ne soit rentrée que le jour de notre départ, mais il nous était de toutes façons impossible de prolonger. — Nous avons retrouvé ici d'excellents et charmants amis qui nous ont vivement pressés d'aller passer quelques jours dans leur castel, à trois lieues d'ici, ce que nous ferons sans doute. La semaine prochaine nous passerons trois jours chez des cousins, à la campagne aussi, et dans une bonne quinzaine nous partirons pour la Touraine, non sans nous être arrêtés quarante-huit heures chez M. de Vieuxchamps, qui nous réclame et veut nous montrer ses magnifiques forêts.

. . . .

C'était gentil à toi de m'avoir prévenu de ton subit départ qui nous a privés du plaisir de nous voir, par un mot de chez M. de Batthyàny, mais je regrette que tu ne m'aies par la même occasion fait part du menu qui était, j'en suis sûre, parfait et succulent. J'y songe, il est six heures et tu dois en ce moment t'habiller pour le dîner, chez tes hospitaliers amis. Tu pourras dire à Mme de S. que j'ai bien connu son frère, mais garde-toi d'ajouter que je ne pouvais pas le souffrir, l'affreux petit bonhomme! La société est-elle nombreuse au château? Y a-t-il de la jeunesse? Est-on gai? Fait-on beaucoup de parties? La vie anglaise est-elle réellement aussi confortable que les auteurs nous la décrivent dans les romans? — Au milieu de tous ces plaisirs, j'espère, mon cher petit frère, que tu n'oublieras pas, maintenant que tu as vaillamment conquis ta dernière mention, qu'il va falloir bientôt se mettre à la vie pratique, ce qui n'est guère amusant. Ah! moi aussi, je t'assure, j'aurais parfois envie de planter là le petit « humdrum » habituel et d'aller mener une vie plus large et plus ouverte, mais vite les réalités de cette terre vous coupent les ailes et vous ramènent de force aux étroites et souvent mesquines préoccupations de l'existence journalière. Quels sont tes projets d'avenir? Édouard nous disait que tu parlais de passer à la maison l'hiver prochain? J'en serais très heureuse, mais ce qui me ravit moins, c'est que tu accompagnais ce projet de plaintes et de lamentations, en disant que tu ne sais comment tu feras pour venir t'enterrer à Berne... Merci pour cet affectueux énoncé!

A MADEMOISELLE DE MARCÉ

Villa Enghe, 9 juillet 1884.

Voilà une semaine déjà que nous avons quitté notre chère France et je mets bien vite de côté ma vilaine paresse pour venir causer avec vous. Depuis le départ de ces Fontenils que nous aimons tant, nous avons fait bien des choses et je vais reprendre notre voyage de haut, afin de vous raconter nos impressions. A Lestang (1), l'accueil de ses aimables hôtes a été cordial et affectueux au possible et j'ai pu, pendant notre court séjour, apprécier à sa juste valeur la douce et charmante nature de Geneviève (2) ; je serais volontiers tentée de la croire parfaite, tellement elle me paraît réunir toutes les qualités. J'ai trouvé le château fort joli, ayant beaucoup de cachet, mais quel dommage qu'il ne soit pas restauré. Quel dommage aussi que cette charmante demeure soit située dans un si vilain pays. Le paysage de la verte Normandie fait un contraste frappant avec ces landes désertes. Sommesnil (3) se trouve au milieu d'une contrée fraîche, verte et accidentée qui rappelle beaucoup la Suisse ; l'air y est également vivifiant et un peu humide, surtout le soir. Le château est, à mon goût, très laid comme construction, étant lourd et massif ; l'on voit fort bien qu'il n'a pas été bâti en un seul jet. Mais l'intérieur est très beau, très grand, arrangé avec beaucoup de goût. Il y a des objets superbes, tant en tapisseries, faïences et argenteries, qu'en meubles anciens ; cet ensemble constitue une fort belle habitation.

Au retour nous avons passé vingt-quatre heures à Paris et nous avons eu le plaisir de causer pendant une demi-heure avec Marie de Vaunac (4) ; elle était enchantée de son séjour, toujours jeune et devait partir le même soir que nous. Quant à votre oncle

---

(1) Le château de Lestang, près Orbigny (Indre-et-Loire), à M. Edgar Jahan de Lestang.

(2) Mme Jahan de Lestang, née de Monpoly.

(3) Propriété du marquis d'Iquelon, en Normandie.

(4) La baronne de la Rochevaunac, née de Vachon, cousine de M. de Saint-Martial.

Adolphe (1) nous l'avons malheureusement manqué;
il était allé, au dire de sa bonne, dîner en ville;
comme il était environ trois heures et demie, il s'y
prenait de bonne heure! On nous a dit qu'il allait un
peu mieux et qu'il avait l'intention d'aller vous voir,
mais pas tout de suite, à cause de ses affaires. Nous
avons beaucoup regretté de ne pas l'avoir vu; nous
lui aurions si vivement dépeint le charme et l'attrait
de la vie des Fontenils qu'il n'aurait pas résisté à la
tentation d'aller trouver le bonheur intime de la vie
de famille auprès de vous tous.

Veuillez remercier de ma part votre excellente
mère, que j'aime tendrement, de sa délicieuse lettre;
c'est toujours une bonne fortune que de recevoir sa
prose et je lui suis très reconnaissante de bien vouloir me procurer cette joie de temps à autre. Vous
voilà donc occupée à étudier de nouveaux chants, je
ne regrette qu'une chose, c'est de ne pas entendre
vos notes argentines; que vous êtes heureuse d'avoir
cette voix-là.

Nous sommes chez mes parents pour le moment,
ce qui nous ménage la transition de la bonne vie
animée de ces deux derniers mois, avec celle si
tranquille que nous menons dans notre petit appartement. Albert se met de moitié dans les assurances
de tendre affection que je vous prie de transmettre à
vos chers parents; mon pauvre époux a repris ce
qu'il appelle son collier de misère, et va courageusement en ville tous les matins. Quant à moi je ne
bouge pas d'ici; nous avons de nombreuses visites
et le temps passe avec rapidité.

(1) Le comte Adolphe de Carbonnières.

Berne, 21 août 1884.

Ma bien chère et peu respectueuse nièce. Vous voici je pense au milieu d'une quantité de visites, car d'après ce que vous m'écrivez les Jehan de Bodard, Monpoly, etc., doivent se succéder aux Fontenils. Aussi ne vais-je pas absorber votre temps qui peut être employé d'une manière plus agréable qu'à lire mes pattes de mouches, quoi que vous en disiez, petite flatteuse.

Nous voici maintenant tout à fait réinstallés dans notre petit home dont nous ne bougerons plus de longtemps. Au commencement j'ai trouvé la vie un peu monotone après de si agréables villégiatures, mais cependant on est content de se retrouver chez soi après une longue absence. Depuis quelques jours une série d'orages violents ont enlevé, j'espère pour de bon, les chaleurs exceptionnelles dont nous souffrions. J'ai été très occupée à faire et faire exécuter de petits embellissements, car ne pouvant faire que peu à la fois, je tâche toutes les années de rendre notre intérieur plus confortable.

Nous avons été un peu en l'air ces derniers temps ayant eu plusieurs parents et amis d'Autriche et de différentes parties de la Suisse qui nous sont tombés à l'imprévu. Il a fallu les promener, les amuser, les nourrir, etc., etc. Malheureusement Albert a été pris par le pied et a dû passer quelques jours tout à fait immobile, ce qui a compliqué les choses. Il a, je crois, fait un mauvais mouvement; aujourd'hui, ne sentant plus de douleur, il a absolument voulu essayer d'aller à son bureau. Quand j'aurai terminé mon griffonnage j'irai voir comment il se trouve.

Comme vous avez paru trouver jolis mes petits bijoux d'argent, je me fais un plaisir de vous offrir un petit scarabée du même genre ; il est parti hier, non pas sous l'aile d'un nuage, mais bien vulgairement par la vapeur et vous arrivera, je pense, à Chinon en même temps que ma lettre. Il vous apportera mes plus tendres amitiés et tous mes souhaits de fêtes pour la Saint-Louis.

... J'ai voulu prendre la plume plusieurs fois pour écrire à votre mère, mais il faudrait une fée pour me guider la main afin de trouver une réponse digne de sa prose qui est de la poésie.

---

3 janvier 1885.

Les derniers jours de l'année sont toujours si chargés d'occupations de toute sorte que je n'ai pu trouver un instant pour venir vous exprimer nos vœux sincères pour votre bonheur et celui de toute votre famille. Si tous les souhaits que je fais à votre intention se réalisaient, vous seriez la plus heureuse créature du monde. Hélas ! nous espérons, désirons... mais je sais mieux que personne que la fatalité, ou la Providence, comme vous voudrez, ne nous donne pas souvent satisfaction. Veuillez remercier votre charmante mère de son affectueux billet, un mot d'elle est toujours une fête pour nous. Sa santé est-elle un peu meilleure ? je l'espère, puisqu'elle n'en parle pas. Et vous, petite nièce, chantez-vous toujours comme un rossignol ?

Les mondanités commencent, trois bals sont an-

noncés pour ce mois, petites réunions, dîners, de
tous côtés et par-dessus le marché nous jouons la
comédie. Êtes-vous gais de vos côtés? Avec le dédain que vous professez pour les hommes, vous ne
devez guère tenir aux soirées. Je suis d'ailleurs tout
à fait d'accord avec vous pour détester ce qu'on
appelle le monde; aussi ne l'aime-t-on réellement
que si l'on y trouve un intérêt de cœur. Mais les
petits caprices, même innocents, mènent plus loin
qu'on ne pense; c'est un jeu dangereux.

N'irez-vous pas chez votre amie quand elle sera
installée? Si vous veniez nous faire une petite visite
avec eux? Nous vous garderions de force et mon
cousin serait obligé de venir vous arracher de nos
griffes, ce qui serait une immense joie pour nous,
pauvres délaissés que personne ne vient voir. J'espère bien exécuter un projet de voyage, cet été, et
me retrouver dans le coin de la France que j'aime
le mieux. En attendant je vous quitte en vous remerciant de vos bons souhaits et en vous embrassant
bien tendrement.

———

2 mars 1885.

Par hasard je suis seule ce soir et je ne puis plus
agréablement employer mon temps qu'en venant un
peu causer avec vous. Albert est allé à un dîner de
whisteurs, et quant à moi je suis ravie de pouvoir
enfin me reposer un peu. La semaine dernière a été
fort agitée pour nous. Nous avons joué tous deux
dans une comédie en public au profit des pauvres;
les dernières répétitions, arrangements de la scène,

nous ont absolument éreintés. La soirée se composait
d'une pièce allemande, la nôtre en français naturellement, où nous étions quatre acteurs, et des tableaux
vivants fort réussis. La recette a été belle, on a
été pour nous d'une amabilité et d'une indulgence
extrême. J'ai été particulièrement gâtée par nos
amis qui non seulement m'ont couverte d'applaudissements que certainement je ne méritais pas, mais
encore de magnifiques gerbes de lilas blanc m'arri-
vaient de tous côtés, ce qui a embaumé notre logis
durant plusieurs jours. Une autre cause d'agitation
a été la politique, qui n'a jamais, il me semble, autant monté les têtes. Jusqu'à présent on se croyait
préservé en Suisse des anarchistes, mais voilà que la
terrible dynamite est en train de faire son apparition
chez nous, et tout le monde est très ému. On vient
de découvrir un plan pour faire sauter le Palais
fédéral. Diverses notabilités ont reçu des lettres de
menaces. Hier on a découvert deux caisses de dynamite dans une galerie souterraine de l'Hôtel de
Ville. Le lundi gras il y avait grand bal à la légation de Russie; la chaleur était étouffante et on
s'étonnait de ce que le maître de maison ne voulait absolument pas faire ouvrir les fenêtres. Le
lendemain, l'on apprit que c'était pour masquer les
sergents de ville qui gardaient la villa, parce que le
matin même le ministre avait reçu une lettre de
menaces.

Heureusement le maison où nous habitons est
assez éloignée des bâtiments publics, mais c'est égal
on n'est guère rassuré, une atmosphère d'inquiétude
vague règne sur les esprits et on se méfie du plus
léger incident.

Voilà, ma chère Louise, dans quelle agréable

attente nous vivons! Que la tranquille innocence des champs fait donc envie! Chez vous rien de pareil à craindre, vous vivez en sécurité, vous êtes les gens les plus heureux du monde. Avez-vous encore quelques réunions, ou les rigueurs du carême vous les interdisent-elles? Préparez-vous peut-être une messe en musique? Il me semble qu'il y a longtemps que je n'ai reçu de vos nouvelles et j'ai hâte de savoir ce que vous faites.

Le temps s'écoule décidément avec une rapidité phénoménale; il est déjà dix heures et j'ai encore à écrire mes invitations pour un dîner d'amis, puis j'aurais voulu commencer à apprendre mon rôle, car il n'y a pas à dire nous devenons de véritables cabotins. Depuis trois mois il y a toujours une comédie en train, souvent elle n'aboutit pas, mais enfin on y pense tout de même. Les jeunes gens du corps diplomatique veulent donner une soirée dans quinze jours; on est venu hier me prier de jouer et, comme Albert m'a beaucoup poussée, j'ai accepté. C'est une pièce en vers, genre Molière, en costume napolitain de la fin du dix-septième siècle, *les Fourberies de Nérine,* à deux personnages, que je jouerai avec un attaché de la légation d'Italie, le baron Franchetti.

———

26 avril 1885.

Votre bonne lettre m'a fait le plus grand plaisir et je suis bien aise de savoir que la photographie de notre comédie est arrivée en bon état. Mais ce que

je ne comprends pas, c'est que vous ayez besoin
d'explications à ce sujet; cela me fait craindre que
votre mère n'ait pas reçu la lettre que je lui ai
adressée il y a un mois environ et j'en suis désolée,
car elle a dû dans ce cas me trouver bien ingrate de
ne l'avoir pas remerciée de son aimable et affectueux
sermon. Dans cette lettre donc je lui racontais en
détails l'originale soirée du 18 mars et les comédies
que nous avons jouées. En outre de celle que vous
connaissez, il y en avait une en costume japonais,
l'Abricot parfumé, spécialement composé pour cette
soirée par un membre de l'ambassade de France qui
versifie fort bien; je n'y tenais du reste qu'un rôle
accessoire (1). Nous étions ce soir-là en plein Orient;
tous les salons et les tables du souper étaient décorés
de fleurs, de fruits et d'emblèmes japonais!

Dites bien à votre chère mère que son affectueuse
gronderie m'a ravie, seulement je me demande si
pour en recevoir de temps à autre de pareilles on ne
s'exposerait pas volontiers à faire des sottises et ce
n'est pas là j'imagine l'effet qu'elle désire produire!
Toutes ses pensées sont si délicates, si fines et si
bien exprimées! Est-on heureux d'avoir un tel style!

J'espère que vous avez comme nous un printemps
superbe; il fait seulement trop chaud pour la saison
et surtout trop de poussière, mais à la campagne on
ne souffre guère de ce dernier inconvénient. Je ne sais
pourquoi, mais avec les premières bouffées de prin-

---

(1) M. X... (que la position politique qu'il occupe aujourd'hui
ne nous permet pas de désigner autrement), commençait d'écrire,
spécialement en l'honneur de Mme de Saint-Martial, une nouvelle pièce en vers, devant être jouée à l'arrière-printemps,
lorsque la catastrophe du 13 mai vint interrompre brusquement
et pour toujours la carrière mondaine de la jeune femme.

temps j'ai toujours une envie folle d'aller à Paris, d'autant plus probablement quand c'est impossible. Nous allons à Berlin cet été et si vous voulez bien me donner une petite place à votre doux foyer, que j'aime tant, mon rêve serait d'aller attendre la fin de la conférence télégraphique en France. Je voudrais qu'Albert pût venir me rejoindre, mais nous ne pouvons rien fixer à ce sujet d'avance, car il est souvent obligé de revenir directement à son travail.

Pour le moment mon époux est un peu malade et je dois dire qu'il ne se montre guère patient. C'est étonnant combien les hommes savent mal supporter la souffrance. Ce qu'il a n'est pas grave, du reste, quoique tenace et très douloureux; une espèce de sciatique dans un muscle du pied. Notre médecin habituel était absent; heureusement le voici revenu et comme, par magie, Albert se remet à marcher. Ce que c'est que l'influence de l'imagination; il voulait absolument se figurer avoir une chose très grave et avait réussi à m'inspirer de véritables inquiétudes.

Mais je ne vous parle que de nous, ma chère Louise, cela finira par vous ennuyer. Me voici obligée de vous quitter et j'avais encore un tas de choses à vous dire. Je les remets à une autre fois et vous embrasse tendrement en vous chargeant de mes plus affectueux souvenirs pour tous.

II

Oh ! s'il n'était là-haut un rendez-vous suprême
Où l'on est assuré de trouver ceux qu'on aime,
        Qui voudrait se quitter?
Qui voudrait voir briser le nœud qui nous rassemble
Si nous n'avions là-haut le Ciel pour vivre ensemble,
        L'Éternité pour nous aimer?

    Mon Dieu, donnez-moi le Courage du
Présent, le Pardon du Passé et l'Espoir de
l'Avenir !

                    (31 mai 1893.)

Le mal dont souffrait M. de Saint-Martial au lendemain de ces brillantes réceptions, semblait en apparence insignifiant, mais en réalité il était le premier symptôme d'une embolie, qui, peu de jours plus tard, le terrassa et l'enleva à l'affection des siens avec une soudaineté vraiment effrayante.

Ce que furent ces minutes d'agonie, nulle plume ne saurait le dire : un martyre et pour celui qui devait partir et pour celle qui restait... Femme de devoir jusqu'au bout, consciente de sa foi, celle-ci fit héroïquement taire sa propre douleur et devint véritablement pour son mari l'ange du dernier moment... En un instant elle avait tout perdu... De cette épreuve elle devait sortir transformée, morte au monde, mais apportant une vie nouvelle au service de Dieu.

La Villa Enghe, près Berne.

LA VEUVE

A MADAME MARIE DE LA CROIX

Villa Enghe, 13 juin 1885.

Quelle bonne et tendre sœur vous êtes pour moi,
Albert vous aimait beaucoup, que de fois nous avons
parlé de vous dans les termes les plus tendres! Ah,
il sentait que vous m'aimeriez encore, lui parti, et je
suis sûre qu'il vous remercie et vous bénit de là-
haut. Aujourd'hui un mois, quel terrible mois, il me
paraît une éternité et je traîne misérablement mes
jours. Le poids est lourd d'une pareille douleur, et
le temps ne fera que rendre mon isolement toujours
plus déchirant. Vous ne pourrez jamais comprendre,
vous, ma chère Marie, qui passez votre vie à l'abri
des bruits de cette terre, ce que pouvait être
l'amour conjugal tel que nous le comprenions, dans
le sens le plus étendu du mot. Ah, les trésors immenses d'infinie tendresse dont il m'enveloppait en
tout et partout!

L'immensité d'une union et d'une félicité pa-

4

reilles s'est changée pour moi en une immensité de douleur! D'autres ont souvent, avant de perdre un être bien-aimé, passé par des angoisses d'incertitude, cruelles il est vrai, mais qui n'excluaient pas l'espoir, tandis que moi, au beau milieu de notre douce intimité, en une seule seconde terrible, atroce, j'ai su que tout m'était arraché! Depuis cet instant je n'ai plus eu qu'une idée : lui épargner tout surcroit d'angoisse, le préparer doucement à l'amère séparation, lui faire envisager la mort comme un doux repos et Dieu comme un Sauveur! Une seule fois il a vu une larme dans mes yeux et il m'a dit : « Ne pleure pas, mignonne, courage, sans cela tu m'ôteras le mien! » Que de choses j'aurais voulu lui dire! Et je n'osais pas de peur d'empoisonner ses derniers moments par des inquiétudes sur ma solitude et mon isolement!

Que de fois, quand l'idée lointaine et vague d'une séparation possible nous venait, nous avons répété ensemble ce beau vers d'un de nos plus grands poètes, que sans doute vous ne connaissez pas, Alfred de Musset :

Ton ange en t'emportant me prendra dans ses bras!

L'ange est venu et dans son inexorable cruauté m'a laissée toute seule, sans enfants.

Je me sens si brisée, anéantie, écrasée que c'est à peine si je puis réaliser cette épouvantable vérité.

Il était *tout* pour moi, et je reste seule, isolée jusqu'au moment béni où, quelque chose me le dit, la miséricorde d'un Dieu de bonté nous réunira en un lieu de délices où nous nous aimerons toujours! Mais qu'il est loin ce moment!!! Que d'angoisses,

de regrets, de tortures, de doutes, de révoltes jusque-
là! Et pourtant j'y crois et je veux y croire!

... J'écrirai demain à votre chère mère, dont là
lettre si affectueuse m'a vivement touchée. Il m'est
impossible de me résoudre à aller vous voir maintenant; aussitôt que mes parents seront partis pour
les eaux, où les appellent des raisons de santé, je retournerai dans notre cher nid aimé pour y rester jusqu'à la dernière limite. Quelle douleur amère pour
moi de ne pouvoir y vivre! Il faut que je vide la
coupe d'amertume jusqu'à la lie!

A MADEMOISELLE DE MARCÉ

Villa Enghe, 15 juin 1885.

C'est vous cette fois que je veux remercier de vos
excellentes paroles d'affectueux intérêt; que vous
êtes donc tous bons pour moi. Je vous en suis reconnaissante du fond du cœur et je prie Dieu qu'il vous
le rende en bénédictions de toutes sortes. Vos lettres
me sont douces, je les relis bien souvent; il n'y a
pas de jour que je ne relise en pleurant la dernière
de votre bonne et douce mère. Que nous étions heureux il y a un an dans ces chers Fontenils! Ah, le bon
séjour et que de fois nous en avons causé ensemble.
Votre intérieur si uni, si doux, si gai était constamment l'objet de nos causeries. Je m'en souviens
comme d'hier, c'était le 21 juin, à peine montés dans
le train qui nous emportait loin de vous, j'éprouvais
un serrement de cœur et une larme me monta aux
yeux; Albert me tendit la main et me dit : « Combien

je suis heureux que nous les aimions ensemble ! » Et
maintenant tout s'est effondré subitement ; je ne
vois plus que désolation et douleur ! L'isolement,
voilà ce qui est affreux ! Quand par hasard, c'était
bien rare, à peine deux fois par an, je devais dîner
seule, figurez-vous que j'avançais l'heure de mon
repas afin qu'Albert puisse me tenir compagnie !
Vous me direz peut-être que je ne suis pas seule,
que j'ai des parents, des frères qui m'entourent d'affection... c'est vrai, mais personne n'a besoin de moi,
dans peu de temps même, je les gênerai, ils me trou-
veront lugubre peut-être !

... Mes parents vont être forcés par des raisons de
santé impérieuses d'aller aux eaux de Wildbad, en
Allemagne, vers le 10 juillet, je pense ; ils voudraient
absolument m'emmener, mais je ne veux pas partir
maintenant et j'éprouve au contraire une espèce .
de poignante douceur à retourner chez *nous* où je
retrouve mieux les chers souvenirs de celui que
j'aime. J'y resterai, sans doute, jusqu'à la dernière limite, le premier novembre, car une fois que j'aurai
changé d'appartement je ne serai plus chez *moi !* C'est
étrange comme on se cramponne aux choses péris-
sables, mais il me semble que c'est un lien avec le
passé. Oh ! les regrets poignants de n'avoir pas assez
apprécié notre bonheur ! Il semble que si par impossible il revenait, la jouissance en serait plus intense !
Savez-vous l'épouvante qui me saisit par moment ?
J'ai peur de continuer à trop *l'*aimer, et de faire un
culte de mon amour...

Je me sens brisée, anéantie, ma chère Louise, on
dit que c'est l'heure des consolations. Hélas ! la résignation est difficile sinon impossible ; tout que je puis
faire pour le moment, c'est de ne pas me révolter.

Mais je vous attriste, chère petite amie, vous, à l'aurore de la vie, et je vous lasse ; vous voici sans doute de retour de votre petite fugue à Paris. Que nous l'aimions ce Paris et que de bonnes heures passées là, pas toujours bien sérieusement, j'en conviens, mais il y avait de tout dans notre union, c'est peut-être ce qui la faisait si complète.

Si vous avez quelquefois un moment libre, ayez le courage de venir un peu causer avec moi ; vous ne pouvez vous figurer combien vos lettres sont les bienvenues : un rayon de lumière dans la sombre nuit de la veuve !

Berne, 18 juillet 1885.

Effrayez-vous à bon droit, ma petite Louise, de ce papier mince, car il vous prouve que je vais entasser feuilles sur feuilles, mais je vous sais si compatissante et si bonne que je ne m'en excuserai même pas. Et d'abord que je vous remercie de votre chère lettre pleine de cœur ; ce n'est pas tout d'avoir du cœur, il faut encore savoir exprimer ses sentiments, et c'est un don du ciel que vous possédez complet. Comment s'en étonner puisque vous êtes la fille de votre charmante mère ! Vous êtes surprise, je pense, de trouver ce petit mouchoir, il complètera votre costume de toile. Figurez-vous que je voulais m'en broder quelques-uns et j'ai commencé celui-là dans la soirée de ce terrible lundi pendant que mon pauvre ami me faisait sa dernière lecture !... Je l'ai retrouvé ces jours-ci et l'ai terminé pour vous l'envoyer.

Ma belle-mère ne m'avait rien écrit de son projet d'aller vous voir; pour le moment, elle est, je le crains, assez souffrante d'une toux très tenace qui la fatigue beaucoup, mais heureusement que ma tante de Massol (1) est auprès d'elle. Si la solitude est déjà poignante quand on est en santé, qu'est-ce donc lorsqu'aux tortures morales s'ajoutent les souffrances physiques. Aussi suis-je heureuse à la pensée qu'elle ira terminer sa guérison aux Fontenils; vous le savez, mon cœur m'attire sans cesse vers vous et aussitôt que je me croirai en état d'entreprendre un voyage, c'est en Touraine que j'irai chercher un adoucissement passager à ma douleur. Oh! ma petite Louise, pensez donc comme c'est affreux : aimer quelqu'un tendrement, de tout son être, avec une passion peut-être d'autant plus intime qu'elle est plus concentrée, puis un jour tout à coup, au milieu du bonheur, être obligée de lui dire, à ce cher aimé, que la séparation est proche, lire dans ses yeux ce terrible combat, le préparer, le consoler, le fortifier, lui montrer le but et pendant ces heures d'angoisses, faire taire sa propre souffrance! Il est bien vrai que si les bras de Dieu ne nous soutenaient pas, nous ne pourrions jamais traverser de pareilles crises. J'ai eu des forces dont je ne me serais pas cru capable, mais c'est maintenant que je sens comme elles tombent, tombent tous les jours un peu plus, de façon à me réduire quelquefois à un anéantissement qui, je le crois presque, m'empêche de souffrir. Je me mets à faire des promenades dans la campagne, malgré la chaleur qui avec ces lourds voiles de crêpe est pénible, mais ces courses

(1) La marquise de Massol, née de Tilière.

me font du bien. D'abord j'y regagne un peu de mon bon sommeil d'autrefois et quand je dors je suis heureuse, puis je sens comme un besoin de marcher, aller toujours. Je refais tous ces chemins si souvent parcourus ensemble, j'y retrouve les traces des jours heureux, et il y a une grande douceur à pouvoir savourer de chers souvenirs. Il me semble que quand deux cœurs se sont unis d'une manière bien intime, il y a je ne sais quel lien harmonieux qui ne se brise jamais. Ce fil est si léger, si délicat qu'un rien pourrait l'empêcher de transmettre cette communication suprême, mais il existe et c'est lui qui donne le courage de continuer la route terrestre. Vous me trouvez romanesque, absurde peut-être, mais, puisque vous m'avez permis de causer avec vous à cœur ouvert, je laisse courir ma plume au gré de mes pensées. Savez-vous que l'imagination est bien aussi un don divin? La mienne m'aide puissamment et arrive quelquefois à atténuer ma souffrance. C'est affreux, toujours je vous parle de moi, quel égoïsme! Il en est de mes lettres comme de mes journées; elles commencent avec un certain courage, puis faiblissent tout doucement jusqu'à la terrible épreuve des soirées, des nuits.

On fait de grands préparatifs pour une fête nationale de tir; ce ne sont de tous côtés que maisons enguirlandées, drapeaux brillants. Tout cela me fait une impression sinistre; quand je pense que le mouvement, la gaité, le brio inséparable de ces fêtes nous eussent amusés aussi... Cependant je crois que plus tard j'aimerai à voir les autres s'amuser et jouir des bonnes heures de la vie; ce n'est pas une raison parce qu'elle n'a plus rien à me donner, d'en vouloir à ceux qui sont encore dans leurs beaux

jours. Si on savait comme le bonheur passe rapidement, je suis sûre qu'on l'apprécierait mieux.

Je suis très peinée de n'avoir pas de bon portrait
de mon Albert. Quand je pense que je lui ai proposé
de se faire faire le jour où nous avons passé toute
une journée chez le photographe, en costumes. Le
cher aimé qui s'était imposé, sans que je m'en doute,
la pose de Nérine que vous avez, en expiation de
certain mouvement de vivacité qu'il n'avait pu répri-
mer. Il a été héroïque en nous posant, car ce n'est
que plus tard que j'ai su qu'il en avait souffert. Si
j'avais pu prévoir, comme je l'aurais forcé à se laisser
prendre aussi! Il ne réussissait jamais, c'est pourquoi il avait une grande aversion à poser... Certes,
son portrait est profondément gravé dans mon cœur
et je n'ai besoin d'aucune image pour voir ses traits...
Quel étrange composé que le cœur humain! mes idées
sont du reste un tel chaos de pensées de tous genres
que je ne m'y reconnais pas.

A MADAME MARIE DE LA CROIX

Berne, le 19 juillet 1885.

Votre lettre m'avait, je l'avoue, vivement inquié-
tée au sujet de votre mère; je suis un peu rassurée
par un affectueux mot que ma tante de Massol a eu
l'attention de m'écrire. Heureusement que la voilà
entourée de tendres soins; si elle avait dû être
malade toute seule, croyez bien, chère Marie, que je
serais accourue pour lui prouver mon affection.

Si vous voyez ma tante de Massol, veuillez lui
exprimer ma profonde reconnaissance pour sa sym-

pathie; on sent qu'elle aussi connaît la souffrance terrible!

Certes, j'aurais sous certains rapports grand envie d'aller vous voir tous, mais je ne me sens vraiment pas le courage d'entreprendre ce voyage. Songez, je n'ai jamais fait aucun trajet sans ce cher ami de mon cœur! Il me semble que le vide se fait plus immense tous les jours. Quelle croix! Mes forces physiques m'abandonnent, après tous ces terribles efforts, et je crains quelquefois que tout cela ne finisse par un anéantissement complet. Si au moins j'en pouvais mourir! mais je n'ai pas une nature à tomber dans une maladie de langueur. Ce serait vraiment charitable de me souhaiter la mort, pourquoi ne le voulez-vous pas?... Si mon pauvre aimé me voit brisée de chagrin, cela doit sensiblement diminuer son bonheur, car je ne croirai jamais qu'il puisse être heureux sans moi. Où serait dans ce cas la bonté de Dieu? Il ne nous a pas jetés dans les bras l'un de l'autre en nous disant : aimez-vous tendrement, profondément, soyez heureux l'un par l'autre, pour quelques courtes années! Si, au contraire, l'âme des défunts juge différemment des joies et des douleurs terrestres, cela prouverait qu'après la mort on perd le souvenir ou du moins qu'il s'affaiblit, et alors il n'y aurait plus de lien pour unir dans l'éternité les âmes de ceux qui nous ont devancé, avec les nôtres. Il me semble qu'on peut se faire un faible idée d'une nouvelle terre, de la vie future, mais ce qui ne s'explique pas, c'est ce temps d'attente, depuis maintenant jusqu'au grand jour du jugement. Vous me direz qu'il ne faut pas creuser, qu'il faut avoir confiance, que si Dieu n'a pas voulu permettre un échange direct entre ces âmes, c'est que la mort ne serait pas la mort! Je le veux bien, mais voyez-vous, un pauvre cœur affolé cherche et cherche partout, et ne peut pas réaliser cette amère séparation! C'est peut-être un peu de folie, que sais-je?

L'autre jour en relisant ses lettres (j'en ai bien peu puisque nous avons été si rarement séparés) j'ai été frappée tout à coup; il finissait ainsi : « A toi pour la vie et *au-delà*. » Cet au-delà souligné m'a fait un bien immense, il m'a semblé que de là-haut son cœur descendait auprès du mien et je me suis sentie moins abandonnée. Quelle douce chose si je pouvais en avoir la certitude! Mes bons moments, c'est quand je dors, car je vis souvent avec lui en rêve. Et le matin je reprends ma triste course terrestre avec un peu plus de courage. N'est-ce pas une grande grâce de Dieu? Pauvre cher ami! comme il m'aimait... Que de fois nous avons pleuré ensemble l'absence de ce complément de bonheur que nous désirions tant, et toujours il me disait avec un regard plein d'ineffable tendresse : « Dieu vous a donné à moi, de quoi me plaindrais-je? » Il semble vraiment que Notre-Seigneur ait voulu nous punir de trop demander... Tenez, il y a une chose aussi qui me rend la justice divine incompréhensible : ceux qui sont heureux sur terre, et il y en a, auront donc la même félicité éternelle que ceux qui souffrent et se débattent dans la douleur? Pourquoi avantager ainsi les uns au détriment des autres? Mais vous allez me gronder, chère sœur aimée, ne m'en veuillez pas, ne me jugez pas trop sévèrement, je vous en prie : si vous saviez combien je suis malheureuse! Et je dis malheureuse, parce que je ne trouve pas d'autre terme, car cela me paraît beaucoup plus cruel qu'un malheur! Votre assurance à propos des prières me réjouit, aussi je n'y manquerai pas, vous pouvez y compter. Votre douce foi catholique n'eût-elle que cette belle faculté des prières pour les morts, qu'il faudrait l'en aimer. Je suivrai fidèlement toutes les indications que vous voudrez me donner à ce sujet. Parmi les images que j'ai fait faire, j'en ai trouvé deux qui ont, je ne sais pourquoi, d'autres sujets; comme ils représentent la Sainte-Vierge, je crois vous faire plaisir en vous les envoyant. Je vous dirai tout bas que cela me peine bien un peu de penser que je ne les aurai pas, mais c'est un mauvais sentiment et je m'empresse de le faire taire. D'ailleurs vous ne pouvez rien posséder, je ne puis donc même vous donner un souvenir de lui! Vous ai-je dit que je comptais vous apporter son paroissien, celui dont il se servait toujours?

Je ne vous redis pas que je vous aime tendrement, chère Marie, vous le savez, vous savez aussi combien je vous suis reconnaissante de votre bonne affection. Et cependant cela doit vous coûter... une hérétique! J'ai toujours pensé que vous faisiez en secret quelques prières pour ma conversion? Pourtant, sœur chérie, je suis chrétienne, ne l'oubliez pas. N'avez-vous jamais pensé que j'aurais pu tout aussi bien avoir l'idée d'amener mon mari à partager mes croyances? Rassurez-vous, j'ai au contraire toujours tâché de raviver celles qu'il devait avoir, et je vous assure que ce n'était point facile pour moi, puisque je pouvais, en croyant bien faire, me tromper. Enfin, Dieu m'a aidée et le triomphe de la foi a été complet. Gage certain de notre revoir...

6 août 1885.

Que c'est bon à vous de m'écrire aussi longuement! Vos lettres me sont douces et je les relis
souvent. Mais je crains vraiment que vous ne vous
fatiguiez, car vous devez avoir peu de temps pour
votre correspondance. Ne prenez pas sur votre sommeil au moins, cela me peinerait beaucoup.

Vous le dirai-je? je suis un peu effrayée de la conclusion que vous tirez de mes confidences; votre
imagination vous entraîne, chère sœur, et je me demande ce qui, dans ma dernière lettre, a pu vous
fournir l'occasion de regarder déjà comme sûr un
simple désir de votre part? Je suis chrétienne,
j'adore le même Dieu que vous; il n'y a donc pas
de conversion à faire, ni plus ni moins que s'il s'agissait d'une païenne.

Vous souvient-il de ce que mon cher Albert vous
écrivit jadis à ce sujet? Pauvre doux ami! il a
emporté tout mon bonheur, toute ma vie! Et cependant, l'amour est plus fort que la mort, quelle belle
pensée! Une union comme la nôtre n'est point brisée par cette terrible séparation, je sens que nos
âmes resteront toujours liées l'une à l'autre. Nous
ne nous sommes pas aimés pour cette vie seulement,
ma douleur est déchirante, il est vrai, mon existence
amère et cruelle, mais je sens au fond de cette coupe
de fiel, comme un goût d'espérance! Je suis sûre de
le revoir et c'est là ce qui me soutient. Mais puis-je
m'empêcher de trouver la vie terne, obscure et
longue, longue? Jamais je n'avais compris la valeur
de ce mot « un cœur déchiré », c'est comme une

plaie vive dont le sang coule goutte à goutte et sans cesser. L'on s'étonne de voir qu'il y en a toujours et que la fin ne viendra jamais. Quand je pense que, puisque notre bonheur ne pouvait durer plus long-temps sur cette terre, Dieu aurait aussi bien pu frapper mon cher aimé, je remercie sa divine miséricorde d'avoir fait retomber toute la souffrance *sur moi seule*. Je le prie sans cesse de mettre le bonheur éternel de mon doux ami sur un plateau de sa balance et de combler l'autre de mes prières et mes douleurs. De cette façon il me semble par moments que je souffre presque avec joie. Croyez-vous que ce soit encore long? Il y a déjà douze semaines, je dis *déjà*, mais cependant il y aurait douze ans que cela ne m'eût point paru plus long. Ce mois, comme vous le savez, était pour nous celui des anniversaires, demain c'est sa fête. Le 11, jour de la mienne, il y aura trois mois du coup terrible et le 19, dix ans que Dieu me l'a donné et quatorze semaines que Dieu me l'a pris! Je le dis avec effort et san-glots, je veux le dire pourtant : que son nom soit béni!... Ah! ma chère Marie, je fais ce que je peux pour tâcher de lutter vaillamment, mais le poids de ma croix m'écrase. C'est grâce à vos prières, j'en suis certaine, que je ne suis pas complètement anéantie, pourtant je ne voudrais pas trop de forces, car ce seraient toujours de nouvelles luttes. Ah! si je pou-vais mourir et mettre ainsi un terme à cette an-goisse...

Si vous saviez, ma chère Marie, comme je vous suis reconnaissante à tous de ne pas m'abandonner; il m'est si doux de penser que la famille et les amis de mon Albert tant aimé m'adoptent un peu. Ah! j'ai besoin de conseils, d'appui, et ce n'est qu'en

France que je puis trouver ce qu'il me faut. J'ai fait
ce que j'ai pu pour le rendre heureux sur terre, mais
ma tâche n'est point terminée : je veux encore pour
lui le bonheur éternel. Vous m'aiderez, n'est-ce pas,
à le lui conquérir? Pourvu que Dieu me permette
de continuer à l'aimer toujours! Je pense que oui,
l'amour composant dans le fait la félicité éternelle.
Mais cette attente atroce! Je me consume tout doucement, mais j'ai bien peur que pour me punir de
mon vif désir de mourir, je sois obligée de vivre
un nombre d'années effrayant! Et plus ma solitude
deviendra lourde! Il faudra bien qu'elle m'écrase à la
fin...

———

15 août 1885.

Ma chère, chère Marie, comment vous remercier
de vos deux excellentes lettres? Elles m'ont vivement émue, vous ne pouvez vous imaginer combien
je vous suis reconnaissante du fond du cœur de
toute votre affection. Vous êtes une bonne et tendre
sœur; Albert doit vous sourire et vous bénir.

Que de bonnes choses vous me dites, vos prières
me font du bien, j'en suis certaine. Qu'il me sera
doux d'être auprès de vous; il me semble que
vous m'avez tous adoptée depuis le départ de mon
pauvre aimé. Et moi aussi je vous aime bien, car je
retrouve un peu de lui en vous.

... Depuis longtemps déjà tout cela me tourmente
et les luttes de mon âme pour saisir la vérité ne
datent pas seulement de trois mois. Songez combien
c'est terrible! Notre-Seigneur m'aidera, j'en suis

sûre, peu à peu tout s'aplanira, mais il y aura de grandes difficultés. Pour le moment je ne puis que prier Dieu de me montrer la voie et plus tard nous verrons. Je ne puis par lettre vous expliquer mes doutes, le désir intime de mon cœur, ni les terribles conséquences d'une décision aussi grave. Quand je serai auprès de vous, vous m'aiderez, n'est-ce pas? et vous me conseillerez. Mon âme entrevoit les douceurs de votre belle foi, les chères croyances de l'Église ramèneront peu à peu le calme dans mon cœur. Vous le dirai-je? Je n'ai jamais désiré avoir des enfants protestants, et comment instruire avec conviction de jeunes âmes, si on ne partage pas les croyances que l'on veut enseigner? Si Dieu m'avait donné un fils, j'étais décidée à faire le grand pas. Que faut-il conclure de ce refus d'un bonheur tant désiré et si ardemment demandé au Ciel? Notre-Seigneur ne me montre-t-il pas ainsi que je ne dois pas désoler les miens? Car n'en doutez pas, c'eût été pour toute ma famille un immense chagrin... Ah! priez Dieu qu'il nous éclaire.

Les jours se suivent et s'ils sont pareils comme existence extérieure, ils ne se ressemblent guère comme impressions intimes. Résignation, doutes, paix, espérance, tout cela alterne.

Quel vide poignant de tous les instants. Mon Dieu, donnez-moi la force de ne pas murmurer; mais en vérité c'est une position terrible que la mienne! Je l'aime, ce cher ami, non pas plus, ce serait impossible, mais *mieux* que je ne l'ai jamais aimé. Jamais je ne m'habituerai à parler de cet amour comme d'une chose passée; cela n'est pas défendu, n'est-ce pas, d'aimer au delà de la tombe? Oh! mon Albert chéri... il avait mis tout son bonheur, toute sa vie en moi, et je l'ai si mal aimé! Sa tendresse était immense, elle m'effrayait quelquefois, car je sentais par moments qu'un pareil bonheur ne pouvait durer!

Ma pauvre Marie, pardonnez-moi mes incohérences, je vous répète toujours la même chose, mais je suis si malheureuse. Si seulement je pouvais mourir, mais rien ne me tue. Mes forces, il est vrai, diminuent; je suis parfois dans un état de torpeur qui m'effraye parce que je sens que c'est mal. Mais comment continuer ainsi? Vrai, j'ai peur de devenir folle!

Ah! dites-moi que Dieu ne m'abandonnera pas; c'est Lui qui m'a frappée. Il doit savoir combien mon cœur est déchiré, Il ne peut se jouer ainsi de mes souffrances. J'ai pourtant fait mon possible pour ramener Albert à la foi, et je suis heureuse à la pensée d'avoir pleinement réussi, et voilà qu'au moment où notre bonheur allait devenir si complet, notre union est tout d'un coup brisée! Que ce calice de douleur est amer!

Quand je pense que plus jamais je ne le reverrai, plus jamais je n'entendrai sa chère voix... Oh! mon Dieu, mon Dieu...

A MADEMOISELLE DE MARCÉ

Berne, 2 septembre 1885.

Certainement, ma chère petite Louise, vos lettres sont toujours les bienvenues et l'affection touchante dont je me vois l'objet de votre part à tous m'aide à supporter l'existence, si déchirante pour moi maintenant. Alice (1) m'écrit de tâcher de m'y *cramponner*, c'est bien le mot, car il faut en effet des efforts désespérés pour ne pas me laisser abattre complètement.

Quelle charmante vie vous devez mener dans le le milieu que vous me décrivez; une famille nombreuse et la campagne, c'est, il me semble, une existence idéale. Le cœur se sent mieux vivre dans ces joies simples et intimes. À mon avis, qui est du reste conforme au vôtre, rien ne vaut la douce paix d'un foyer aimé. Je plains les êtres qui ne savent pas apprécier le paisible bonheur d'un home. Le monde a bien son charme aussi; peut-être le connaissez-vous trop peu pour comprendre ses entraînements, mais il est certain que les satisfactions superficielles de vanité et autres ne sauraient donner le bonheur. Comme vous encore j'ai peu apprécié les plaisirs mondains, cependant je me suis un instant laisser *emballer* et qui sait jusqu'où je me serais jetée si le terrible coup du 11 mai ne m'avait brutalement arrachée?...

Un nouveau deuil est venu fondre sur nous; la fillette de mon frère, charmant bébé de vingt-deux mois, a été enlevée à ses pauvres jeunes parents après une maladie de trois jours. Cette chère petite, qui était ma filleule, avait une santé très robuste; elle était arrivée à cet âge si gentil où tous les jours on constate un nouveau progrès et où les enfants commencent à devenir agréables pour d'autres que leur mère. Maman se réjouissait de la voir grandir si mignonne autour d'elle; cela mettait une petite note réjouissante dans sa vie. Et voilà que Dieu

(1) Mme Delacourt, née de Montenay.

nous frappe encore, n'est-ce pas bien dur? Involontairement l'on se demande lequel d'entre nous suivra... ah! si c'était moi! Voilà demain huit jours que nous l'avons enterrée, juste quinze semaines après mon cher aimé... Qui aurait cru cet hiver, en voyant ces deux êtres si pleins de vie, si aimés, ne donnant aucune inquiétude de santé, que Dieu nous les saisirait ainsi! La pauvre jeune mère porte vaillamment sa douleur, mon frère plus expansif et plus nerveux a des éclats de véritable désespoir. A vrai dire, la vue de cette enfant me causait toujours une vive peine, vous comprenez pourquoi, n'est-ce pas? mais enfin je m'y faisais et prenais plaisir à ses gentils ébats. Je comptais m'occuper beaucoup d'elle quand je serais dans la même maison, et voilà que ce petit intérêt-là me manque aussi! Mais je vous attriste... vous me pardonnerez, n'est-ce pas? de laisser courir ma plume, je sais que vous m'aimez assez pour prendre intérêt à tout.

Mon intention bien arrêtée est de partir pour la France aussitôt que je le pourrai, mais pour cela il faut que mon déménagement soit opéré et j'ai peur de ne pouvoir le faire que les tout derniers jours d'octobre et encore (1)! Ce moment m'effraie beaucoup; toutes ces occupations matérielles de caisses, d'emballage, etc. que je n'ai jamais présidées me paraissent des montagnes. Décidément, même dans les plus petits détails matériels, la femme n'a pas été organisée pour avoir ces tracas-là. Il semble que rien ne marche, que les ouvriers n'obéissent pas, enfin

(1) Mme de Saint-Martial, ne pouvant pas garder son ancien logis, se retirait dans un petit appartement de la maison paternelle.

que sais-je? d'ailleurs c'est mon imagination qui pour le moment me forge ces idées, car dans le fait je n'ai encore rien touché et peut-être cela se passera-t-il mieux que je ne le crois. J'ai refusé l'invitation de mon amie en Perse pour cet hiver, mais pourquoi n'irais-je pas l'année prochaine? Certes, je n'aurai jamais l'idée d'essayer de secouer mon chagrin : rien ne peut le détruire et je veux le sentir, mais par moments je me sens prise d'un irrésistible besoin de tenter quelque chose qui momentanément puisse m'en faire sortir un instant. Quelques minutes de répit! Au cours d'un voyage aussi lointain, bien des émotions, bien des péripéties peuvent se produire et cela donnerait par moments le change à mon immense brisement de cœur. Je ne pense pas que ce soit mal, ni qu'il n'y ait rien dans cette pensée qui puisse affliger l'âme de mon cher Albert. Puis, le vague espoir de rencontrer un danger quelconque qui pourrait mettre un terme à mon pèlerinage sur cette terre! un naufrage, le choléra, que sais-je? Un célèbre savant dont j'ai oublié le nom, qui s'occupe spécialement des tremblements de terre et qui les a toujours annoncés d'avance avec une grande justesse en prédit de considérables pour 1886. Si seulement je savais dans quel pays ils doivent se produire! Ne pourrais-je diriger mes pas de ce côté? Mais je crois que je commence à déraisonner et vous allez me trouver bien sotte. De la part d'une nièce ce serait peu respectueux... mais quand on a une tante aussi folle!

J'ai eu hier une bonne lettre de votre chère mère; quelle manière délicate elle a de toucher les sujets les plus intimes, elle s'entend à merveille à calmer, tranquilliser... Son cœur et son esprit sont absolument parfaits; comme elle ne verra pas cette lettre, je ne crains pas de blesser sa modestie. Ma belle-mère ne se lasse pas de me répéter combien elle s'est trouvée heureuse aux Fontenils, où tous vous avez été si bons et affectueux pour elle.

A MADAME MARIE DE LA CROIX

Berne, 4 septembre 1885.

... Ma chère sœur aimée, c'est horrible, voyez-vous, de devoir vivre sans lui, il me semble que mon cœur se déchire de plus en plus. Comment pourrais-je ne pas avoir des défaillances amères, quand tout ce qui faisait mon cher bonheur m'a été si brusquement arraché. Et cependant je *sens* que son cœur n'est pas loin du mien, il me suit et certainement ses prières pour moi sont incessantes. Mais qu'il est effrayant cet inconnu! qu'elles sont insaisissables ces rives lointaines où se retrouveront nos âmes!

Non, ma bonne Marie, je n'aurai jamais l'idée de vous en vouloir pour votre franchise, au contraire j'en suis heureuse, car elle me prouve votre tendre affection. Dites-moi tout ce que vous voudrez, je ferai de mon mieux pour *comprendre* et suivre vos conseils. En effet, je regrette avec vous que vous ayez oublié de donner mon adresse à Don Bosco (1),

(1) Le Vénérable Jean Bosco, prêtre fondateur et recteur majeur de la Société Salésienne; né à Murialdo d'Asti le 16 août 1815, mort à Turin le 31 janvier 1888; ordonné prêtre en 1840; fondateur du Patronage du Valdocco (1846); des Oratoires de Saint-Louis de Gonzague et de l'Ange Gar-

car un mot de ce cœur si haut placé et si distingué m'eût fait plaisir. Mais ne vous en tourmentez pas, je vous en prie.

Que vous êtes attentive de m'avoir écrit avant d'entrer dans la solitude de votre grande retraite! je reconnais bien là votre cœur délicat; croyez à toute ma vive reconnaissance pour cela comme pour le **reste**. Vous priez sans doute beaucoup pour lui et pour moi! Notre-Seigneur veuille vous exaucer et faire bientôt jouir cette âme si chère de la radieuse félicité du Ciel. Quant à moi j'ai grand besoin d'un peu de paix intérieure, hélas! Je suis contente de vous avoir confié mon désir (datant de bien des années déjà) d'appartenir à la foi catholique, si belle et si consolante; cela vous fait plaisir, je le sais. Cependant il y a beaucoup d'obstacles et je crains que le moment décisif ne soit encore éloigné. Pourtant je ne désespère pas, je pense que Dieu arrangera toute chose et applanira les difficultés si telle est sa volonté. En attendant je voudrais creuser un peu vos croyances, afin de les mieux connaître.

Je n'ai pas besoin de vous répéter que je compte sur votre absolue discrétion vis-à-vis de tout le monde. Ne vous en étiez-vous jamais doutée? Il est vrai que j'avais si peur d'être influencée pour

dien, patronages pour enfants et jeunes gens; de l'Établissement de Saint-François de Sales (1851); régénateur de la Congrégation des Filles de Marie-Auxiliatrice; fondateur de la Pieuse Union des Coopérateurs (1876); du *Bulletin Salésien* et des *Lectures catholiques;* de l'Œuvre missionnaire des Fils de Marie; de nombreuses écoles populaires; d'écoles du jour, du soir et du dimanche pour jeunes ouvriers; de plusieurs églises, notamment du Sanctuaire de Marie-Auxiliatrice à Turin et de l'église paroissiale du Sacré-Cœur de Jésus à Rome; etc., etc.

prendre cette grave décision que j'ai toujours été
très, peut-être trop prudente envers vous. Mais il
me semblait que ce travail d'âme devait se faire en
moi sans aucune espèce de pression. Ne pensez-vous
pas aussi que ce soit la meilleure manière? C'est la
plus lente, il est vrai, et il y a bien des luttes, bien
·des combats entre l'esprit et le cœur, mais grâce à
Dieu et aussi à vous, sœur chérie, les ténèbres se
dissipent peu à peu!

Mon regret de ne pas avoir Paul pour quelque
temps auprès de moi est d'autant plus vif que je me
serais peut-être laissée aller à lui faire part de mes
doutes et de mon désir. Il m'eût donné des conseils
dont j'ai tant besoin, nous eussions prié ensemble
sur la tombe de mon Albert chéri...

17 septembre 1885.

Je lis assidûment le petit livre que vous m'avez
envoyé et suis toute surprise de voir la simplicité,
l'admirable équilibre de votre belle foi, qui, je l'espère, sera bientôt la mienne. Cependant il y aura
bien des difficultés et des grands obstacles à vaincre,
mais si c'est la volonté de Dieu, il saura bien aplanir
tout cela, n'est-ce pas? Vous le priez souvent pour
moi, je n'en doute pas, et je vous en suis extrêmement reconnaissante, je ne sais comment vous le
prouver. Que mon Albert chéri doit être heureux
de vous voir si bonne pour moi! Ma petite Marie,
vous êtes un ange. J'aurais voulu pouvoir entendre
votre prédicateur, j'ai tant besoin de paroles d'encouragement.

Vous ne sauriez croire comment j'aimerais aller quelquefois dans une église catholique, mais ici je ne le puis pas, car on ne manquerait pas de me voir entrer et de crier au scandale. Penser cependant que le bon Dieu est là, comme on prie mieux en sa présence ! Édith continue à être un appui fidèle, imaginez-vous qu'elle m'a envoyé son Imitation, comme c'est affectueux, n'est-ce pas ? Ne complotez pas ensemble de trop me presser, je vous en supplie ; je crois qu'Édith m'accuse déjà de *tergiverser*, si elle savait comme ce reproche me désole ! Non certes, je ne raisonne pas contre mon cœur ; je force au contraire mon esprit à *croire* certains points qui sont bien un peu difficiles, et je vous assure que je fais tout mon possible. Mais je ne puis pourtant pas me brouiller avec ma famille. Cette conséquence est effrayante, et parfois je ne sais que devenir ! Je suis sûre que mon séjour en France sera salutaire sous ce rapport ; qui sait si je ne rencontrerai pas un guide spirituel qui m'expliquera les choses et m'aidera de ses conseils pour me donner la force nécessaire. Vos billets du Sacré-Cœur me font plaisir, et je suis comme vous toute étonnée des résultats du hasard, qui les approprie si bien à ma situation. Si vous pouvez continuer ces petits envois, cela me sera doux.

Ma chère Marie, quel tissu de sacrifices que votre vie ! malgré cela je suis sûre que vous avez choisi la bonne part. Quelle belle récompense vous attend au Ciel pour toute votre vertu ! J'aurais tant voulu entrer en religion maintenant, mais je sens que je suis beaucoup trop mauvaise. Cela viendra-t-il plus tard ? je n'en sais rien.

La tombe de mon pauvre ami est maintenant en

ordre, le monument a fort bien réussi ; les plantations à l'entour ne sont pas encore définitives, il y a pour l'instant un parterre de géraniums entouré de lierre. Que de fois je vais m'agenouiller là-bas ! Quand je pense que nous rêvions toujours de posséder un coin de terre ; ce désir avait pris de telles proportions ce printemps que nous étions presque décidés à acheter un chalet au bord de la mer, en Bretagne, dont on nous avait parlé. Je l'ai maintenant mon coin de terre ! mais comment ! Est-ce mal e trouver que Dieu a été sévère ?

———

11 octobre 1885.

Vos prières, ma bonne et chère sœur, m'aident puissamment, j'en suis convaincue, et je n'ai pas besoin de vous demander de les continuer. Pourtant, je vous en prie, ne vous imposez pas à cause de moi des pénitences et des sacrifices. Je pense qu'aux yeux de Dieu l'immensité de la douleur qu'il m'a imposée, compense bien des fautes ; je souffre horriblement, mais qu'est cela, si à ce prix je puis obtenir le bonheur éternel de celui que j'aime ? Oh ! dites-moi, que mon malheur si poignant (que le temps n'adoucit pas le moins du monde !) va obtenir la grâce d'un prompt et complet bonheur pour mon Albert. Cette pensée seule peut me soutenir… Merci, pour les vers que vous avez eu la douce attention de me copier. Ils sont bien consolants ; je les relis souvent. Comment ferions-nous, si nous n'avions pas cet Ami Divin qui nous montre la résignation et le courage ?

Mais c'était doux aussi d'avoir près de moi, l'ami
que Dieu lui-même m'avait donné.

...Que faire mon Dieu, que faire de ma misérable
existence? Ah, que je voudrais donc pouvoir me faire
religieuse! Mais je sens bien que c'est là une pensée
inspirée par mon cœur désolé et que je ne pourrais
pas faire autre chose qu'une détestable religieuse.
Cependant je fais ce que je peux pour envisager
sérieusement la possibilité de devenir sœur de charité, mais je voudrais qu'on pût d'avance m'assurer
que je serais envoyée dans quelque contrée lointaine,
et je ne sais pas si c'est possible. Une chose aussi
me tourmente; savez-vous si une sœur de charité
peut être enterrée où elle le désire? Ma tombe est
prête à côté de mon ami, je serais navrée à l'idée de
ne pouvoir reposer à ses côtés. Et pourtant, Dieu
saura bien nous réunir un jour, n'est-ce pas?

1ᵉʳ novembre 1885.

Hier, j'ai remis les clefs de ce cher appartement
que nous aimions tant, après avoir fait un dernier
tour pour voir si tout était en ordre. Le cœur me
manquait presque, il me semblait qu'une nouvelle
douleur me déchirait le cœur... Sans cesse je me
répète que ce sont là des petits sentiments bêtes,
que, si j'y étais restée, ma vie n'eût pas été moins
poignante, que s'il me voit ce cher ami, il le peut
aussi bien ici, oui... et pourtant, qu'il eût été doux
de continuer à habiter les mêmes lieux! Quel courage ne faudra-t-il pas pour organiser ce foyer

triste et solitaire, et me familiariser avec l'horrible idée d'isolement? Je suis si brisée! J'ai ramassé mes dernières forces pour accomplir cette besogne, j'ai combattu résolument pour regarder en face mon malheur et à cette heure me voici plus lasse, plus brisée que jamais devant cet effondrement de toute ma vie! Oh, chère sœur aimée, si vos prières ne m'aidaient pas, je ne pourrais jamais continuer ainsi! Votre douce tendresse me fait du bien; soyez persuadée que votre affection m'aide, me soutient. Oui, certes, unissons-nous de prières, faisons monter ensemble vers Dieu nos cris de détresse et demandons-lui ardemment la complète délivrance de la chère âme qu'il m'a enlevée.

Mon voyage en France est un peu retardé, car figurez-vous que mon pauvre père a été pris tout à coup d'une véritable terreur de me voir partir seule; il veut m'accompagner à Paris et a, dans ce moment, une affaire qui nécessite sa présence ici. Cela me donnera le temps de me reposer un peu, j'en ai grand besoin, étant bien fatiguée physiquement aussi. Sa présence m'empêchera sans doute de faire ce que vous me recommandez, mais je compte bien aller prier dans le sanctuaire de Montmartre, ce que nous n'avons jamais manqué de faire, mon ami chéri et moi. L'année dernière, à notre passage à Paris, c'est la dernière course que nous y avons faite.

Je vois que ma chère maman est très tourmentée et se doute vaguement de ma décision, elle y fait de temps à autre une allusion. Je ne laisse rien voir pour lui donner le temps de se calmer, mais je suis un peu effrayée. Il me tarde de remercier Édith de tout ce qu'elle a fait pour moi. Savez-vous qu'elle a

parlé de moi au P. de Régnon (1)? J'en suis contente
parce qu'elle me pressait trop, ne se rendant pas
compte des suites que ce saint homme, avec son parfait jugement et sa connaissance de tout, lui a fait
comprendre, lui disant qu'il ne fallait rien précipiter,
mais au contraire savoir attendre. J'eusse été contente de le voir à Paris ainsi qu'elle le désirait; ce
sera je l'espère pour un autre moment. Peut-être la
Providence arrangera-t-elle les choses, le Père va
quelquefois aux Fontenils et à Sommesnil, qui sait
si je n'aurai pas la chance de l'y rencontrer?

Château de Sommesnil, 17 novembre 1885.

Votre affectueuse lettre, reçue deux jours avant
mon départ de Berne, m'a soutenue et donné du courage pour entreprendre ce voyage si différent, hélas!
des autres. Jamais je ne pourrai me faire à cette existence solitaire; je ne puis réaliser la déchirante
certitude de ne plus revoir mon tendre ami! Je ne
vis que par le souvenir, je pense sans cesse à nos
belles années de si douce union et j'ai beau faire tous
mes efforts pour demander à Dieu de me donner
force et courage, je n'y parviens pas... Enfin, me
voici en France, plus près de vous, sœur chérie, et
bientôt nous pourrons causer ensemble. Vous me
consolerez, vous me conseillerez, n'est-ce pas? Ce
que j'aurais voulu, voyez-vous, c'est quitter complètement le monde, faire en une fois, courageusement,

(1) Le Père Henry de Régnon, S. J.

le sacrifice de tout ce que malheureusement mon âge pourrait lui réclamer encore, et me consacrer au service de Dieu. Ne pourrai-je me faire envoyer dans les missions? Il y aurait là une vie active et des dangers qui me forceraient à dompter ma douleur. Mais j'ai grand peur qu'on ne croie pas à ma vocation et je me demande si c'est *bien,* de donner à Notre-Seigneur une vie dont on ne sait pas que faire? Oh! chère Marie, comme j'aurais besoin de conseils pour sortir des affreux tourments au milieu desquels je me débats. Et ce n'est pas dans un entretien d'une demi-heure avec le P. de Régnon, dans une chambre d'hôtel, que je pourrai éclaircir tous les points; il faudrait pouvoir vivre un peu avec quelqu'un de jugement sûr. Je compte beaucoup sur mon séjour aux Fontenils pour cela, quoique en vérité je me tourmente à l'idée d'imposer une tâche aussi difficile à ces excellents amis.

Avez-vous reçu le volume de dom Guéranger? Je l'ai acheté et suis en train de le méditer. Maintenant, ma petite Marie, laissez-moi vous dire franchement que je ne crois pas que mon entrée dans votre belle religion puisse se faire aussi prochainement que vous le croyez. Nous en parlerons mieux de vive voix, mais je ne dois pas, il me semble, y songer pour le moment. Le P. de Régnon l'a écrit formellement à Édith; ainsi vous voyez que ce n'est pas un recul de ma part. Non, soyez convaincue que c'est toujours pour moi un vif désir, j'y suis décidée. Il y a bien encore quelques points obscurs qui me troublent, mais je pense qu'avec l'aide de Dieu ils disparaîtront de l'horizon.

Je serais bien aise de savoir dans quelles conditions se font généralement les abjurations. Quelles cérémonies y a-t-il? Mon goût eût été de faire les choses aussi tranquillement que possible, surtout dans les conditions actuelles. J'aurais même préféré que cela pût se passer dans une petite chapelle perdue, à Paris, afin que personne ne sache rien. D'un autre côté ce serait aussi bien navrant d'être toute seule, mais puisque telle est la volonté divine! J'espère et veux croire qu'aux yeux de Notre-Seigneur toutes mes poignantes misères de solitude, d'isolement, etc. font partie du terrible sacrifice qu'Il m'a imposé. Pourvu que je puisse obtenir ainsi le bonheur éternel de mon cher aimé; le croyez-vous?

Connaissez-vous la congrégation de Marie-Réparatrice? Pouvez-vous me procurer quelques renseignements sur cet ordre, les conditions d'entrée, la durée du noviciat, les règles. Y a-t-il un ordre spécial pour les missions? ou tous les ordres peuvent-ils envoyer des sœurs dans ce but? Que je voudrais donc qu'on pût me conseiller! Ai-je tort? Trouvez-vous que je ferais mieux de renoncer? Tenez, je vais vous avouer tout bas une chose dont je suis confuse : j'ai peur des sollicitations du monde, des tentations que je puis y rencontrer. Je me sens jeune encore, hélas! j'aimais la vie et je sens que dans certaines heures de faiblesse, je risquerais beaucoup. Certes, ce n'est pas là un motif suffisant pour entrer dans la vie religieuse, puisqu'il serait dicté par la lâcheté et la faiblesse. Mais il ne me suffit pas d'avoir rendu mon cher Albert heureux pendant quelques courtes années; je ne l'ai pas aimé pour cette vie seulement, il me faut son bonheur pour l'autre, et quel meilleur moyen d'essayer de l'obtenir que d'offrir ma vie à Dieu? Vous me direz que c'est peu de chose, puisque du côté de

la terre je n'ai rien à attendre. Cela est vrai, mon
cœur est à jamais brisé, mais... c'est horrible...
malgré mon amour immense pour *lui,* malgré le
vide béant tout autour de moi, la pauvre nature
humaine est faible et se laisserait prendre encore à
bien des jouissances. J'aime le confort, j'ai toujours
été gâtée, le froid et la chaleur me sont pénibles, les
souffrances matérielles inconnues, eh bien! je sais
que j'aurai sous ce rapport beaucoup, beaucoup de
privations qui seront très dures pour moi, mais
Notre-Seigneur ne voudra-t-il pas les accepter
comme un faible hommage de ma confiance en Son
amour, et aux promesses qu'Il nous a faites? Est-ce
mal? Est-ce que je me trompe? Est-ce une idée
fausse? Mais je ne parle que de moi, chère sœur,
la douleur rend égoïste; pardonnez-moi et songez
que je n'ai personne à qui confier mes tourments.

A MADEMOISELLE DE MARCÉ

Château de Sommesnil, 23 novembre 1885.

Je rentre à l'instant d'une longue promenade solitaire par le brouillard et cela va me faire du bien de
causer un peu avec vous. En attendant que je le
fasse moi-même, veuillez remercier votre bonne
mère de sa charmante lettre reçue hier. Il n'est
pas possible d'avoir plus de cœur, de tendresse
et de dévouement. Ma chère Louise, croyez que
j'apprécie de tout cœur l'immense grâce d'avoir
trouvé en elle et en vous un appui aussi solide. Vous
avez grandement raison, une vraie amitié est un

bien inestimable et soutient dans les épreuves.
Quant à ce que l'on est convenu d'appeler des amis
dans le monde, cela c'est bien différent. J'en ai fait
l'amère expérience à mes dépens et me garderai
à l'avenir d'ajouter foi à ces dévouements-là.

... Les tristes nouvelles que vous me donnez de
la santé de la pauvre Marguerite de Monpoly me
peinent beaucoup. Personne n'est donc exempté de
cette terrible loi de la souffrance? D'une manière
ou d'une autre, tôt ou tard, chacun y passe. Le
mieux est de vivre au jour le jour sans se tourmenter de l'avenir; estimons-nous heureux quand nous
pouvons échapper aux peines du présent en vivant
de souvenirs. Ah! ma bonne Louise, je ferais mieux
de ne pas vous écrire, tellement je me sens découragée; on ne peut toujours lutter et il y a forcément
des jours où l'abîme de dévastation paraît sans fond.
Inutile alors d'essayer de se cramponner... enfin, cela
passe comme toutes choses ici-bas. Vous qui êtes
une âme sainte et vertueuse, vous serez peut-être
épargnée par les grandes douleurs, mais il est probable que vous avez vos petites croix comme une
autre, seulement vous savez les porter sans vous laisser écraser. Et puis c'est énorme d'être soutenue, de
n'être pas abandonnée au gré de tous les vents comme
une malheureuse petite barque sans gouvernail! Il
fait tellement sombre ce matin que j'y vois à peine;
c'est bien l'image de la vie : pluies, vents, tempêtes
et tout là-bas dans le passé un pauvre petit coin
lumineux, diminuant toujours et perdu dans l'es-
pace!

A MADAME MARIE DE LA CROIX

Château de Sommesnil, 26 novembre 1885.

Merci, ma bien chère Marie, de vos conseils et de vos recommandations; je sens qu'ils vous sont dictés par votre affection pour moi, je ferai de mon mieux pour tâcher de les suivre et de m'y conformer. Mon existence est et sera toujours bien torturée, mais je veux avoir confiance, espérer que, malgré tout, il se fera un peu de calme dans mon cœur. Quoique je me sente plus tranquille, je ne puis cependant, malgré mes efforts, venir à bout de m'intéresser réellement à ce qui se passe autour de moi. C'est peut-être un effet du fond d'égoïsme que nous possédons tous et qui est considérable chez moi. Songez donc que tout ce qui faisait mon bonheur et ma vie a disparu à jamais; il ne peut plus y avoir pour moi, humainement parlant, que désolation et douleur! A vingt-neuf ans la vie paraît longue encore, et c'est effrayant de la voir aussi vide. Quel fardeau accablant! Je ne me plains pas, je sais que je ne suis pas seule à souffrir dans ce monde, seulement il y a des heures de révolte et de folie, que suivent d'autres heures bien cruelles aussi d'abattement mortel.

Pardonnez-moi de vous écrire tout cela, mais vous voulez bien m'écouter avec une oreille indulgente, et vous voyez que je profite de la permission. Certes, ma chère sœur, mon cœur est pressé d'être enfin tout catholique... et pourtant que de difficultés à vaincre! Si mon père était en santé, je crois que je braverais tout, mais dans de telles circonstances puis-je lui causer une émotion dont les suites peuvent être terribles? Je ne le crois pas, en conscience, et quoique j'en souffre il *faut* que j'attende. Le P. de Régnon, si pratique et si bon juge, est de cet avis. Ma chère Marie, ne m'en veuillez pas, plaignez-moi au contraire, je serais désolée de vous peiner, mais vous comprenez, n'est-ce pas? ma raison. Prions ensemble et remettons-nous entre les mains de Dieu. Il finira bien par se laisser toucher et me montrer la voie à suivre. Encore un point, chère et tendre sœur, où nous n'allons pas être d'accord. Je comprends votre désir de voir se passer dans votre chapelle l'acte solennel qui m'amène à votre foi et croyez bien que moi-même j'eusse été heureuse à la pensée de vous savoir là, tout près de moi, dans cette journée si importante. Mais je désire vivement que cette cérémonie se passe dans le plus rigoureux silence, d'ailleurs commandé par les circonstances, et je voudrais éviter aussi tout ce qui pourrait faire dire à Berne que j'ai cédé à l'influence de la famille de mon cher ami. Comme vous tous vous avez toujours été d'une délicatesse extrême à ce sujet, dont je suis très touchée et reconnaissante, je ne veux pas qu'il puisse planer l'ombre d'un doute et que l'on sache bien que c'est ma volonté à moi. Mon désir serait donc, quand je pourrai croire le moment opportun, d'aller me mettre dans un couvent, à la Retraite par exemple, à Paris, cette ville où l'on peut être si perdue, et là faire l'acte d'abjuration dans le silence le plus strict. Je voudrais que même parmi mes amis de France personne n'en sût rien.

Paris, 10 décembre 1885.

Vous avez donc bien prié pour moi? dites? J'en suis
sûre, car je me sens beaucoup plus apaisée, et je suis
convaincue que vous y êtes pour la moitié au moins.
Comment Notre-Seigneur n'écouterait-il pas les fer-
ventes supplications d'une aussi tendre âme? Vous
serez récompensée quand je vous aurai dit que la
lumière se fait toujours plus belle et plus grande et
que bientôt, je l'espère, les ténèbres auront fini pour
toujours. Soyez persuadée que c'est en grande partie
votre œuvre, si vous saviez comme je vous suis
reconnaissante!

J'étais tellement tourmentée la semaine dernière,
si indécise, si incapable de découvrir quel était mon
devoir que j'ai pris subitement la résolution de
venir consulter le P. de Régnon. Oh! c'est bien le
guide qu'il me fallait, à moi pauvre isolée dans ce
grand monde. Il me semble déjà que je suis moins
seule, moins perdue. Pauvre cher Albert, il doit
souffrir de son côté de cette cruelle séparation; mais
plus près de Dieu, il entrevoit sans doute avec
ravissement le jour glorieux de la réunion éternelle!

Le bon Père achève de m'éclaircir, il me soutient
contre les défaillances qui à certaines heures m'en-
vahissent de toutes parts, il me donne des conseils
et avec son aide je suis en train de démêler mon
chemin. Plus je pénètre les beautés de la religion
catholique, plus je suis ravie. Que je plains ceux qui
par ignorance s'éloignent des superbes ressources
données par l'Église à notre pauvre humanité. Je suis
d'ailleurs persuadée que tout protestant de bonne foi

serait étonné et gagné s'il entendait une parole aussi élevée que celle du P. de Régnon expliquer les choses. Pour moi je n'avais plus besoin d'être convaincue, mais bien des points me paraissaient encore obscurs. Maintenant que je les comprends, je suis entièrement catholique de cœur jusqu'au jour où je pourrai entrer publiquement dans l'Église. Les difficultés sont toujours les mêmes, il est vrai; mais Notre-Seigneur sonde les cœurs et voit les intentions. Je puis donc être tranquille; je n'ai pas besoin de vous demander le secours de vos prières, sœur chérie, je sais qu'il m'est acquis. Quelle bénédiction d'avoir un ange qui veille et qui prie pour les siens !

. . .

Château de Sommesnil, 24 décembre 1885.

Voici votre retraite de l'Avent terminée, vous avez, j'en suis sûre, bien prié pour *lui* et pour moi, et Notre-Seigneur écoutera votre douce voix. Je suis toujours très contente d'avoir vu l'excellent P. de Régnon, car c'est incroyable comme depuis ce moment j'ai l'âme apaisée et la conscience tranquille. Quelle gratitude ne dois-je pas à notre chère Édith pour avoir pris ma cause en main avec tant de chaleur. Avec sa modestie accoutumée, inséparable d'un cœur aussi délicat, elle écrit que « tout l'honneur revient à la sainte religieuse qui s'est constituée notre bon ange ». Certes, ma sœur chérie, vous y êtes pour beaucoup et je vous en demeure éternellement reconnaissante. Ne cessez pas vos prières, car j'ai de grands obstacles à vaincre, et je ne vois pas du tout comment ; enfin, je m'en remets au bon Dieu, certaine qu'Il arrangera les choses.

Je vais probablement quitter Sommesnil dans une quinzaine en emportant de mon séjour le meilleur souvenir et je pense aller aux Fontenils où on me réclame avec la plus affectueuse insistance. Votre mère va bien, elle s'occupe dans ce moment à de petits collages d'objets pour l'arbre de Noël que nous comptons faire le 31, afin que Paul y soit. J'ai reçu de Berne une jolie garniture pour la circonstance et j'espère que je réussirai à faire plaisir à mes chères petites nièces qui sont bien mignonnes. Mais quel vide dans mon pauvre cœur! Rien d'humain ne le comblera jamais... N'est-ce pas, l'ordre des Dominicaines est un ordre de pénitences? Croyez-vous qu'il soit nécessaire d'avoir une santé forte pour y entrer? Mais je vous en conjure n'en dites mot à personne.

A SON PÈRE

Château de Sommesnil, 29 décembre 1885.

Mon bien cher père, voici plusieurs semaines que je ne vous ai pas écrit, mais vous avez eu toujours de mes nouvelles par maman. J'espère que votre indisposition est passée et je forme de cœur mille bons vœux pour votre santé pendant l'année qui va commencer. Que nous apportera-t-elle, cette nouvelle année?... C'est le secret de l'avenir. Il y a un an à pareille époque nous ne pouvions nous douter des coups cruels qui sont venus fondre sur nous.

Cependant tout n'était point rose non plus. Henry est de retour maintenant; mais il était écrit, paraît-il, que plus jamais sur cette terre nous ne nous trouverions tous réunis!

... Dans une dizaine de jours je vais partir pour la Touraine; forcément il faut s'arrêter à Paris, mais je n'y passerai que le temps nécessaire pour voir une ou deux personnes et faire quelques courses indispensables. Je me suis fort bien trouvée ici, quoique le climat ne soit pas de mon goût; il pleut souvent et cette atmosphère humide me fatigue. Bientôt toute la famille quittera le château pour aller passer quelques mois à Paris.

Je n'ai pas grand'chose à vous raconter, car nous vivons très tranquilles et les menues péripéties qui remplissent nos journées ne vous intéresseraient guère. La conférence récente, tenue par l'évêque de Rouen, soulève ici pas mal de bruit, car il cherche à plaire au gouvernement et recevra sans doute en récompense le chapeau de cardinal. On parle beaucoup aussi du magnifique discours de Mgr Freppel à la Chambre. Puis encore de la permission inusitée venue de Rome de ne point faire maigre après-demain; ce sera la première fois de toute sa vie que mon beau-frère d'Iquelon (1) mangera de la viande un vendredi. Tout cela sont des choses qui nous occupent, mais les faits divers de la vie journalière perdent de leur intérêt d'un pays à l'autre.

(1) Le marquis Marie-Hippolyte de Coquerel d'Iquelon, conseiller général de la Seine-Inférieure, décédé au château de la Crique, le 6 août 1888.

A MADAME MARIE DE LA CROIX

Château des Fontenils, 14 janvier 1886.

Me voici auprès de ces excellents amis, et vous ne serez point surprise de m'entendre dire que j'y suis *presque heureuse;* ils sont tous charmants et pleins de cœur, Édith surtout ne se lasse pas de me prodiguer son tendre dévouement. Et puis je retrouve un peu de *lui* en elle; tout me rappelle ce cher ami, nous avons passé ensemble ici de si heureux jours! Vraiment Dieu est bon de m'avoir ramenée auprès de cette amie si douce et si tendre. Son cœur délicat lui inspire des paroles exquises et quand elle a causé avec moi, je me sens réellement fortifiée. Vos prières, ma chère Marie, me font le plus grand bien; c'est par elles que Notre-Seigneur s'est laissé émouvoir et c'est en les écoutant qu'Il a placé sur mon chemin de croix son admirable lumière. Je n'ai pu l'autre jour causer avec vous comme je l'aurais voulu, parce que le temps me manquait et que j'étais un peu fatiguée du voyage. Mais nous nous reverrons bientôt et souvent, je l'espère; et alors, n'est-ce pas? nous continuerons de vive voix nos bonnes causeries par lettres. Si Mme la Supérieure veut bien de temps à autre m'accorder la faveur de vous voir seule, cela sera plus facile et aussi plus doux, plus consolant. Elle comprendra, avec l'expérience qu'elle doit avoir des douleurs et des souffrances si fréquentes dans ce monde, qu'un pauvre cœur brisé a besoin de s'épancher sans témoins. Vous priez toujours bien pour *lui*, ma bonne chère sœur aimée?

Reportez sur lui et le salut de sa chère âme les prières que vous faites pour moi. Cela ne fait rien que je sois malheureuse, pourvu que je puisse penser que nous lui procurons quelque soulagement. Édith vient de me lire une conférence du P. de Régnon sur le Ciel; c'est si beau tout ce qu'il dit sur le revoir certain, la réunion éternelle, le bonheur que rien ne viendra troubler. Quand je pense que mon cher aimé me voit, que lui aussi prie pour moi, je me sens moins seule. Vraiment une âme chrétienne ne devrait jamais être malheureuse, la Foi est si belle! Je me demande souvent si je l'aurais comprise sans le coup cruel qui m'a frappée?... Et pourtant je le crois, puisque déjà ma décision était prise et qu'Albert de son côté était revenu à ses pratiques pieuses. Quelle douce vie eût été la nôtre, déjà si belle pourtant! Enfin, Dieu ne l'a pas voulu et puisque le bonheur ne doit pas être parfait sur cette terre, tâchons de nous soumettre. Mais c'est dur, surtout lorsque le coup est aussi foudroyant : c'est déjà une grande grâce d'avoir connu les joies d'une intimité pareille. Mes souvenirs sont si beaux que bien des personnes s'en contenteraient.

Merci pour tous vos renseignements sur Marie-Réparatrice, ils sont très précis, j'en suis tout à fait contente. Que je voudrais pouvoir essayer de suite de cette vie de mortification qui me paraît être la seule qui puisse me convenir désormais! Mais pour l'instant l'on me dit de n'y pas songer; et je crois aussi qu'il vaut mieux attendre et voir quelle est la volonté de Dieu dans tout cela. Un jour elle se manifestera sans doute et alors il n'y aura qu'à la suivre. Vos billets du Sacré Cœur sont merveilleusement adaptés aux circonstances, je les ai lus et relus bien des fois. En m'en envoyant, vous me ferez toujours plaisir, vous le savez.

. . . .

Voilà Louise qui vient me chercher, Mme Paul de Marcé est en bas et je suis obligée de vous quitter. J'aimerais mieux ne voir personne! Mais il est impossible, quand on est chez les autres, de se renfermer complètement.

1er mars 1886.

Enfin, je puis vous faire part de la grande affaire qui nous a tant occupées vous et moi! Réjouissez-vous, chère Marie, unissez-vous à moi pour remercier et bénir Notre-Seigneur qui a été si bon pour moi, tout en m'ayant frappée cruellement. Oui, nous avons la même foi, la même espérance, et désormais rien ne nous sépare plus. Si je ne vous l'ai pas dit plus vite, c'est que je ne le pouvais pas; j'en souffrais, croyez-le bien, car je sais combien vous aviez pris à cœur le salut de mon âme. Je suis intimement convaincue que c'est à vous, à vos prières, aux pénitences que vous vous êtes imposées, que je dois d'avoir enfin pu sortir du mystère dans lequel j'étais obligée de m'ensevelir. Oui, je suis catholique de fait, comme je l'étais de cœur depuis si longtemps, et vous êtes l'ange tutélaire aux prières duquel le bon Dieu s'est enfin laissé fléchir pour aplanir les obstacles. Vous le comprenez, n'est-ce pas? je ne pouvais ni ne devais, — ce conseil m'a d'ailleurs été donné par le guide éclairé et excellent qui a dirigé

mon âme au milieu de mes cruelles angoisses, — en
faire part à qui que ce soit avant d'avoir pu amener
mes parents à accepter ma conversion. Cela n'a pas
été tout seul, je sens qu'ils en souffrent, j'ai reçu
des lettres pénibles, mais je n'avais pas le droit
d'hésiter plus longtemps. Le premier devoir d'une
conscience loyale n'est-il pas de mettre en harmonie
la vie pratique avec les croyances! Ma mère, tout en
étant attristée, comprend cela, mais mon père est
sévère. Aussi je compte prolonger mon absence afin
de donner le temps au calme de se faire; car il a
pour moi une affection profonde. Je ne me dissimule
pas que dans les premiers temps la vie sera héris-
sée de difficultés journalières, mais il ne pouvait
guère en être autrement. Quelle grâce de Dieu
d'avoir permis que du moins jusqu'à présent, la
santé de mon père n'en soit pas atteinte! C'est là
mon angoisse toujours. Vos prières, tendre sœur,
on fait ce miracle et votre plus belle récompense sera
de savoir qu'elles ont été exaucées!

Vous ne serez pas étonnée si je vous dis que mon
cœur est en paix et qu'il me semble qu'un lien invi-
sible m'empêche d'être aussi séparée de mon cher
ami, qui me voit, j'en suis sûre, et qui a sans doute
bien prié pour sa pauvre petite femme. Ah! pourquoi
tout cela n'a-t-il pu se faire en son vivant? Sans
doute notre bonheur eût été trop parfait et Dieu ne
l'a pas voulu...

Lundi prochain ce sera fête pour tous ici, le P. de
Régnon vient passer vingt-quatre heures; il va prêcher le carême à Niort. Jugez si nous sommes
heureux de le voir! Il est aimé et apprécié; il est
excellent pour moi. C'est une véritable gâterie de la
Providence de m'avoir accordé un guide pareil pour

éclairer mes premiers pas. Le temps sera court, mais je pourrai cependant causer un peu avec lui. Chaque fois que mon sort me mènera à Paris, je puis compter sur lui. Malheureusement il laisse souvent sa plume en repos, de sorte qu'à distance il ne nous aide pas beaucoup. Cependant je ne me plains pas; j'ai là plusieurs lettres de lui — c'est ma faveur.

Je vous quitte, sœur chérie, ayant encore plusieurs lettres à écrire, merci, oh! merci pour tout ce que vous avez fait; je demeure persuadée que c'est à vous que je dois la paix et la douce consolation de mon cœur. Que votre couronne se prépare belle là-haut, Dieu vous bénira et vous rendra vos sacrifices en bonheur éternel.

10 mars 1886.

Le séjour du P. de Régnon a été rapide et court, puisqu'il a passé ici à peine vingt-quatre heures, et cela au milieu des allants et venants. Chacun voulait lui parler, je ne sais comment le bon Père n'en a pas été ahuri. Grâce à Édith j'ai pu me ménager deux entretiens avec lui, mais cela n'a pas fait la valeur d'une heure, et vous savez comme les minutes passent vite, quand on a tant de choses à dire. Toutefois j'en suis contente, c'est déjà une gâterie de la Providence. Et ce qui achève de me consoler, c'est que nous avons le projet, Louise et moi, d'aller le voir à Niort la semaine prochaine. Nous serons plus tranquilles et pourrons lui causer tout à notre aise.

Je vous raconterai en détail ce que vous voudrez, ma sœur aimée, quand nous pourrons causer de vive voix; ne craignez pas de me demander tout ce qui vous intéresse, je n'ai rien de caché pour vous. Maman, avec sa douceur et sa tendresse dévouée, ne m'en veut pas, quoiqu'elle ne puisse me cacher tout à fait son chagrin; mon pauvre père, c'est différent, lui, est très irrité; il faudra beaucoup de temps pour l'apaiser. Je m'y attendais, pourtant je ne croyais pas que cela me serait aussi pénible; enfin tout cela augmente le nombre des souffrances à mettre au pied de la Croix. Je vais prier beaucoup pour lui, hier j'ai communié à son intention dans la petite chapelle ici, où le P. de Régnon nous disait la messe. Quelle douce pensée que celle de posséder réellement Notre-Seigneur dans notre âme, de pouvoir lui confier nos chagrins, nos espérances, comme au meilleur des amis! C'est à Lui désormais que je dirai mes souffrances dans cette intimité qu'Il nous offre. Plus je vais, et plus je suis émerveillée de toutes les ressources que nous offre l'Église, c'est admirable et en même temps bien triste de voir combien peu on sait en profiter. Je veux tâcher pour ma part de ne rien négliger pour user des planches de salut que nous tend Notre-Seigneur, et je pense qu'Il ne refusera pas son aide à une âme qui L'a cherché ardemment. Que je regrette les années passées et comme j'ai à expier et pour *lui* et pour moi! Mais le bon Père m'a rassurée, il me dit de ne pas me tourmenter à cet égard, car tant que la lumière ne se montre pas sur notre chemin nous ne sommes pas responsables.

... Voici donc le carême commencé, je vais redoubler de prières pendant ces semaines de pénitence et m'imposer quelques petits sacrifices, puisque le Père ne veut absolument pas me permettre de jeûner toujours pour la prompte délivrance de la chère âme que je pleure.

Je n'ose penser aux difficultés journalières que j'aurai à souffrir dans les premiers temps à Berne; je voudrais faire voir aux miens que cette religion catholique, si mal connue par eux, sait soutenir les âmes en apaisant la douleur. Qui sait si mon calme et ma sérénité ne les feront pas réfléchir! Vous m'aiderez par vos prières, chère sœur, n'est-ce pas? Nous en parlerons souvent à Notre-Seigneur, ce n'est pas en vain qu'on s'adresse à son Cœur miséricordieux !

Vous êtes bien gentille de m'avoir envoyé une image dans votre lettre de ce matin, si de temps à autre vous écrivez quelques mots au dos, cela en doublera le prix. J'aime à avoir de ces petits souvenirs dans mes livres. L'autre jour, une de mes amies, carmélite en Tyrol, m'a envoyé des fleurs de Terre Sainte, cueillies sur le Saint Sépulcre et arrangées par les saintes religieuses de là-bas.

———

8 avril 1886.

Puisqu'on veut bien me laisser arriver jusqu'à vous malgré les rigueurs du carême, j'en profite, heureuse de pouvoir continuer les bonnes causeries de la semaine dernière qui m'ont fait tant de bien sous tous les rapports. Je suis extrêmement reconnaissante à Mme la Supérieure de nous avoir accordé cette faveur de pouvoir causer sans témoin, nous avions tant de choses intimes à nous dire que la présence d'un tiers eût forcément refoulées. C'est là encore une des grâces de Notre-Seigneur qui met toujours à côté des épreuves les plus cruelles un petit rayon de soleil. Pourquoi faut-il, hélas! que celui-ci soit si pâle en comparaison des ténèbres de la douleur?... Je sais bien qu'il faut souffrir sur cette terre, et que chacun plus ou moins porte son lourd fardeau, mais je ne puis m'habituer à ce brisement de vie complet. Ma vie passée me fait l'effet d'un rêve; il faut recommencer une existence nouvelle... c'est dur, ma pauvre Marie!

On croit avoir organisé sa vie, il n'y a qu'à se laisser vivre, la route paraît tracée et... crac, au moment où l'on y songeait le moins, le bon Dieu barre le chemin avec un immense rocher... il faut recommencer, et cette fois, c'est avec l'âme déchirée, le cœur serré, les illusions perdues! Il y a des moments où, après avoir souffert du vide horrible, de l'abîme qui s'est creusé, l'âme s'engourdit dans la douleur au point que celle-ci devient si vague qu'on ne sait plus de quoi l'on souffre. C'est comme une torpeur, une vague oppression; on voudrait aspirer plus haut et on ne le peut pas. C'est affreux... et dire qu'il y a des âmes qui jamais ne ressentent ces impressions! J'envie quelquefois ceux qui se contentent des petits bonheurs, bien terre à terre, ils ne souffrent pas de cette inaptitude, cette impossibilité de saisir le vrai bonheur. Mais peut-être un jour saurons-nous le pourquoi de ces différences et serons-nous compensés de tant de souffrances.

Je cherche à me raisonner, à me convaincre...

l'ouvrier de la dernière heure n'a-t-il pas été aussi récompensé par Notre-Seigneur que celui qui avait travaillé dès le matin?

.   .   .   .

Merci encore des lettres de mon cher Albert que vous m'avez remises; j'ai éprouvé une douce émotion en les lisant, à chaque page je trouve mon nom, toujours son cœur pensait à moi. Si jamais deux vies se sont confondues en une seule, c'est bien dans notre chère harmonie! C'est beaucoup certainement d'avoir des souvenirs de cœur aussi rares, mais le contraste paraît d'autant plus rude.

Quand vous reverrez ma tante de Vachon (1) après Pâques, dites-lui encore, n'est-ce pas? combien je suis reconnaissante de l'affection qu'elle m'a témoignée; auprès d'elle, comme chez les Montenay, Marcé, Montpezat (2), j'ai trouvé un intérêt et une sympathie cordiale à laquelle je ne pouvais m'attendre et que je suis loin de mériter. Quels bons cœurs! Notre-Seigneur les bénira de leur compassion envers moi.

———

29 avril 1886.

Quelle bonne lettre vous m'avez écrite! Vos douces paroles me font du bien, je viens de les relire là tout à l'heure. Oui, certes, l'espérance de la vie future peut seule faire patienter et supporter à peu

(1) La comtesse de Vachon, née de Tilière.
(2) Le marquis de Montpezat, décédé vers 1860, fut nommé subrogé-tuteur d'Albert de Saint-Martial à la mort de son père.

près l'immense vide du présent, qui s'agrandit toujours. Dieu ne nous défend pas de souffrir, s'Il nous envoie de pareils déchirements, c'est pour que nous les *sentions*.

Nous avons assisté, Louise et moi, à une prise d'habit au couvent des Dominicaines, c'était déchirant de voir la pauvre mère sangloter, elle ne pouvait se résoudre à finir d'embrasser sa fille. Tout le monde était ému; nous en sommes encore très impressionnées. Vous comprenez l'effet saisissant que cette cérémonie m'a produit, vous qui savez mon désir; désir bien partagé, il est vrai, puisque d'un côté je me sens fortement attirée vers cette vie clôturée, perdue en Dieu, et que d'un autre côté cet arrachement aux joies de la terre me fait peur. Pourtant celle-ci n'a plus rien à me donner et je ne veux rien lui demander. Étrange composé que la nature humaine !

A MADEMOISELLE DE MARCÉ

Blois, mardi soir.

Impossible de me coucher, ma Louise chérie, sans venir te dire combien je pense à vous tous si bons, si tendres, si dévoués; je vous aime beaucoup plus que tu ne peux te l'imaginer, et mon cœur se fond en reconnaissance pour tout le bien que vous faites à une pauvre créature, qui, certes, est loin de le mériter. Ne trouves-tu pas que plus les sentiments sont profonds, vrais, plus il est difficile de les exprimer, parce qu'on sent que toutes les expressions sont froides et incapables de rendre leur intensité? C'est même un vrai malheur de ne pouvoir traduire en paroles ce que l'on ressent au fond de soi-même; c'est comme une oppression qui devient de la souffrance; on voudrait dire, on ne le peut pas et... on est réduit au silence en se rendant compte de l'impuissance du langage.

... J'ai failli manquer l'omnibus qui partait, lasse d'attendre! Le train a stoppé pendant une demi-heure en rase campagne, il suffit de ma présence pour causer un retard! J'ai lu le *Figaro,* ce qui était stupide, vu que la lecture d'articles de ce genre a le don de me renvoyer dans un ordre d'idées qui, paraît-il, m'est interdit désormais. Tu te moqueras de moi, si je te confies que, pendant cet arrêt, mes yeux ne se lassaient d'admirer, d'envier, de désirer (bon, voilà une accumulation à la Pontmartin!) une délicieuse vache d'un gris si joli, si joli, enfin la plus gracieuse bête du monde! Si nous étions resté cinq minutes de plus, je descendais pour l'acheter, tellement elle me plaisait! Me vois-tu à la tête d'une vache gris fer! Ma petite amie, tu me trouves ridicule, stupide? Le fait est que je commence à me rendre compte que l'équilibre est détruit; j'ai la fièvre, les idées les plus extravagantes germent dans mon malheureux cerveau, et le fond de tout cela est une tristesse mortelle.

Château de Bois-Minhy, mai 1886.

Ta longue lettre, ma petite Louise, m'a fait le plus grand plaisir; n'en doute jamais, la vue seule de ton écriture est déjà une joie pour moi et c'est toujours avec une émotion bien douce que je te lis. Tu m'as gâtée cette fois, je crains que ta main ne se lasse de causer si longuement; je dis ta main, car je sais que ton cœur ne m'abandonnera pas, aussi ma meilleure consolation désormais sera-t-elle votre amitié.

Je suis navrée de tes nouvelles du P. de Régnon, car enfin il n'y a plus de raison pour que ses prédications finissent. Si on lui demande une retraite après l'autre, qui sait quand il rentrera à Paris. Je ne te cacherai pas, ma chère amie, que si je ne puis réussir à le voir, je serai tout près de me lancer dans le fatalisme à outrance. Cela rentre peut-être dans les plans de la Providence de me voir tomber dans l'abîme, momentanément du moins. Cependant je commence à entrevoir vaguement que s'il y a un abîme, il y aurait chute; je m'évertue donc à démêler cet écheveau inextricable, mais la lumière est diffuse encore. Ce n'est pas faute de lire et relire *Ninive*... Je pense sans cesse à vous, et avec la grâce de Dieu, le reste viendra.

... Remarque que c'est moi qui te demande un conseil, mais ceux-ci seront toujours les bienvenus; tu es la raison même, je ne puis donc mieux faire qu'en écoutant ton jugement parfait. Si je ne les suis pas tous, ils ne seront pourtant pas entièrement perdus; mon humeur fantasque en retiendra quelques bribes et finira peu à peu par se changer en sage bon sens. Suis-je assez soumise? et la douceur dont tu es douée, suivant le bruit qui court, n'est-elle pas mon appanage?

Je m'aperçois que je laisse courir ma plume sans rien te raconter, et tu voudrais sans doute savoir quelle est la vie de Bois-Minhy. Tout d'abord, je réponds à ta demande : il y a deux courriers, l'un à sept heures du matin et l'autre à deux heures. C'est celui de l'aurore qui m'a apporté vos nouvelles. Impossible de saisir la maîtresse de céans (1) avant le le déjeuner ; je l'entends descendre et monter les innombrables petits escaliers, elle trottine, surveille, surgit tout à coup au haut d'une tourelle ou au-dessus d'une gargouille fantastique ; tout cela en coquet bonnet à rubans et au milieu d'un enchantement de dentelles. Mon temps passe vite, j'ai un tas de lettres à répondre, mais ce qui me retarde le plus, c'est cette malheureuse manie de muser, rêvasser... Je crois que je ne pense à rien du tout, c'est un engourdissement de toutes les facultés, une torpeur indéfinissable, enfin, bref, les heures s'écoulent et je m'aperçois que je n'ai rien fait. Je devrais absolument jeter un coup d'œil sur les nombreux volumes que mes hôtes ont tenu à mettre dans ma chambre, il faut que je puisse dire que j'en ai, au moins, parcouru quelques-uns.

Mme de Montenay a l'habitude de faire une grande lieue à pied chaque jour ; elle y tient par mesure d'hygiène ; nous faisons donc des promenades dans le parc, malgré l'humidité. Les bois sont jolis, tu te plairais ici, je crois, toi qui aimes les entassements de verdure ; les allées sont pittoresquement percées, à chaque instant on aperçoit les clochetons de cette jolie construction gothique. Comme le manoir est situé sur le point culminant, il émerge gracieusement et on le voit de partout. Pas mal de gibier,

(1) La comtesse Abel de Montenay du Minhy, née des Mercières de la Châtre.

des lièvres qui courent au loin, des chevreuils qui se promènent, une pièce d'eau assez grande avec un petit bateau, voilà de quoi rendre le séjour attrayant. Le vent, par exemple, ne cesse de souffler et frappe en plein l'habitation; les gouttières, serties dans des lamelles de plomb, ployent et vibrent, c'est un bruit continuel qui rappelle les vagues de la mer. Ce rythme régulier finit par donner une impression de tristesse et le monotone bruissement des feuilles produit une harmonie presque douloureuse.

Je m'évertue à écrire tous les soirs quelques lignes destinées à analyser mes noirceurs; j'ai relu l'ensemble ce matin! Quelle salade, mon Dieu! Quand le Père y aura compris quelque chose, j'espère qu'il me l'expliquera, car je n'y vois pas clair du tout!

Mardi, il y aura grande cérémonie, le matin pour la confirmation et ensuite pour le baptême d'une nouvelle cloche dont Mme de Montenay est marraine. Le soir dîner de vingt-quatre couverts, convives sérieux, bien entendu; lundi dîner d'une dizaine personnes. Monseigneur arrivera ce jour-là avec son grand vicaire.

Mai 1886.

Que tu es bonne et gentille, mon amie, de me combler ainsi; une fois pour toutes, tu es sûre que tes lettres sont toujours un plaisir pour moi, affaire entendue, n'est-ce pas? Mais sois certaine aussi que quand tu n'auras pas le temps et que tu ne te sentiras pas disposée à prendre la plume, je sentirai tout de même que ton amitié m'est acquise et que je n'accuserai jamais ton cœur. Il faut pouvoir aimer ses amis avec sécurité, c'est la première condition d'une affection sérieuse. Quant aux phrases que tu te crois obligée de me faire, je me demande si tu divagues, ou ce qui serait plus grave encore, si tu pousserais la familiarité jusqu'à te moquer de moi?... Non, ma chère petite Louise, j'écris fort mal et je m'en rends compte; je suis surprise que mes épîtres puissent t'offrir un petit intérêt, car je crois bien que si c'était moi qui les recevais, elles m'ennuieraient fort. Enfin, je t'aime tendrement, tu le sais, et il n'est point besoin de morceaux de style pour t'en persuader.

Je regarde tous les jours la photographie que tu m'as donnée. *Savoir* souffrir est un art bien difficile et cette inaptitude à patienter prouve bien que nous n'étions pas primitivement faits pour la douleur. C'est pourtant un verbe que je commence à conjuger pas mal... mais sans savoir m'y prendre pour porter ma croix avec cette fameuse paix qu'on nous recommande si haut. Cela me jette de temps à autre dans des exaspérations dont la conclusion est un affolement complet. Tu as pensé un instant, n'est-ce pas? que j'étais près d'être tout à fait mauvaise et, en personne prudente et sage, tu t'es demandée s'il fallait essayer de me retenir au bord du gouffre ou s'il ne serait pas opportun de rompre toutes relations avec une païenne comme moi? Est-ce cela? Me voici sauvée pour un temps grâce à vos prières et à vos messes dont je vous remercie de toute mon âme.

... C'est ma faute pourtant, si vous vous êtes séquestrés ainsi cet hiver; je déplorais que ma présence vous empêchât de sortir et je m'étais promis que si j'avais l'heureuse fortune de retourner sous votre toit hospitalier, ce serait à la condition expresse que vous ne mettriez aucune trêve dans vos relations mondaines. Mais l'année prochaine, qui sait où nous serons?... Ne trouves-tu pas qu'il est rudement difficile de ne pas jeter un coup d'œil sur l'avenir? Vivre au jour le jour! c'est parfait en théorie, mais comment ne pas se tourmenter de ce que l'on doit faire, de ce qu'est notre vocation? Car, en somme, nous ne sommes pas créés pour ne rien faire et pour gémir en silence; tu m'as dit quelquefois que tu ne te voyais à aucune place; j'en suis là, exactement, avec cette aggravation cependant que j'avais ma route tracée; c'est donc pour la seconde fois qu'il faut chercher le chemin et quand tout est brisé, c'est dur! Parfois un immense abattement me prend; que faire, où regarder?... tu connais cette torpeur de toutes les facultés, cette profonde tristesse de l'âme... et tu me comprends, n'est-ce pas?...

Je change de sujet pour ne pas t'enfoncer trop avant dans les diables noirs, fréquemment mes compagnons maintenant... La journée d'hier a été parfaitement réussie, les deux cérémonies à l'église m'ont beaucoup intéressée. Affluence considérable, venue de tous côtés, et très recueillie; le temps était superbe, la chaleur étouffante, moi surtout je suffoquais sous mon crêpe. La cloche était superbement vêtue des cadeaux offerts par le parrain et la marraine; celle-ci, la première, agita la cloche et le son, qui a vibré solennellement au milieu d'un silence haletant, fut salué par un murmure approbateur de tous les bancs campagnards à figures en fête. Les prières de la liturgie sont très belles, le fondeur avait apporté de petites brochures pour que nous puissions suivre, mais à mon humble avis, il y a trop de psaumes. On en a chanté au moins douze ou treize. Ce pauvre David! il s'adonnait à une piètre distraction! La quête a été faite par Marguerite de Belot avec Mme de Paraize et une des petites de Vibraye.

Monseigneur est très affable et fort causant; il a été grandement satisfait de sa réception à Chemery, mais était un peu attristé à la comparaison de son dernier passage à Contres où les gendarmes l'avaient reçu, tandis que maintenant ils sont obligés de s'éclipser. A chaque fois, il doit ainsi constater une diminution d'honneurs. Ce matin il a eu un mot d'une bonté parfaite pour moi.

Le dîner était excellent; les convives se composaient, outre de quelques curés des paroisses avoisinantes et des hôtes du château, des trois Belot de Lallen, Mme Maxence de Vibraye avec deux filles, MM. de Bissy, de Bixemont, de Boissard, l'abbé Bontant, en tout vingt-deux, les frères de Quatrebarbes ayant manqué; j'étais fort agréablement placée entre Mme de Bixemont, que j'ai vue plusieurs fois et que j'apprécie beaucoup, et l'abbé Bontant qui est également sympathique. La table était arrangée avec un goût parfait, profusion de fleurs dans de vieilles faïences de Strasbourg, beaucoup de lumières, uniquement des bougies, et laissant le reste de la pièce dans l'obscurité. A propos de ce détail, j'ai discuté avec Mme de Montenay ma fameuse théorie de l'éclairage d'une salle à manger, à savoir : la table éclatante, les convives dans un demi-jour rose et les domestiques invisibles; elle l'a trouvée excellente et va acheter en profusion de petits abat-jours. Je ne suis pas fâchée de constater

que tout le monde ne trouve pas mes idées si
païennes. A propos de paganisme, j'ai parcouru un
livre très curieux, intitulé *Toilette d'une Romaine;*
tout ce que nous croyons être des raffinements de
luxe moderne était connu et pratiqué par les grandes
dames de ce temps-là, elles poussaient même bien
plus loin les recherches des soins du corps. Les
nuances les plus extrêmes, comme de s'entourer
d'une amie dont le teint fait opposition au vôtre, etc.
sont poussés plus loin que de nos jours; ainsi on
allait jusqu'à s'essuyer les mains avec les cheveux
d'un enfant choisi entre mille pour cet usage, trouvant que le lin le plus fin était encore trop rude
pour la peau d'une patricienne! Jusqu'au langage
amoureux par signes, jusqu'au fameux geste, imper-
ceptible pour des yeux non initiés et qui signifie
tant de choses des plus osées, ce léger serrement du
pouce et de l'index, tout cela était en usage courant.
Nous n'avons rien inventé, les Romains étaient infiniment plus savants que nous! A ce point de vue,
cet ouvrage est des plus curieux.

... Ton excellente mère continue donc à parler de
moi, par correspondance, à ce pauvre P. de Régnon
qui va me prendre en grippe, j'en ai peur. J'espère
qu'il sortira enfin de son mutisme et que je trouverai un mot de lui à l'hôtel. Garde-toi de faire des
supplications au Ciel en vue d'obtenir de la pluie,
cela me serait extrêmement désagréable pour mes
courses à Paris. Je t'assure que je ne me sens plus
autant à la merci de la première impression venue;
je m'efforce de voir la vie telle qu'elle est, c'est-à-
dire à jamais terne et dévastée, sans plus chercher
à réveiller la surface de cette mer morte par une

brise passagère; quant au fond, je me suis toujours rendue compte que rien ne pouvait ni ne devait la remuer. C'est un crucifiement du cœur et de la nature à renouveler à toute heure!...

A MADAME MARIE DE LA CROIX

La Marcia, 30 mai 1886.

Ces derniers temps, j'ai toujours été si en l'air que j'ai dû forcément interrompre ma correspondance; me voici plus au calme et je viens bien vite causer quelques instants avec vous. Les Montenay ont été excellents, se sont montrés de vrais amis; nous avons beaucoup parlé d'Albert et il m'a été doux de trouver son souvenir aussi vivant. Monseigneur est venu passer deux jours et s'est montré aimable avec tous; il m'a parlé de vous, chère sœur, en termes qui vous eussent fait rougir de plaisir! La cérémonie de la confirmation a été fort belle; la tenue des enfants merveilleuse. Ces sortes de fêtes ont à la campagne un caractère bien plus touchant, je suis très heureuse d'avoir pu y assister. Mme de Montenay souriante, affable, gracieuse, faisait face à tout et savait dire à chacun un mot à propos, sans négliger ses devoirs de maîtresse de maison et de marraine.

Mon petit arrêt à Paris aura, je l'espère, de bons résultats; vous savez combien j'étais découragée. Le P. de Régnon a pu me donner un peu de son temps précieux et, grâce à lui, je me sens mieux; il a le secret de vous mettre l'âme en paix. Quelle déli-

catesse, et comme il saisit les moindres nuances !
Vous ne sauriez croire, chère Marie, combien je suis
reconnaissante à Édith d'avoir tant insisté auprès
du Père pour qu'il s'occupât de moi. C'est absolument le guide qu'il me fallait ; quand je le vois je me
sens un peu moins désarmée pour la terrible lutte de
la vie. Que de difficultés de tous genres ; l'existence
de veuve à mon âge est un crucifiement de chaque
minute. Et tant de circonstances concourent à me
rendre le sacrifice plus pénible. Enfin, puisque cela
doit être !...

Ici, j'ai été accueillie avec la tendre affection sur laquelle je comptais ; ma cousine (1) est la bonté même.

Il y a une jolie chapelle, trop ornée à mon goût,
mais vous savez que les Italiens ne sont guère
sobres sous ce rapport. Comme il y a un chapelain à
demeure, nous avons la messe cinq fois par semaine,
car les deux autres jours Don Capuccio s'en va dans
une famille des environs. Le Saint-Sacrement se
trouve ici pendant le même temps. La prière du
soir se fait en commun, il y a toujours beaucoup de
monde, le personnel domestique étant nombreux et
les fermiers assistant aussi.

A MADEMOISELLE DE MARCÉ

La Marcia, 2 juin 1886.

Le P. Audisio (2) est venu passer la journée
hier, j'ai causé longuement avec lui, ce qui m'a

(1) La baronne Auguse Jocteau, née Bombrini-Doria.
(2) Le Père Michel Audisio, S. J. ; orateur distingué.

donné l'occasion de reposer un peu mon esprit des conversations... légères, vis à vis desquelles il faut bien faire contenance. Le Père a voyagé beaucoup, il est très instruit, d'une bonté aimable et gaie. Demain, je verrai, probablement le P. Zampieri (1) directeur de ma cousine, dont elle fait le plus grand éloge. Je suis contente de ces rencontres, c'est comme un ressouvenir du P. de Régnon et ainsi je ne me sens pas complètement abandonnée. Tu vois qu'il se mêle une note sérieuse à l'existence facile de Rivoli.

Nous avons fait quelques excursions charmantes dans les environs, je ne croyais pas le Piémont aussi pittoresque. Des montagnes, des rochers, des lacs, des arbres superbes, voilà plus qu'il n'en faut pour me rappeler les Alpes bernoises ; l'air est bon, quoique nous ne soyons qu'à une altitude de 280 à 300 mètres tandis que Berne est à 540 mètres. J'ai visité un sanctuaire, situé au haut d'un rocher escarpé,... on dit que les grâces qu'on va demander là-haut sont toujours exaucées. Je ne t'ai pas oublié, ma petite Louise. Des quantités d'ex-voto ornent les murs ; ce sont de petits tableaux dont la naïveté ferait sourire, si l'on n'était touché du sentiment de foi simple qui les a inspirés. Le peuple est ainsi fait ; dans son ignorance grossière, il préfère une croûte aux couleurs criardes, de vrais pâtés, sans la moindre notion de la perspective la plus élémentaire, à une simple inscription qui lui paraîtrait trop sobre.

Je n'ai malheureusement presque pas le temps de lire, aussi n'ai-je même pas ouvert tes livres anglais,

____

(1) Le Père Alexandre Zampieri, S. J., supérieur de la Compagnie à Savone.

tu es donc menacée de ne pas les voir de sitôt. Je me
suis emparée des numéros de la *Revue des Deux
Mondes* que je n'ai pas lue depuis janvier, et je dévore
actuellement les *Dames de Croix-Mort.* Cela ne me
paraît pas trop affreux ; il est vrai que je commence la
seconde partie et je crois que cela va se gâter. Ne
lève pas au ciel tes grands yeux noirs ; tes petits
recueils viennent en première ligne. Puis, je te l'ai
dit déjà les journées commencent bien, je vais à la
messe avec ma cousine qui est une douce perfection.
Le dimanche et les jours de fête, nous avons la
messe à onze heures ; il y vient quelques personnes
des environs, en sorte que la chapelle est remplie.
Le soir on donne la bénédiction après la récitation
du chapelet et le chant des litanies ; la chapelle est
jolie et assez grande, aussi le P. Zampieri l'appelle-
t-il en riant, en parlant à Candide : « votre cathédrale ». Les ornements sont beaux et très au complet ; à côté de l'autel, il y a une grille comme dans
les chapelles de couvent, et c'est là que se mettent
les fermiers.

———

10 juin 1886.

... Je les connais ces fluctuations par lesquels on
passe, ces indécisions cruelles, cette lutte avec soi-
même. Mais la manière de vivre importe infiniment
moins à notre bonheur que le but pour lequel nous
vivons. Dès que l'homme a trouvé à son existence
un *pourquoi* qui le satisfasse, le *comment* le laisse à
peu près indifférent. Tu me répondras que le cœur
n'est jamais satisfait, c'est vrai, mais voilà précisé-

ment la vie! Il y a des natures cependant, et même ce sont les plus nombreuses, dont les aspirations peu élevées sont vite réalisées. Je me demande, si ce ne sont pas les plus heureuses... et pourtant... enfin, le mieux est de prendre ce qui nous est envoyé et de souffrir aussi patiemment que possible, sans tomber dans la philosophie. On supporterait autant, il est vrai, mais en perdant tout le mérite, du moins je le suppose.

.... Comme tu apprécierais le bonheur ineffable de cette harmonie intime qui unit deux cœurs qui s'aiment! Mais, ma petite amie, il faut avant tout que tu saches, si tu pourras aimer ton mari. Sans cette certitude, tu souffriras le martyre à tout instant avec ta finesse et ta délicatesse d'organisation. Sans une tendresse profonde et mutuelle, le mariage devient la plus hideuse des réalités, la vie une agonie continuelle. Il y a une troisième sorte d'union, très fréquente, dit-on, où une estime tranquille, une affection calme et presque indifférente remplace tout. Est-ce là du bonheur? Oh! non, mille fois non.

C'est vivre à côté l'un de l'autre, sans confondre ses existences, et, pour ma part, j'aurais préféré vivre seule, sur un rocher au milieu de la mer, plutôt que de m'atteler à un pareil fardeau!...

... J'ai lu hier un article très intéressant sur sainte Thérèse dans la *Revue des Deux Mondes,* il n'est pas fait dans un très bon esprit. Je t'en citerai comme exemple quelques petites phrases qui t'amuseront : « Quand on s'imagine les comprendre, les écrits mystiques de sainte Thérèse doivent caresser délicieusement l'âme dévote. Ils ont de petits mots doux et tendres, des comparaisons gracieuses, des cris de passion dignes du soleil de Castille, et aussi

leur part de ces antithèses recherchées, de ces subtilités, de ce clinquant que l'Espagne d'alors aimait
tant et qui plaisent toujours à beaucoup, surtout
parmi les femmes. » « La ménagère profitait des
communications de son autre moi avec le ciel pour
en tirer des renseignements pratiques, la chargeant
par exemple de lui procurer un patron de bonnet
pour les nouvelles carmélites, commission qui fut
faite. » Tu vois d'après cela dans quel esprit est conçu l'article, mais il est amusant et en somme je ne
crois pas qu'il fasse de mal. Je n'en dirais pas autant
du travail de Renan sur les origines de la Bible. Cet
homme-là a une façon habile de détruire toute
croyance, et cela sans même essayer de rien mettre
à sa place. On ne croit, d'après lui, à l'Évangile qu'à
cause de son apparence de candeur enfantine, en
vertu de cette fausse idée que la vérité sort par la
bouche des enfants, quand en réalité, il n'en sort que
le mensonge. J'ai lu encore un roman de Theuriet
toujours dans la *Revue,* seule lecture profane que je
me permette; il se passe à Tours et la corruption de
mœurs de la société actuelle y est fort bien rendue.
Triste tableau, mais vécu.

On parle beaucoup ici de Donato qui a passé deux
mois à Turin et qui actuellement fait courir tout
Milan; il y a eu à la suite de ses exploits de magné-
tisme un grand nombre de maladies nerveuses. Tout
le monde était occupé, ces jours-ci, des fêtes qui ont
eu lieu en l'honneur du comte Cavour; courses très
brillantes auxquelles naturellement je n'ai pas voulu
aller, grande revue... Mon cousin ne cessait de me
taquiner sur ma parenté avec les Cavour (1)...

(1) La mère du comte Camille de Cavour, président du con-

Nous avons très chaud et le seul air respirable se trouve sur la terrasse au haut de la maison. Seulement, l'abord en est difficile en ce qu'il faut passer par le cabinet d'Auguste (1), de sorte que je n'ai guère la chance d'y monter inaperçue, il me suit et alors adieu toute occupation sérieuse! Je bénis du reste cette température, puisque chacun va partir pour la montagne; il y aura peut-être moyen d'avoir un peu plus de tranquillité. Il n'y a jamais de dîner invité, mais table ouverte toujours et quand il ne vient personne, c'est un phénomène. Je commence à me faire à ce genre, je regarde les autres comme si c'était un spectacle; je suis correcte au dehors, à de bien minces exceptions près, et je me rapproche autant que possible de ma cousine qui est une sainte et ne prend pas part à l'abandon général. Sa vie est toute une révélation pour moi! Je suis très contente d'être venue, bien des points se dessinent mieux... Plus on pénètre dans la vie intime de chacun et plus on voit que partout il manque quel-

seil des ministres du royaume de Sardaigne, Adélaïde-Suzanne de Sellon, marquise della Rocca di Cavour, était nièce à la mode de Bretagne de la trisaïeule de Mme de Saint-Martial, Mme de Fischer de Mür, née de Sellon (épouse de Jean-Rodolphe de Fischer de Mür, 1733-1804, seigneur de Bremgarten, Mür-en-Vully, etc., co-seigneur des Postes, membre du Conseil souverain de la ville et République de Berne, bailli de Nidau et Oberhofen, colonel du régiment *Oberland*).

(1) Le baron Auguste Jocteau (fils d'Alexandre Jocteau, ministre d'Italie auprès la Confédération Suisse, et de Henriette de Goumoëns, sœur de la grand'mère maternelle de Mme de Saint-Martial) décédé subitement à Turin, le 21 janvier 1887; il composait avec talent et publia diverses œuvres, entre autres un opéra qui fut joué à Milan.

que chose. Souvent on souffre cruellement avec toutes les apparences de bonheur, sans parler des dehors brillants.

A SON PÈRE

La Marcia, 13 juin 1886.

C'est avec vous, mon cher père, que je veux venir causer un peu aujourd'hui; j'ai si peu de temps pour faire ma correspondance au calme que forcément j'ai dû toujours remettre mon intention. La vie ici est, en effet, toujours agitée par suite d'un mouvement perpétuel qui fait que je peux rarement me ménager des moments de solitude, sans être dérangée à chaque minute.

Chacun rivalise de témoignages d'affection et de sympathie pour moi, aussi suis-je très touchée de l'accueil si cordial de tous. Candide est une vraie perfection, et sa vie, au milieu de bien des souffrances grandes et petites, est une belle prédication. La mise en pratique de tant de vertu aimable ne vaut-elle pas mieux que tous les sermons du monde? Il est peu probable que les Jocteau puissent mettre à exécution leur désir de venir en Suisse, mais j'espère un peu qu'on me confiera le gentil petit Charles.

Le temps est très orageux depuis une semaine, ce qui met des entraves aux excursions; nous allons souvent à Turin, car pour les courses en ville le beau temps n'est pas indispensable. Hier, nous avons passé la journée à Superga, où l'on monte par un chemin de fer funiculaire qui fonctionne très bien. C'est une basilique assez belle, construite sur une colline à la hauteur d'environ 650 à 700 mètres. Cela n'est peut-être pas très élevé, mais par rapport à Turin il y a une grande différence d'altitude ; c'est là que sont enterrés les rois du Piémont. La vue est splendide et l'on se rend compte de la fertilité de cette belle plaine, si riche qu'elle faisait envie à Louis XIV, lorsqu'il est venu assiéger Turin, et pourtant le royaume de France a toujours passé pour le plus beau qui existât. Un orage très violent a éclaté ; c'était un spectacle superbe que celui des éclairs sillonnant l'air de tous côtés. Il a grêlé pendant près d'un quart d'heure des grêlons plus gros qu'une cerise, tout le pays était blanc comme un paysage de neige. Les vignes auront, sans doute, bien souffert, car le soir les glaçons n'étaient pas fondus encore. Vous aussi vous avez été dévastés et je vois d'ici la consternation de ma pauvre maman.

J'espère, mon cher père, que vous pouvez vous décharger un peu sur Adalbert (1) de vos travaux, afin de goûter un repos bien mérité. Je sais que votre santé n'est pas mauvaise en ce moment, je m'en réjouis et je veux espérer que ce mieux continuera. Mille tendresses à tous.

A MADEMOISELLE DE MARCÉ

La Marcia, 20 juin 1886.

Je ferais mieux de ne pas t'écrire aujourd'hui, je me sens prise d'une telle nostalgie morale que j'en

(1) Frère aîné de Mme de Saint-Martial.

suis absolument hébétée. Il y a ainsi des heures noires, troubles, où tout vous est à charge ; volontiers l'on se jetterait à l'eau, mais... on n'a même plus la force nécessaire. Qu'est-ce qui me prend de donner essor aux lamentations qui me minent, quand toi-même, chère amie, tu aurais besoin d'être remontée ? Tu as plus de chance que moi, puisque sans doute, aujourd'hui, tu peux causer avec le P. de Régnon ; il n'est guère consolant, c'est vrai, mais il s'entend merveilleusement à vous faire accepter les situations douloureuses qui sont si souvent notre lot. Confie-toi au Cœur de Notre-Seigneur, Lui seul peut nous donner la consolation nécessaire pour traîner le fardeau. Il est si bon, si tendre, Il a tant souffert qu'il me semble qu'Il ne peut nous refuser la somme de force dont nous avons besoin.

... Connaissant l'étendue et la profondeur de ton amitié pour Alice, je n'eusse jamais osé espérer recueillir autre chose que quelques pauvres miettes. Mais tu as compris qu'il n'était point nécessaire d'être exclusif à ce point. A propos, une confidence que tu garderas pour toi seule : tu sais que Don Bosco est un saint, il a obtenu de vrais miracles, je sais des exemples frappants de choses qu'il a dites et qui se sont accomplies. Comme je suis très tourmentée sur la route à suivre — tu connais mon désir de vie religieuse ! — je lui ai demandé ce que je devais faire, après lui avoir exposé en peu de mots la situation. Il m'a répondu de faire une retraite de quelques jours dans un couvent et *que je sentirais là d'une manière positive, si j'avais la vocation ou non*. J'ai une foi entière en lui, et voilà que je suis prise de peur et n'ose pas me décider à suivre son conseil, tellement le résultat m'effraye. Pourtant, je suis de plus en plus convaincue que là seulement mon âme trouvera la paix. Je crois que c'est la voie que le bon Dieu me trace, je le désire... et j'ai peur. Ah! si le Père était là, comme il m'aiderait à y voir clair.

... Tu ne m'*assassineras* jamais assez de tes conseils; hier soir, étant tristement disposée, je me suis échappée seule, à la tombée de la nuit, pour me promener. Il ventait à décorner un bœuf, aussi ton châle m'enveloppait-il agréablement. A part les gémissements de la bise, tout était calme et tranquille, un reste de jour dessinait une ligne jaune à l'horizon, les montagnes se détachaient brutalement en masses sombres; il y avait des teintes violentes partout, et sans la douce influence qui me gardait, j'étais encore une fois prise de l'âpre besoin de chercher n'importe quoi d'émotionnant... le désir de me sentir vivre!

----

28 juin 1886.

... Merci de ta confiance et de l'abandon avec lequel tu me parles; je me rends très bien compte que c'est là pour toi la limite de l'affection et que jamais tu ne livreras complètement tes pensées, je t'assure que je comprends cela. C'est une des épreuves de la vie de ce monde de désirer épancher son cœur dans une intimité parfaite et de souffrir de l'impossibilité qui s'impose malgré soi. Mais qu'est-ce qui te prends, ma petite Louise? T'imagines-tu que je ne puis aimer plusieurs personnes à la fois? Sois tranquille, ma chérie, rien ne pourra jamais moindrir la profonde affection que je t'ai vouée ; sois convaincue que tu auras toujours une des premières places dans mon cœur. Je parle souvent de toi à ma cousine et même je n'ai pu résister au plaisir de lui lire un ou deux passages de ta lettre (ne doute pas de ma discrétion) ; elle a été, comme moi, frappée du cachet élevé de tes idées et m'a dit sur toi une foule de choses charmantes qui m'ont rendue bien heureuse. N'est-ce pas un des charmes de l'amitié, de causer de ceux qu'on aime et de faire apprécier ses amis, même par ceux qui ne les connaissent pas ?

... Nous voici dans les fortes chaleurs et mon cousin, avec sa précipitation habituelle de décision, va sans doute les laisser passer et ira à la montagne dans la saison des neiges. Du reste, ce retard me fournit un excellent prétexte pour rester ; je me trouve si agréablement avec ma cousine et c'est si bon au point de vue de l'âme... Ils sont des cœurs d'or, ne cessent de me proposer de vivre avec eux. Auguste est continuellement à la recherche des moindres nuances pour me faire plaisir. Pour m'engager davantage, il m'offre d'aller passer l'hiver à Naples ou à Rome ; je vais me gâter, en voyant chacun se mettre en quatre pour moi.

... Ma chérie, sois tranquille, je n'ai pas l'intention de suivre d'autres avis que ceux que voudra bien me donner le P. de Régnon et je trouve comme toi qu'il est doux de s'en remettre à lui comme responsabilité... mais je t'avoue que l'obéissance et la soumission me coûtent. Enfin, il en sera ce que Notre-Seigneur voudra, le difficile est d'arriver à y voir clair ; sous ce rapport nos sorts se ressemblent. Je désire la vie religieuse et j'ai peur du moment; la terre n'a plus rien à m'offrir, je ne dois plus me sentir vivre, je ne le veux pas... et l'arrachement de tout me paraît horrible... et je sens qu'en restant dans le monde, je suis environnée de tentations auxquelles je crains de ne pouvoir résister toujours. Que de sentiments contradictoires! Il faudra vraiment de la part du Père une clairvoyance spéciale pour s'y reconnaître, d'autant plus que je ne sais pas m'expliquer, les termes manquent pour dépeindre un pareil chaos. J'ai visité plusieurs sanctuaires très appréciés et toujours je demande la vocation; j'en ennuie la Sainte-Vierge, je ne manque jamais d'aller lui adresser mes prières à l'église de la Consolata qui est la Notre-Dame des Victoires de Turin : on dit que jamais les prières ou les vœux ne restent inexaucés. Je me félicite toujours d'être venue ici et suis émerveillée et reconnaissante envers Dieu des grâces qu'Il me fait; figure-toi qu'à certains moments je me sens presque heureuse tout en étant triste jusqu'à la mort...

Jeudi dernier, pour la Fête-Dieu, il y a eu grande procession à Rivoli; on nous avait priées d'être prieure et sous-prieure, de sorte qu'il a fallu marcher droit devant le Saint-Sacrement. Cette promenade d'une heure un quart, en plein midi, sous un soleil brûlant, en portant des cierges qui pesaient au moins dix kilos, nous a valu de beaux coups de soleil; juge un peu sous la laine et le crêpe! Mais d'un autre côté, il semble qu'en marchant si près du bon Dieu, on peut lui dire bien des choses, ce qui vaut la peine de se fatiguer et d'avoir chaud. Ces fonctions d'honneur nous ont valu le droit de faire une offrande à l'Église collégiale. La petite Mary était mignonne à croquer en robe de dentelle blanche avec un voile drapé à l'italienne et semant des roses devant le dais; elle aime beaucoup sa marraine qui le lui rend.

... Le couvent des Trappistines existe encore, seulement, comme il est situé de l'autre côté de Turin, sur la hauteur, je ne sais si je pourrai y aller. Tu sais qu'elles sont rigoureusement cloîtrées, que le silence absolu est constant, sauf à certaines fêtes, qu'elles font maigre toujours, observent le grand jeûne de huit mois, vivent de contemplation, font des pénitences très sévères; leur robe est de bure plus grossière que celle des Carmélites, brune aussi.

... Avec tout cela j'oublie de te dire combien je suis touchée et reconnaissante de tes longues lettres; elles sont un peu rares, il est vrai, mais si bonnes! Je t'assure qu'en les lisant, je me sens devenir meilleure, aussi j'espère que tu continueras ta chère correspondance. Seulement, chérie, il ne faut pas sacrifier ton sommeil; tu as au contraire besoin de te reposer, afin de maintenir ton esprit dans un état de calme et de paix. Pour moi, tu vois que je surmonte très volontiers mon horreur de la plume pour causer avec toi, j'espère que tu es contente. Je voudrais t'écrire plus longuement encore, mais c'est le temps qui me manque. Nous sommes plus tranquilles, les visiteurs les plus assidus étant presque tous absents, toutefois les journées passent vite avec les courses et les promenades, soit à Turin, soit dans le pays, la musique en commun, les causeries, etc. Il m'a été impossible jusqu'à présent de lire ton roman anglais ou de commencer mes copies. A ce propos tu as dû te procurer un quarantième *suppligeon?* quel est le sujet de cette retraite?

Il y a beaucoup de sœurs de Saint-Vincent de

Paul à Turin, on les rencontre à chaque pas. Quel bel ordre! Mais je crains fort de n'être pas faite pour celui-là. Ce sera encore une étude difficile, que cde savoir quel genre m'ira, tantôt c'est l'un, tantô 'est l'autre qui m'attire, aussi le principal méritet sera-t-il dans l'obéissance.

A MADAME MARIE DE LA CROIX

La Marcia, 4 juillet 1886.

Ma bonne chère Marie, vous allez encore me gronder de mon long silence, mais soyez certaine de mon affection que ni l'éloignement ni le temps ne pourront jamais diminuer. Quand on est chez les autres, il est plus difficile qu'on ne se l'imagine de se créer des loisirs; mes journées passent rapidement dans ce milieu ami. N'oubliez pas de donner dans vos prières une pensée à ma cousine, devenue pour moi une amie tendre et intime, la pauvre femme est si malheureuse du triste état de santé de son fils. Pardonnez-moi si je griffonne un peu, étant pressée, mais je ne veux pas attendre plus longtemps pour vous dire que je pense à vous souvent avec toute ma tendresse de sœur.

J'ai été voir Don Bosco deux fois, ma cousine le connaît très bien, il vient fort peu, vu son âge et sa grande faiblesse. C'est vraiment un saint; la vue de ce vieillard, affaisé et usé par la pénitence sans doute, fait impression. Il a conservé une merveilleuse lucidité d'esprit et de mémoire; son regard a quelque chose de surnaturel, on voit et on sent qu'il contemple autre chose tout en parlant. Merci mille fois de vos images, je suis particulièrement touchée de votre délicate attention. Nous aussi, nous avons célébré bien des fêtes ces temps-ci ; chaque fois nous ornions la chapelle qui était charmante avec sa profusion de lumière et de fleurs. Je m'entends à merveille avec ma chère cousine, et près de cette admirable chrétienne, dont la piété est si tendre, je comprends bien des choses. Nous faisons ensemble nos pratiques de dévotion, toujours pour des intentions communes. Elle a une dévotion toute particulière pour le Sacré-Cœur ; que nous lui avons demandé de choses à ce Cœur miséricordieux ! Il nous doit des grâces spéciales cette année pour fêter le deuxième centenaire de son culte public. Actuellement nous faisons les quinze samedis, que vous avez fait une fois, ma chère petite sœur, pour moi ! Le jour de la Fête-Dieu nous avons suivi la procession à Rivoli, nous marchions juste devant le Saint-Sacrement et vous pensez si j'ai adressé des demandes et des prières à Notre-Seigneur si près de nous !

Je ne suis point confirmée encore, mais je vais recevoir ce sacrement très prochainement, le cardinal archevêque de Turin (1) venant bientôt passer quel-

(1) Son Éminence Gaëtan Alimonda, cardinal-archevêque de Turin ; né à Gênes le 20 octobre 1818, mort en 1891. — En qualité de recteur du séminaire de Gênes, il fut chargé par son archevêque de tenir une série de conférences polémiques dans le genre de celles de Notre-Dame de Paris, savantes prédications qui lui valurent bientôt la réputation de prince de l'éloquence sacrée et lui méritèrent le surnom de « Lacordaire italien ». — Il fut nommé chanoine-précos) de la cathédrale de Gênes en 1864, évêque d'Albenga en 1877, créé cardinal (de l'ordre des prêtres) au titre de Sainte-Marie en Transpontine le 15 mai 1879, puis au consistoire de 1883, élu archevêque de Turin.

ques jours dans sa propriété tout près d'ici. Il doit confirmer la fillette, et je profiterai de cette occasion unique; ma cousine sera ma marraine et à mon tour je serai celle de Mary.

A MADEMOISELLE DE MARCÉ

La Marcia, 18 juillet 1886.

... Pour mon compte j'ai découvert un Père Dominicain charmant et tu riras bien si je te confie que depuis ma trouvaille je vais me confesser presque toutes les semaines... il est si bon, si doux et puis sa robe blanche m'inspire une profonde sympathie. Quelle ville pieuse que Turin, les églises sont toujours très fréquentées, à quelque heure de la journée qu'on y aille; je ne puis te dire comme ce milieu me fait du bien. Il est vrai que c'est mon ange de cousine surtout. Mettons-nous bien dans la tête que la vie c'est la souffrance, soit en grands coups qui déchirent l'âme et le cœur, soit à doses distillées goutte à goutte dans les mille détails de la vie... Dans le fait, le devoir, l'horrible, l'austère devoir est toujours le sacrifice. Il est heureux vraiment que je comprenne cette dure vérité, maintenant que ma vie est devenue si lourde. Jusqu'à l'année dernière, je n'ai eu aucun mérite à accomplir mon devoir, puisque cela allait tout seul; les choses ont rudement changé! Quelle grâce de Notre-Seigneur de m'avoir amenée ici. Maintenant, sans être très solide, j'ai mieux saisi certains points; tu conçois, ma chérie, qu'une intimité de presque deux mois avec cette âme si pieuse ne sera pas sans laisser des traces profondes dans mon cœur.

Loin de trouver que tu te mêles de ce qui ne te regarde pas, ma petite Louise, je trouve fort naturelle ta question à propos des lectures. Nous avons souvent parlé ensemble de ce sujet et, quand nous nous retrouverons, il est probable qu'il reviendra dans nos causeries. La *Revue des Deux Mondes* m'est au contraire conseillée; j'ai dit franchement qu'ayant depuis longtemps l'habitude de la lire, elle me manquerait et ma résolution de continuer cet abonnement a été approuvé. Il y a vraiment des articles qu'on n'aurait jamais l'occasion de lire sans cela. Quant aux romans en général, je n'ai point l'intention de rechercher les occasions de les lire, mais il me sera impossible de toujours refuser ceux que mes frères, mes amies, ne manqueront pas de me passer. Nous avons toujours eu l'habitude de ces échanges, auxquels je tâcherai de mettre une certaine prudence, sans tomber dans une pruderie qui serait parfaitement ridicule. Comme c'est difficile de garder la juste mesure! Je suis probablement destinée à faire encore quelques expériences avant d'être capable de suivre la ligne de conduite que ma position m'impose.

Ma petite amie, veux-tu me permettre une confidence? Je suis si peinée qu'il faut absolument que je te fasse part de mon chagrin. Figure-toi que Candide me parle de temps à autre de me remarier; elle trouve pour justifier cette énormité une foule de raisons; ta mère me disait la même chose et voilà que hier je reçois une lettre de mon amie, la carmélite, m'exhortant à envisager cette perspective. Je ne puis te dire, combien cela me navre, car enfin, en

quoi ai-je mérité une pareille injure? De mes meilleures amies encore! Se figure-t-on que je puisse
oublier l'ami bien-aimé dont le souvenir est si
vivant? « Non, comme dit Lacordaire, l'éloignement
ni la mort ne rompent l'amour véritable; il creuse
l'âme d'autant plus qu'il est privé d'épanchement
au dehors. » Il n'y a qu'à regarder mes yeux creu-
sés, cernés, pour se rendre compte de ce que le vide
me fait souffrir, car ce n'est pas seulement la fièvre
que j'ai eue qui m'a mise en cette état. J'ai cru un
moment que je tombais dans une maladie de langueur; n'était l'embarras que cela donnerait aux
autres, je serais heureuse de quitter cette vie
devenue si lourde à traîner!... Se figure-t-on qu'on
aime deux fois comme je l'ai aimé, lui? et s'imagine-
t-on qu'après avoir eu le bonheur extrêmement rare
d'être entourée d'une tendresse aussi délicate, je
pourrais m'arranger d'un mari ordinaire, même de
ce qu'on est convenu d'appeler un bon mari? Comment m'y prendre pour faire comprendre que cette
supposition me blesse, que je ne veux pas qu'on
m'en parle, que je veux vivre avec mes chers souvenirs toujours présents?

. . . .

J'ai reçu hier une excellente lettre de ta mère,
pleine de cœur et de délicatesses infinies; remercie-la
bien fort, je te prie, de sa douce attention en attendant que je puisse le faire moi-même (1). Je vois que

(1) Les lettres écrites à la comtesse douairière de Marcé n'existent plus, malheureusement; et c'est fort dommage, car elles
devaient contenir des indications d'état d'âme fort précieuses. Il
en est de même de la correspondance avec le R. P. de Régnon,
qui a été détruite au fur et à mesure des nombreux déplace-
ments de ce digne prêtre.

j'ai calomnié le P. de Régnon, mais son apparition a été si courte que tu auras à peine pu causer quelques instants avec lui. Décidément, je ne compte pas sur lui à distance, tant pis, c'est lui qui portera la responsabilité, si j'interprète mal ses avis. Je te vois d'ici, plus enfouie que jamais dans une multitude de « suppligeons »; que de flots d'encre violette tu vas faire couler! Vois un peu comme je suis devenue indiscrète, ma petite amie, je ne te demande plus si tu voudras bien me faire le plaisir de me prêter ces nouvelles conférences, mais j'y compte. Ai-je tort? Elles m'aideront dans le séjour de Berne, car je suis sûre qu'elles contiennent des directions pratiques, puis ayant été feuilletées par toi, chaque page m'apportera une bouffée de conseils de surcroît! J'ai été voir la supérieure de la Retraite, aimable et charmante femme, très distinguée, d'une grande famille polonaise (je la crois veuve à en juger par deux ou trois petite mots). Elle a fait venir la religieuse qui s'occupe spécialement de musique et j'ai copié quelques titres que je t'envoie. Je te recommande surtout les chants sacrés de Gounod et l'*O Salutaris* de Dietsch. A propos de musique, je suis en train de remporter une victoire; mon cousin, paresseux comme un loir, découragé à la suite d'ennuis et de calomnies, jalousies d'artistes, a complètement abandonné tout travail depuis quelque temps. Le voilà enfin qui s'y remet en mon honneur et me promet un album de douze romances dont nous choisirons les vers ensemble. C'est si beau que je suis un peu incrédule, mais de fait la première est à peu près terminée; l'inspiration en est fort jolie, si j'avais de l'amour-propre, je pourrais être fière de l'avoir inspirée. Les paroles sont de Musset. Espérons que

la suite viendra, car c'est dommage vraiment de cacher un si joli talent.

... Vous continuez donc à revoir M. de R.? chantez-vous toujours ensemble des romances aussi brû-
lantes que celles de l'*amplesso?* La belle langue que
l'italien, comme elle se prête au chant! Quelle expression et quelle suavité dans ses voyelles harmo-
nieuses; c'est dommage que je n'aie pu continuer
à le parler, car j'eusse fini par le savoir d'une manière possible. Malheureusement chez mes cousins
on parle plutôt le français, de sorte que je ne suis pas
encore très familiarisée avec toutes les tournures de
phrases.

Villa Enghe, 1er août 1886.

Je n'ai quitté Turin que lundi matin, accompa-
gnée de toute la famille Jocteau; j'ai visité Milan en
conscience, heureuse de passer quelques heures de
plus avec ma chère amie Candide! La jolie ville!
c'est une gaîté, un entrain partout; j'en étais enchantée et mon cousin, voyant cela, ne cessait de me
tourmenter pour que je vienne me fixer chez eux,
disant qu'il viendrait très volontiers vivre à Milan,
où on trouve tant de ressources artistiques... Le
dôme est splendide, la voûte est une vraie dentelle,
tout le marbre est travaillé avec une finesse exquise.
En montant en haut du clocher, on reste émerveillé
de la quantité de sculptures; pas la plus petite place
qui ne soit fouillée et percée à jour. Par exemple, le
recueillement n'est pas grand dans l'église, chacun a

l'air de venir s'y promener et peu de personnes pensent à prier. Il y a fort peu de messes, nous avons dû aller quatre fois à la sacristie pour qu'on vienne enfin nous donner la sainte communion.

Je suis arrivée ici mercredi soir après un voyage agréable à travers un pays charmant. Les tunnels sont en grand nombre, dont le plus long dure environ quarante minutes. Comme j'ai pensé aux frayeurs de ta pauvre mère! Le coup d'œil est des plus pittoresques, on voit la ligne qui monte en faisant des circuits et des zigzags, au point qu'on n'y comprend rien. Les lacs sont d'un bleu superbe, de ce bleu intense dont les eaux suisses ont le secret; la verdure était vivace; puis ces amoncellements de rochers, piqués çà et là de quelques villages gracieux qui sèment une note paisible dans la sauvagerie des sites; ces masses imposantes de montagnes; ces cascades écumantes se précipitant dans les ravins avec un fracas sourd; la neige que l'on côtoie de près; comme tout cela est beau. Et quel air frais et pur après l'atmosphère étouffante du Piémont! J'ai lu pendant ce trajet la première partie de *Grantley Manor*, et, fais-moi un petit compliment, j'ai résisté à acheter un roman dont on parle et ne me suis permis qu'un inoffensif numéro de la *Vie Parisienne*. Es-tu contente? Sais-tu que les voyages me conviennent à merveille? Le mouvement, le changement d'air et de lieux, la fatigue qui en résulte nécessairement, me sont très salutaires; si je m'écoutais, j'entreprendrais de courir de tous côtés. Mais comme c'est triste de se séparer de ceux qu'on aime et avec lesquels on a vécu en intimité; c'est la seconde fois que, cette année, j'y suis obligée. Après les Fontenils, c'est certainement avec Candide que je me trouve le mieux; nous nous comprenons si bien. Que c'était doux de faire tout ensemble, on s'y sent plus entraîné aussi. Je suis si contente d'avoir été à Turin! Autant que l'on peut faire des projets, j'ai l'intention de passer l'hiver de 1887 à 1888 avec eux, soit à Naples, soit à Rome, avant de m'enfermer derrière les grilles, qui sont toujours l'objet de mes ardents désirs. Comme nous causerons, chérie, dans six mois!

Sais-tu si le P. de Régnon est à Paris? J'ai une demi-envie de lui écrire, tout en trouvant pénible de parler à la cantonnade; mais tu as raison, c'est le seul moyen pour qu'il puisse arriver au fond de mon âme. Je viens de recevoir une bonne lettre du P. Audisio qui a tenu à me donner un encouragement; c'est bon à lui, n'est-ce pas? Si tu savais tout ce que m'a dit d'excellent le Père dominicain que j'ai eu le bonheur de découvrir. Mon dernier *Bulletin salésien* renfermait une petite brochure intitulée, *Sentiments de saint Thomas d'Aquin et de saint Alphonse de Liguori sur l'entrée en religion*. N'est-ce pas un « hint » comme on dit en anglais?

Mon amie de Perse recommence à me persécuter pour que j'aille la voir; elle m'assure que septembre est un mois délicieux pour se mettre en route, puis il y aurait une occasion excellente. Mme de Ségur, jeune veuve ayant perdu son mari il y a deux mois, va rejoindre son frère, ministre à Téhéran. J'étais parvenue à chasser cette tentation, et la voilà qui revient avec plus de force, au moment où elle est la plus dangereuse. Je n'ai pas encore eu le courage de lui écrire que décidément je ne voulais pas faire ce voyage, car au fond, je t'avoue que j'en ai une envie folle!

Merci de tes conseils, ma chère petite Louise, je serai toujours heureuse et reconnaissante de recevoir tes avis ; tu as un bon sens rare et ce fameux équilibre d'esprit tant vanté, après lequel je cours sans pouvoir l'attrapper. Oui, chérie, je suis sûre et certaine que l'âme de mon cher Albert ne me quitte pas d'une seconde ; je sais qu'il pense à moi toujours, qu'il est content de moi et que mes prières l'ont soulagé, quoiqu'il en ait besoin encore. Tu es peut-être étonnée de me voir si bien renseignée, je ne puis t'expliquer comment cela se fait, ce serait trop long...

21 août 1886.

Ma chère Louise, j'ai l'air de t'oublier, je suis navrée de te produire ce mauvais effet ; la vérité est que mon temps est tellement pris que je n'ai presque plus un instant pour réfléchir et le soir la fatigue me ferme les yeux. Tu souris, tu ne comprends pas ces grandes occupations ? Songe que j'ai bien des personnes à aller voir après ma longue absence, et, chacun habitant la campagne à cette saison, cela me prend du temps. Je marche beaucoup, parce que j'ai découvert que c'était un exercice salutaire ; il faut à tout prix que je me fatigue physiquement. Tu as mis, avec ton jugement sain, le doigt sur l'endroit sensible. C'est vrai, j'ai peur de l'ennui, cet ennemi inexorable, je suis lassée de la vie régulière, tout m'accable et tout m'assomme. C'est un dégoût général, aussi tu dois comprendre (mais tu as le bonheur d'être si raisonnable !) qu'un séjour en Perse, une vie aventureuse, active, sont pour moi autant de tentations.

... Je soupire, ma chère amie, après le moment d'entrer aux Dominicaines; n'oublie pas de demander quelquefois à Notre-Seigneur de m'inspirer une vocation suffisamment déterminée pour que le P. de Régnon la découvre.

Tu auras sans doute reçu tes livres anglais, dont je te remercie beaucoup. J'ai trouvé l'histoire très intéressante. Je n'ai guère lu ces temps-ci; cependant j'ai pu me procurer les *Voisins* dont vous m'aviez parlé, mais à dire vrai, cet ouvrage n'est point palpitant. Il a des longueurs terribles, et puis c'est toujours la même chose. Ne me juge pas légère, je me suis abonnée à la tant vénérable *Gazette*. Une lecture qui m'intéresse, c'est *la Vie et les Révélations de sainte Gertrude,* mais je n'arrive pas tous les jours à y lire. Puis j'ai plusieurs ouvrages italiens, des sermons, des vies, etc. Tu seras étonnée, si je te dis que l'autre jour j'ai refusé *Autour du aivorce,* de Gyp, que m'offrait une amie.

Aussitôt que j'aurai du temps devant moi, je me mettrai à écrire au bon P. de Régnon, j'ai des tas de choses à lui demander, mais puisqu'il ne répond pas, c'est comme si je parlais toute seule. Le jour de l'Assomption j'ai reçu une excellente lettre du P. Audisio, qui a tenu à m'écrire pour ce jour, pensant qu'ici je me trouverais bien isolée. Il a un cœur parfait, c'est d'autant plus beau à lui de m'écrire qu'il est très occupé de la direction d'un collège, va souvent prêcher des retraites, et puis, dans le fait, je ne l'ai jamais vu que comme ami. Il avait eu la bonté de s'intéresser à moi, et voilà déjà la seconde fois qu'il m'écrit depuis mon départ de Turin.

———

29 août 1886.

Nos lettres se sont croisées, je ne veux pas attendre une nouvelle missive de toi pour te remercier de tout ce que tu me dis de charmant et d'affectueux. Non, certes, je ne me plaindrai pas de mon sort tant qu'il me restera une amie comme toi, si tu savais combien je te suis reconnaissante de ton amitié. Compte sur moi, ma chérie, pour le carême prochain ; sois tranquille, je suis intéressée dans la question. Moi aussi j'ai besoin de revoir le bon Père tranquillement et je pense que mon sort se décidera à la suite de ce temps béni, où nous pourrons goûter le charme de ses conseils. Ainsi, c'est une affaire entendue, nous irons où il sera, fût-ce chez les Hovas.

... Ta toilette blanche doit être fort jolie, je ne doute pas que tu n'aies été charmante. J'espère que tu te seras amusée à la soirée, d'une manière raisonnable s'entend, car c'est, heureusement pour toi, la seule manière que tu connaisses. T'ai-je dit que ta photographie était à tout instant sous mes yeux ? elle est là sur ma table à écrire au milieu de celles de mon pauvre ami. Ta Sainte-Vierge, Niort et Guy (1) sont à côté de moi, accrochés à la glace pêle-mêle avec Don Bosco, des amis profanes, etc... je continue, comme tu vois, à faire autour de moi la même salade que dans mon cerveau. Tant que cela laisse le cœur en paix, il n'y a point de mal... Je soupire après le couvent et je ne sais pourquoi, mais je m'imagine que ce sera réellement ainsi que je ter-

(1) Frère de Mlle de Marcé.

minerai ma vie. Pour le moment il faut se borner à porter la charge de chaque jour, ce qui a bien son amertume.

... Ce matin il y a eu un grand cortège historique pour l'inauguration d'un monument sur le champ de bataille de Grauholz. Tous ces costumes de 1798 étaient bien faits, et d'autant plus intéressants pour nous que les anciens régiments Watteville, Mulinen, Fischer, etc. y figuraient. Tout cela est, hélas! bien passé, et je ne vois pas trop pourquoi l'on fête l'anniversaire d'une défaite, d'autant plus que c'est là qu'a commencé la chute de notre ancienne république patricienne de Berne. Nous avons eu du monde à déjeuner, puis jusqu'à sept heures cela a été une suite ininterrompue de visites, et me voici un peu fatiguée, mais n'ayant guère eu le temps de creuser mes diables noirs.

Ah! l'ombre du cloître... depuis quelques jours je sens comme une certitude que j'aurai la vocation. Quel bonheur! et pourtant c'est horrible...

———

Berne, 14 novembre 1886.

Il y a des jours où le sentiment de mon isolement devient si fort, que c'est une douleur de plus. Tu me diras que ce n'est pas là ce qu'on peut appeler un malheur; dans d'autres circonstances, peut-être, mais dans ma position, c'est un vide de plus. Ainsi, quand je vais à la chapelle, je n'y trouve pas une âme avec qui échanger le plus simple mot, je n'y connais personne, je vais seule, je reviens seule, tou-

jours seule!... C'est-à-dire, cela n'est pas tout à fait
exact, il y a une figure amie, mais... il vaudrait peut-
être tout autant qu'il n'y fût pas, car tu as déjà
deviné que c'est un il. Un ancien ami, qui m'avait
offert sa main jadis, puis nous avions été forcément
un peu séparés; maintenant il vient de perdre une
mère tendrement aimée, pour laquelle il a été le plus
dévoué des fils. Le voilà seul, il se sent isolé, sa vie
est changée, c'est sans doute pour cela qu'il se se
rapproche du bon Dieu. Je ne le savais pas catholique si fervent; je sais qu'autrefois il allait à la
messe de midi, la mondaine, celle où se trouve la
colonie étrangère... maintenant je le vois toujours à
la grand'messe, et chaque fois que je vais à la chapelle, en semaine, il y est. Est-ce l'effet du hasard? Je
ne sais, je voudrais l'espérer. Il se lève en même
temps que moi, de manière à nous trouver sortir
ensemble; il m'accompagne, nous causons, contents
tous deux de trouver à qui parler. Vraiment, je ne
sais pourquoi je te narre ces petits faits aussi longuement, cela ne peut t'intéresser et tu vas peut-être
croire que j'y attache une importance. Non, rien
n'est plus loin de mon cœur; mais faut-il te l'avouer,
cet isolement m'énerve, je souffre horriblement et
malgré moi, parfois la pensée me vient que je pourrais encore me créer un intérieur. Certes, je ne le
veux pas, je suis très décidée à ne pas devenir par-
jure, mais c'est tout de même agaçant d'avoir l'occasion si près. Je ne sais pourquoi Notre-Seigneur
prend plaisir à me mettre continuellement dans une
situation compliquée. Cette fois, je suis au calme, il
est vrai, le cerveau est à sa place, il n'y a pas le
plus léger symptôme de fièvre, mais je vois venir le
moment où il faudra sacrifier encore cette relation

amicale. Sa mère est enterrée tout près d'Albert, nous nous sommes trouvés ensemble sur ces tombes aimées, nous avons prié ensemble...

.   .   .   .

Si tu me voyais en ce moment, ma chère Louise! C'est joli à pleurer autour de moi, les bibelots sont entremêlés de plantes vertes, de fleurs, le feu brille joyeusement, une douce lueur rose s'étend sur tout... c'était ainsi autrefois, seulement alors *il* rentrait, heureux de me retrouver, après une séparation de quelques heures, et c'était un doux échange de ce que l'on avait fait, vu, pensé dans la journée, et puis... me voilà, toute seule, le cœur bien gros, oppressé. Ce qu'il me manque cet ami chéri, cela ne se rend pas; chaque jour qui s'écoule ajoute à la peine. La saison grise contribue-t-elle à m'écraser le moral? peut-être, mais ces brouillards froids, lugubres, cadrent mieux avec l'état de mon esprit, que le soleil du midi. Je ne suis point de l'avis de maman qui regrette de ne pas pouvoir passer tout son hiver à Cannes. A mon avis, il faut du bonheur dans ces pays bleus et or, il faut que la joie présente soit assez complète pour que rien ne vous manque. Les brumes de nos climats donnent mieux la sensation de l'*au-delà,* et quand on souffre, on a besoin de sentir au moins vaguement qu'il y aura autre chose. Les copies de « suppligeons » que je continue me font un bien sensible; comme tout cela est senti, vécu, allais-je dire, mais ce terme a été trop galvaudé depuis quelque temps pour prouver son application ici.

Mais je ne t'entretiens que de moi, ce qui est le fait d'une vilaine égoïste. Je t'ennuie, je le sens, néanmoins je ne puis m'empêcher de me dégonfler

un peu, impossible de toujours tout garder sur le
cœur! Tu es si bonne, si douce, si... je m'arrête, tu
me pardonneras, n'est-ce pas?

Ah! ma petite amie, que je voudrais partir pour
l'Orient, sous l'habit de Saint-Dominique, et ne plus
jamais revoir les personnes ni les lieux qui me rappellent des souvenirs qui me tuent. Et ce P. de
Régnon qui ne répond pas? Je frise la révolte, aujourd'hui je passe par des phases de tristesse navrée,
puis d'exaspération, c'est abominable!

A MADAME MARIE DE LA CROIX

Berne, 27 décembre 1886.

Ma chère sœur, avez-vous eu un bon prédicateur
pour votre retraite? N'oubliez pas de me parler du
P. de Régnon, avez-vous eu la chance de l'entendre.
Vous savez que tout m'intéresse sur son compte. Je
suis convaincue qu'il a fait beaucoup de bien,
j'envie les heureux qui l'ont vu. Que vous êtes gentille de m'avoir copié les dernières dispositions de
notre tante de Soulaine; je les ai goûtées et suis
frappée du cachet d'élévation pieuse de ses sentiments. Ma vie est toujours fort triste, je me sens
bien dépaysée, puis ces jours de fête, autrefois
passés dans le bonheur, rappellent tant de souvenirs
qui déchirent le cœur! Avez-vous pensé à moi le 11,
jour anniversaire de celui où il m'a enfin été donné
d'entrer dans notre chère religion, après tant de
combats et d'hésitations. J'ai eu ces jours-ci un vrai
bonheur à faire la connaissance de Mgr Mermil-

lod (1) par l'entremise d'une de mes cousines, mariée à Fribourg. Il est charmant, d'une bonté parfaite, esprit élevé, large, homme du monde, comprenant à merveille la délicatesse de certaines situations et saisissant toutes les nuances. C'est vous dire que je suis ravie d'avoir trouvé ce guide, auquel je m'adresserai désormais; je suis sûre que vous vous réjouissez avec moi de cet aide inattendu qui m'arrive. Comme Notre-Seigneur est bon, malgré la violence des coups dont Il nous frappe parfois! J'avais vraiment besoin d'un appui, car je commençais à me sentir en détresse. Tant de difficultés m'entourent! Je vous envie, chère sœur, d'avoir eu le courage de faire le sacrifice de tout ce qui est bon sur la terre, il doit y avoir un sentiment de paix céleste après ce grand déchirement. Si seulement Jésus faisait comprendre Sa volonté d'une manière incontestable.

A MADEMOISELLE DE MARCÉ

Berne, 23 janvier 1887.

Voilà un temps infini, ma chère petite amie, que je n'ai pu venir causer avec toi, ou cela me produit-il

(1) Son Éminence le cardinal Gaspard Mermillod, prélat remarquable par sa courtoisie et sa parole élégante; né à Carouge, près Genève, le 22 septembre 1824, mort à Rome le 23 février 1892; ordonné prêtre à Fribourg en 1847, vicaire de Saint-Germain en 1847, curé de Notre-Dame, en 1857, exilé de Genève en 1873 pour raisons politiques, nommé évêque de Lausanne, avec siège à Fribourg, en 1883, créé cardinal en 1890, au titre des Saints-Nérée et Achillée.

cet effet parce que ma vie a été remplie à déborder depuis une quinzaine? Souvent j'ai soupiré après un petit loisir pour t'écrire tranquillement et n'ai jamais su le trouver. Cela doit tenir à un manque de savoir-faire, je suis toujours pressée, essoufflée et en fin de compte la besogne est mince. C'est dur à constater, mais je crois commencer un ramollissement non seulement de cerveau, mais encore de toutes les facultés. Voilà qui te promet, ma chérie, un temps tout à fait agréable! Si tu savais comme je me réjouis de me retrouver auprès de vous... et pourtant ce temps m'effraie à cause de la décision qu'il faudra sans doute prendre.

Hier, j'ai reçu une nouvelle foudroyante, mon cousin Jocteau est mort d'une syncope; aucun détail; je suppose que la mort a été immédiate. Le pauvre homme! aura-t-il eu le temps de pousser un soupir vers Dieu! N'est-ce pas affreux? Ma première pensée a été de courir auprès de mon amie.

... Maman a été bien souffrante, elle a frisé une péritonite qu'on a heureusement pu couper, mais son état de santé laisse beaucoup à désirer; j'ai passé par des jours d'inquiétude à son sujet. Aujourd'hui elle est mieux, quoique très sensible et d'une faiblesse extrême, mais, tout danger étant conjuré, nous avons bon espoir de la voir bientôt remise et je pourrai partir en toute sécurité.

Tu vois que j'ai passé des temps troublés sous plus d'un rapport, car voici qui a broché sur le tout. M. de T. a appris que je comptais m'absenter, ce que je lui cachais soigneusement, il s'en est suivi des explications, des scènes émouvantes; bref, je crois que nous restons amis... Cet homme a un cœur délicat et je crois qu'il a pour moi une certaine affec-

tion. Il ferait un mari très dévoué, aussi je médite
de lui faire épouser une amie ; mais il ne veut pas
d'une protestante et lorsque je lui ai fait remarquer
qu'il y a treize ans, il ne pensait pas ainsi, il m'a
répondu simplement : « J'ai toujours eu trop bonne
opinion de votre cœur et de votre esprit pour ne pas
avoir été convaincu que du moment que vous verriez
notre foi de près, vous auriez le désir d'entrer dans
notre religion. » Si tu savais comme il a de charmantes attentions ! L'autre jour, je dînais avec
quelques amis chez une de mes tantes. Par un
hasard étrange, il y avait là exactement les mêmes
personnes qu'un soir, peu avant la mort de mon
pauvre Albert. Ce rapprochement ne laissait pas que
d'être pénible et, à un moment donné, un mot m'a
rappelé la conversation d'alors. Tous ils étaient là,
rien n'était changé, lui seul manquait... je me suis
sentie défaillir et me suis cramponnée à ma chaise.
M. de T., qui me regardait, s'est approché d'un air
dégagé en disant : « Je suis sûr, chère madame, que
vous sentez l'air de cette porte, je vous ai vu frisson-
ner, vous devriez venir vous chauffer à la cheminée... » Il m'a pris le bras, j'ai suivi inconsciemment,
il m'a installée dans un grand fauteuil, placé de manière à ce qu'on ne vît pas ma figure, s'est assis sur
un tabouret et m'a dit avec son bon regard clair et
honnête : « Vous pensez à lui, n'est-ce pas? vous le
voyez par les yeux du cœur, je l'ai senti et je souffre
pour vous. » Comment ne serait-on pas touché?
C'est un homme plein de cœur ; il a été fils excellent
et sera mari parfait. Sans être d'une intelligence
extraordinaire, il est fort cultivé et à l'intuition de
certaines nuances. Je le crois dénué de tout égoïsme
et j'ai pour lui une grande estime... mais, heureuse-

ment, je suis sûre de ne rien ressentir d'autre, ce qui simplifie la situation. Pour être franche, je ne nie pas avoir par instants vu passer la vision d'un intérieur confortable, un mari à mes pieds, peut-être, qui sait? des enfants, une position aisée, des chevaux, etc., mais sérieusement non, je ne veux pas; même, si j'avais aimé cet homme, je n'aurais pas consenti à ce que je considérerais comme une trahison. Voilà, Dieu merci, une lutte qui m'est épargnée, j'ai trop aimé Albert pour souffrir que sa place soit prise. On ne se marie pas par surprise. J'y ai mis le temps, mais je commence à comprendre qu'il ne faut pas chercher à remplacer le bonheur perdu par n'importe quoi d'humain. Si même on peut arriver à tromper le cœur pour un temps, le vide revient toujours et on voit le néant de ce qu'on a tenté. Non, c'est bien fini, la somme de bonheur terrestre est pour moi dans le passé, j'ai autre chose à chercher maintenant pour conquérir la paix... Le courage manque souvent pour continuer la route... Tu penses à moi parfois dans tes prières, n'est-ce pas?

... Je reprends ma lettre, ma petite Louise, en te priant de bien vouloir m'expédier de suite les dernières conférences; sans doute le temps me manquera pour les copier en entier, mais du moins je commencerai et cela me fera du bien. Ah! chérie, qu'elle est triste maintenant l'existence, comme tout paraît terne et insipide!... Hier, je me croyais calme, soumise, acceptant l'absence de tout ce qui est doux et bon sur la terre et aujourd'hui, pour un mot que m'a dit Marie de G., rencontrée inopinément, me voici démoralisée!... Enfin, demain sera peut-être meilleur, Monseigneur m'attend et remettra un peu d'ordre dans le chaos. Je tombe peu à peu dans un

découragement noir ; ma santé y entre sans doute
pour quelque chose : maux de tête violents, ver-
tiges, voilà ce dont je souffre beaucoup depuis un
certain temps. L'air salutaire de la Touraine remettra
tout, physique et moral.

———

Turin, 16 mai 1887.

Ma cousine est contente de m'avoir ; en voilà
encore une qui m'aime bien plus que je ne le mérite.
A-t-elle assez de choses tristes ; rien ne lui est
épargné, elle connaît toutes les douleurs et toujours
la même douceur, sereine, paisible ! Et ne va pas
croire que peut-être elle ne sent pas tout, au contraire, sa nature aimante et tendre souffre beaucoup.
Elle est la mise en scène de la fameuse recommandation du P. de Régnon : ne plus se compter pour
rien ! Comme c'est beau, mais qui pourra jamais
atteindre ces sommets de haute perfection.

. . . .

J'ai reçu ta lettre et je vais te gronder. Pourtant
c'est bon et affectueux à toi d'avoir voulu me donner
un signe de ta précieuse amitié en ces jours anniversaires que je traverse pour la seconde fois. Je te
remercie du fond du cœur de tes bonnes prières
pour mon cher ami ; je crois que le vide va s'agrandissant toujours... et je dirai volontiers, cela vaut
mieux. Je n'en suis plus au temps où il me semblait
que je pourrais trouver sinon l'oubli, du moins un
adoucissement passager dans des distractions trou-
blantes. Enfin, j'ai compris que rien sur terre ne
pourrait me donner la paix ; mieux vaut se résigner

à souffrir d'une blessure toujours ouverte. C'est bien dur, mais après tout qu'importe ?

... Peut-être trouveras-tu que je divague... c'est la tristesse, vois-tu, et puis mes forces physiques me trahissent après tant de choses... je me sens si faible que je mets dix minutes à tracer une ligne... mes mains tremblent par moments. Si Dieu avait pitié de moi et allait m'appeler ? C'est tout ce que je rêve, pourtant j'aurais voulu, avant de m'en aller, accomplir mon sacrifice ; ce n'est pas assez de l'avoir décidé, le plus dur n'est pas passé. Cela sera donc toujours ainsi ? Alors que l'on a pris une grande résolution, il faut être empêché de l'exécuter ? Enfin, c'est bon, puisque Notre-Seigneur l'aura voulu !...

... Pendant que tu dansais à Versailles, le soir où nous nous sommes quittées, je rentrais tristement à l'hôtel, et dînais solitaire dans un coin, en songeant aux temps passés et aussi un peu à cet avenir si dur. Mes derniers jours à Paris ont passé rapidement. J'ai fait quelques achats réussis, une charmante promenade au bois par un soleil radieux ; c'est sans doute la dernière fois que je me trouvais dans toutes ces voitures... beaucoup d'équipages simples, à tenue incorrecte, les plus jolies toilettes, en héliotrope ou en noir et blanc, ce qui n'a rien de brillant, point de beaux chevaux, ni de jolies femmes du reste, pas mal de jeunes gens à l'air impertinent. Le point de mire de tous les regards était un landau, capitonné en satin bleu de roi et orné de quelque horizontale à toilette empanachée. Malgré tout, on respire je ne sais quel parfum capiteux au milieu de ce ramassis de la bêtise humaine, mélangé de passions malsaines, d'ambitions viles et de vanités bêtes.

6 juin 1887.

« Le mariage étant notre voie ordinaire, il suffit de moyens ordinaires pour l'embrasser. » Eh bien, non, il faut se sentir une vocation spéciale. A dix-sept ans, il est vrai, on ne réfléchit pas, le mariage se présente comme une chose naturelle, l'on suit ce cours sans savoir pourquoi. Mais plus tard, lorsqu'on a pesé, réfléchi, il ne peut en être de même, on comprend les devoirs, les responsabilités auxquels on se devra et, si l'on ne se sent pas *d'attrait,* je pense qu'il vaut mieux renoncer. Ce n'est pas comme pour la vie religieuse que l'on peut parfaitement embrasser sans attrait ; le renoncement et l'immolation que nous *voulons* prouvant notre amour pour Notre-Seigneur, l'amour se manifestant par les actes. Mais où a-t-on jamais vu une preuve d'amour de Dieu, manifestée en se jetant dans les bras d'un homme que nous ne connaissons que fort superficiellement ? Ce serait une étrange manière de se sacrifier sans aucun mérite et pour ma part je ne la comprends pas. Si je n'avais pas eu le bonheur de rencontrer un cœur sympathisant aussi complètement avec le mien que celui de mon pauvre Albert, c'est-à-dire si je n'avais pas senti vibrer harmoniquement certaines cordes intimes de mon être, ce qui prouvait surabondamment que nous étions créés dans le plan divin pour nous unir, jamais je n'aurais voulu épouser un homme pour lequel j'aurais simplement eu de l'estime. Et maintenant, que j'ai connu les joies délicieuses d'une union étroite et douce, je pense plus que jamais qu'un mariage qui

n'aurait d'autres bases que l'estime, une affection
de devoir *escomptée,* plus les convenances, est une
torture.

... Je voulais, chère Louise, terminer ma lettre
hier au soir, mais la soirée était si belle que je me
suis éternisée sur le balcon, perdue en rêveries
au temps passé, ce qui est une façon de se procurer
quelque répit aux tristesses du présent. J'ai une faci-
lité remarquable pour oublier les ennuis, fatigues,
désagréments, peines, souffrances du passé; une
journée triste ou pénible est à jamais effacée de ma
mémoire, c'est comme si jamais elle n'avait existé;
c'est pourquoi j'ai tant de difficultés à comprendre
ceux qui empoisonnent leur vie en souffrant de
peines supportées jadis. Il n'en est pas de même des
joies; celles-là sont présentes à mon souvenir et cela
donne du courage de penser au bonheur; le souvenir seul est comme l'ombre de ce bonheur.

Les chaleurs nous ont surpris tout à coup; il n'y
a guère que huit jours et déjà chacun se plaint. Turin
est une étuve; de onze heures à cinq heures, impossible de sortir sans souffrir de cette température de
serre chaude. Ma pauvre Candide est dans un triste
état de santé; l'ébranlement nerveux, causé par la
mort affreuse de mon cousin et la maladie du fils
aîné est très grand, au point de la rendre souvent
malade elle-même. Ma présence lui fait du bien; elle
a une confiance touchante et m'a chargée d'une foule
de responsabilités. D'abord j'ai lutté avant d'accepter, mais voyant son état de faiblesse, je me suis
laissé faire et puisque je suis là et que je suis utile,
fiat! cela m'exerce pour l'avenir. Mais ce n'est pas
commode de conduire le ménage d'autrui, avec des

habitudes aussi différentes, diriger des domestiques
dont on comprend à peine le charabia... Me vois-tu
obligée de parler à l'avocat pour une foule de difficultés; puis à un fermier qui vient réclamer, à un four-
nisseur malhonnête qui veut se faire payer double...
Enfin, Dieu merci, me voici en plein dans la rivière,
j'arrive à nager à peu près. Chacun du reste y met
de la complaisance et j'assume la responsabilité
comme si je travaillais pour moi, ce qui me donne
plus-d'assurance.

Décidément les Italiens du Nord n'ont pas ma sympathie. Les hommes sont familiers, même ceux qui,
par leur noblesse et leur haute position, devraient
être d'une certaine distinction, puis cette emphase
obséquieuse, qu'ils mettent en tout, m'agace. En
français, c'est ridicule; en italien la redondance
sonore de la langue donne une apparence théâtrale.
Les femmes se tiennent comme des parvenues, leur
toilette est heurtée, leur conduite parfois légère,
leurs allures débraillées. Les enfants sont mal élevés
en général. Voilà un tableau de la société turinaise
qui n'est guère flatteur. Ce qui compense et sauvera
Turin, c'est l'immense charité, la piété de chacun.
Nulle part autant d'œuvres, autant de fidèles au
pied des autels. On a le cœur sur la main, on donne
généreusement, sans compter et gaiement, ce qui en
augmente le prix. Tu sauras probablement par ta
mère mes bonnes relations avec la sœur Élisabeth de
la Miséricorde de Saint-Sauveur, petite femme intré-
pide et vaillante, malgré ses soixante-douze ans. Elle
cause d'une manière très agréable, avec simplicité et
franchise, ses connaissances sont innombrables; elle
dit en riant qu'elle est comme le loup blanc! Tous
les matins c'est un véritable défilé d'équipages sta-

tionnant à sa porte, chacun et chacune tient à honneur de soutenir les œuvres remarquables qu'elle a
créées avec une rare intelligence. Les princesses
donnent l'exemple et la mode s'en est mêlée. De
tous côtés, c'est un concert de louanges pour la bonté,
la douceur et le savoir-faire de sœur Élisabeth ;
depuis vingt-quatre ans qu'elle est à Turin, elle a
transformé tout un quartier. Plus j'avance et plus il
me semble que c'est bien là ce qu'il me faut, malgré
les dégoûts, le soulèvement de la nature. Notre-Seigneur nous a recommandé de modeler notre vie sur
la sienne ; eh bien ! que voyons-nous dans l'évangile ?
des pauvres, des malades, des infirmes, des enfants.
Et que signifient ces paroles qui vibrent constamment
dans mon esprit : *Si vis perfectus esse, vade, vende
quæ habes, et da pauperibus, et habebis thesaurum in
cœlo : et veni, sequere me?* (Suivez-moi, faites comme
moi, secourez les malheureux, soulagez les misères,
ne reculez devant aucun dévouement quelque immense qu'il soit, quelque écœurement que vous en
ayez.) N'y a-t-il pas des promesses splendides pour
ceux qui vêtiront les indigents, nourriront les pauvres?... Chacun suit son inspiration, pour moi je suis
fixée, et l'activité, l'humilité, l'effacement de la Fille
de Charité me paraît mille fois préférable entre tout.
Mais on ne saura jamais ce qu'il m'en coûte ; il faut
avoir passé par ces terribles étreintes et ces déchirements sans nom. Si l'on m'avait dit, il y a deux ans,
qu'il me resterait assez d'énergie pour traverser ces
luttes, j'eusse été fort étonnée.

Fais-tu comme moi, chère petite amie, pour les
« suppligeons » ? Pas un jour ne se passe sans que j'en
lise quelques pages ; je voudrais qu'elles pussent se
graver dans ma mémoire de manière à me soutenir

aux heures difficiles, alors que je ne pourrai plus *rien* lire de ce qui me va ; car la règle est très sévère à cet égard, comme à d'autres du reste. Enfin, la grâce de Dieu ne me manquera pas.

J'écrirai plus tard au P. de Régnon pour lui raconter ce qui se passe, je pense qu'il m'approuvera... Dieu seul sait comment, quand et où j'entrerai. J'aimerai à faire le postulat ici auprès de cette supérieure intelligente qui paraît me prendre sous sa protection, la difficulté de la langue n'existe pour ainsi dire plus.

---

7 juillet 1887.

Ah ! si je pouvais te communiquer un peu de l'envie de vivre, qui malgré moi me prend à certaines heures et qui n'est pour moi qu'un fardeau de plus ? Est-on drôlement bâti tout de même : savoir qu'on ne trouvera plus ni amour ni bonheur, ne pas en vouloir si d'aventure le mirage s'en présentait... et cependant regretter de ne pouvoir le saisir, et après cela regretter d'avoir eu ce regret ! Je m'y perds, je ne sais qu'une chose, c'est que le vide est immense et que cela donne le vertige. Je sais bien qu'il ne faut regarder ni en avant ni en arrière, mais *en haut !...* seulement on se tord le cou pour lever ses yeux à l'altitude voulue ! Le tout est de ne pas se rompre les os dans l'effort.

J'ai visité hier le dernier des établissements tenus par mes futures collègues ; cette maison était le Refuge, endroit où la police amène tout ce qu'il y a de plus bas dans l'échelle sociale, les vagabonds, traînards, ivrognes, filles, etc., ramassés dans les rues; ils sont six cents et je ne les trouve pas trop répugnants. J'ai vu en détail la partie des femmes; quant aux hommes, la supérieure ne m'a fait visiter que l'infirmerie, les sœurs ne pénètrent dans ce milieu que pour la distribution du repas. Une porte étant ouverte sur une cour, j'ai tranquillement dit à la sœur que je désirais tout voir et, profitant de sa stupéfaction, j'ai pénétré et je me suis promenée dans les galeries, salles de travail, réfectoires. Ces hommes, dont quelques-uns ont des aspects de brutes, ont été probablement fort surpris et se sont contentés de me regarder, sans que j'aie rien vu d'inconvenant; sur les boulevards de Paris, on est en butte à des regards autrement insolents ou grossiers.

En somme, je suis contente d'avoir vu toutes les œuvres de près; j'ai maintenant une idée plus nette de la sœur de Charité et toute différente de celle qu'on se fait d'après les romans. C'est bien la vie qu'il me faut; je compte sur Mgr Mermillod pour me faire entrer encore cette année. Je commence à savoir passablement l'italien, ce qui pourra être utile au cas où l'on m'enverrait en Afrique; je crois que je vais me mettre à l'étude du volapuck : qu'en dis-tu?

A SON PÈRE

Villa Enghe, 19 juillet 1887.

Me voici tranquillement réinstallée ici après une longue absence et c'est pour moi un grand plaisir de penser que nous serons bientôt tous réunis. J'espère que le séjour du Gurnigel, dans ce bon air de montagne, vous repose; que vous nous reviendrez frais et dispos. Il me tarde de vous revoir et j'ai grande envie d'aller vous faire une petite visite.

... Notre séjour à Lucerne s'est accompli dans des conditions charmantes; j'étais loin de m'attendre à un accueil aussi gracieux. Chacun a rivalisé d'amabilité, de bonne grâce, et nous avons vivement regretté de devoir quitter si vite. Henry me paraît apprécié et aimé, peut-être même trop choyé, mais ce n'est pas à une sœur de regretter cela, quoiqu'il est certain que le caractère se trempe mieux à être moins gâté. Nous avons dîné chez les Segesser (1), déjeuné chez les Corragioni d'Orelli (2), fait des excursions sur le lac, assisté à un concert, une soirée dansante, une représentation au théâtre, enfin bien rempli notre temps. Meggenhorn (3) est ravissant; la chapelle sera jolie d'après les dessins, mais elle est peu avancée, au grand désespoir de la propriétaire. Tout le monde m'a vivement engagée à retourner à Lucerne et je tâcherai d'aller passer encore quelques jours dans ce milieu si sympathique.

... Le Gurnigel est sans doute brillant comme toujours et j'espère que toi et Léopold (4) vous y aurez trouvé des ressources de société. Il paraît que tu

(1) Le colonel Henri de Segesser-Brunegg, commandant la division du Saint-Gothard, architecte, et Mme de Segesser-Brunegg, née comtesse Crivelli.

(2) Le commandeur Corragioni d'Orelli, camérier secret de cape et d'épée de Sa Sainteté.

(3) Propriété de Mme Armand Heine, née Cohn.

(4) Frère cadet de Mme de Saint-Martial.

as un livre fort intéressant sur la société de Paris;
si tu l'as fini, ne pourrais-tu nous l'envoyer?

A MADEMOISELLE DE MARCÉ

Villa Enghe, 31 juillet 1887.

... Pauvre chérie, je prie pour toi et beaucoup,
c'est la seule |chose qui soit en mon pouvoir, elle
ne te manquera pas. Courage et confiance; c'est
incroyable comme des difficultés qui paraissent insur-
montables au début, s'aplanissent quand on est bien
décidé à suivre la volonté divine. Il semble parfois
que c'est Dieu qui fait ce que nous voulons, lorsque
nous tenons notre âme dans la soumission voulue.
Je n'ai pas besoin de te recommander ce moyen
infaillible d'un abandon sans réserve, tu sais tout
cela depuis bien plus longtemps que moi; tu le pratiques et c'est de toi que je l'ai appris.

J'ai quitté ma cousine le cœur bien gros, elle
souffre tant, la pauvre femme, et puis... jamais je n'y
retournerai dans les mêmes conditions! Il faut avoir
passé par cet arrachement de toutes les heures,
cette agonie sans cesse renouvelée, pour en connaître à la fois l'amertume et la douceur! André (1)
t'aura raconté mon enchantement de notre court
stage à Lucerne. C'est un endroit charmant, cos-
mopolite, gai, et le paysage idéalement joli lui donne
un charme tout particulier. Je me trouvais logée à
côté du comte et de la comtesse de Trapani, ayant

(1) Frère de Mlle de Marcé.

le même balcon; la princesse Zurlo, dame d'honneur, s'est fait présenter de suite et m'a, à son tour,
fait faire connaissance de celle qu'on nomme « Madame » dans la petite cour qu'ils ont formée. Ces malheureux princes sont gueux comme des Espagnols;
l'on se dit tout bas que leur présence est plus déco-
rative pour l'hôtel que profitable. Cela n'empêche
pas qu'on les entoure d'hommages et de respects;
ce petit noyau attire naturellement du monde, en
particulier des Napolitains et des Autrichiens. Le roi
et la reine de Naples aussi sont venus, ainsi que la
famille du comte de Caserte, et je me suis pas mal
vue mêlée à toute cette société.

Je trouve maman mieux que je n'osais l'espérer;
on me dit qu'elle a repris meilleure mine depuis que
je suis revenue; pauvre mère, sa tendresse pour moi
est bien grande! Il faut que je te raconte comment
les choses s'arrangent d'une manière inespérée; une
ancienne amie de maman, connaissance de ville
d'eaux, mais excellente relation, que nous n'avions
pas vue depuis nombre d'années, est venue passer
deux jours ici. Cette dame est Française, catholique,
et nous avons nécessairement causé de bien des
choses. Maman lui a fait part de ses craintes pour
mon avenir et je me suis servie de son intermédiaire
pour préparer les voies. Elle a raisonné maman, lui
a fait comprendre que ma vie ne pouvait se passer à
des riens... tant et si bien que c'est ma pauvre mère
elle-même qui m'a questionnée à cet égard. J'aurais
voulu l'épargner encore, mais en présence de ses
demandes directes, je lui ai dit que ma décision était
prise. Voilà un grand pas de fait. Qui pouvait prévoir que cette communication serait amenée si naturellement? N'ai-je pas raison de trouver que Notre-

Seigneur rend tout facile quand Il le veut? C'est
absolument providentiel à mes yeux, j'ai un poids
de moins sur le cœur. Eh bien, chère petite amie, et
voilà l'admirable, maman est superbe; point de
scène de désespoir, point d'affolement, non, mais sa
douleur est grande; elle n'est pas surprise outre
mesure et cependant elle s'étonne. Pauvre chère
mère, je surprends des larmes silencieuses; elle
demande pourquoi un pareil sacrifice. Elle qui jusqu'ici ne m'avait jamais parlé de mariage, elle m'y
engage, elle croit de son devoir de me faire un
tableau d'un bonheur que je puis trouver encore,
dit-elle! Le bonheur! mais désormais, le mien est de
ne plus en avoir! J'ai le cœur fendu d'être obligée
de causer tant de douleur. Et puis, il faut que je
cache ma propre torture, car c'est pour le coup
qu'elle serait désespérée, si elle se doutait de mes
affolements, de mes terreurs, de mes défaillances...
Si je n'avais pas la vocation, je ne résisterais pas;
ma meilleure preuve, c'est le secours que m'envoie
Notre-Seigneur. J'ai reconquis la paix extérieure et
intérieure; c'est la plus grande grâce que je puisse
obtenir. N'est-ce pas merveilleux? Mon âme est
tranquille, la confiance et la reconnaissance la remplissent, le cœur souffre cruellement, il est vrai,
mais cela ne fait rien. La plus grande peine de
maman, je crois, c'est la pensée que je souffrirai de
mille détails. Enfin, cela viendra peu à peu, elle
fera son sacrifice avec générosité et même avec
héroïsme. Où prend-elle la force pour porter tout
cela? J'en suis émerveillée. Elle a été bien soulagée
en apprenant l'ordre auquel j'étais destinée, car les
grilles lui causaient un effroi formidable; au premier
instant elle s'est écriée : « Ah! à la bonne heure, au

moins, cela, je le comprends! » Mais maintenant ce sont chaque jour des objections nouvelles, auxquelles il n'est pas toujours facile de répondre. J'atténue les côtés les plus durs, je fais ressortir les avantages; je tâche aussi de ne pas me tourmenter à l'avance, me souvenant du mot de Notre-Seigneur: *Spiritus enim sanctus docebit vos in ipsa hora in quid oportet vos dicere,* et c'est bien vrai, les idées vous viennent tout d'un coup.

Mon père revient dans huit jours; ce sera moins aisé, aussi attendrai-je encore. J'ai causé longuement avec Mgr Mermillod; lui aussi a commencé par faire des tas d'objections quant à l'ordre, manque de vie intellectuelle, etc.; je crois qu'il n'aime pas beaucoup qu'on prenne les décisions en dehors de lui. Cependant il a été très bon et il m'aidera de son influence. Autant qu'on peut décider dans un premier entretien, il est convenu que je passerai deux à trois mois à Berne, puis vers la fin d'octobre ou le commencement de novembre, j'irai faire un mois d'essai à Turin; pour le monde, je serai chez ma cousine, après quoi je reviendrai quelques semaines et je retournerai continuer mon postulat pour lequel le mois d'essai comptera. Dans un an d'ici, j'ai bien des chances pour être près du moment où la cornette remplacera l'invraisemblable costume du séminaire. Pour moi, j'accepte la volonté de Notre-Seigneur qui saura mener toutes choses à bonne fin... Si seulement les autres pouvaient ne pas trop souffrir!

Ma chérie, je t'ai parlé bien longuement de moi; pardonne-moi, vois-tu, je n'ai pas une âme à qui raconter mes peines et parfois j'étouffe. Prie pour moi, n'est-ce pas? Il y a des heures cruelles dans la vie ; si Dieu l'avait voulu, c'était si simple de me laisser mon ami... et pourtant je vais t'étonner : en pensant à l'avenir qui certainement se prépare si beau et si doux, je me demande si le présent vaut mieux que le passé?... On pense ces choses-là en défaillant.

La semaine prochaine j'irai passer quelques jours à Lucerne, puis je m'arrangerai pour me rendre à Einsiedeln pour l'Assomption...

A MADAME DE SEGESSER-BRUNEGG

Villa Enghe, 29 août 1887.

Je pense beaucoup à vous, à la manière élevée dont vous entendez les choses, à la largeur de vos idées ; la religion est belle vue par son grand côté, quand on ne cherche pas à l'abaisser jusqu'à soi. Quelle grâce inestimable que celle d'avoir été élevée dans la foi catholique ; plus je vais et plus je sens le manque que rien ne saurait combler ! Ce sentiment peut être parfois une souffrance ; mais Dieu, qui dirige les circonstances, ne saurait pas m'en rendre responsable, et la pensée qui doit primer toujours est celle d'une vive reconnaissance pour la grâce reçue. — La douce chose qu'un intérieur comme le vôtre, où la parfaite communion des croyances cimente les liens du cœur et où un même souffle de foi fait vibrer les âmes ! Notre-Seigneur a été bon pour vous, n'est-ce pas ? en vous donnant ce mari plein de cœur, loyal et franc, ce fils intelligent et charmant qui sera votre joie à tous deux. Sans doute, il y a des ombres aussi, vous savez comme moi que le bonheur ne peut être complet sur cette terre. Votre état de santé est une lourde croix, mais vous êtes si admirable de soumission à la volonté divine, que par cela même votre moisson de mérites sera abondante. Si nous comprenions mieux la vie, nous nous réjouirions de nos souffrances de quelque manière qu'elles se produisent, puisque nous avons la ferme assurance qu'un jour béni nos larmes se changeront en joies. La nature humaine répugne à comprendre cela, mais il faut se raccrocher à cette pensée quand les défaillances s'emparent de nous; mieux que personne je connais les heures de découragement. Chaque fois que je reviens à Berne, je traverse une crise d'abattement moral et quelquefois le vide est si amer et si cruel qu'il me semble ne pas pouvoir la supporter. Pourtant, je prie tous les jours pour que la souffrance de la séparation ne me soit point ôtée; ce qui m'a toujours paru horrible dans les deuils, c'est de voir cette autre existence qui peu à peu se substitue à l'ancienne, cette maison confortable construite sur les ruines d'un grand amour, au point que si les morts revenaient, on ne saurait où les mettre! Ceci ne m'arrivera pas, j'en suis sûre; le vide est affreux, il restera tel, le souvenir de l'ami que j'ai tant aimé ne s'effacera point de ma mémoire; se souvenir et souffrir, c'est aimer encore. Mais ce qu'il faut éviter à tout prix, c'est que la douleur prenne la forme d'un cauchemar; quand la fièvre s'empare du cerveau, le tentateur n'est pas loin... alors plus que jamais il faut prier, je le sais... mais que c'est difficile quelquefois!... Je vous demande pardon, chère Madame, de vous dire tout cela, je vous lasse...

c'est votre faute, pourquoi m'avez-vous témoigné tant d'intérêt, pourquoi inspirez-vous tant de confiance?

Avez-vous pu écrire à Mgr de Flugy (1)? Je viens de lire dans mon *Gaulois* qu'à la cérémonie de la Saint-Louis à Rome, on a beaucoup remarqué la présence de « deux moines blancs du nouvel ordre des missionnaires d'Afrique, fondé par le cardinal Lavigerie ».

Ma mère a gardé jusqu'ici une discrétion absolue et j'insiste pour lui faire comprendre l'importance du silence; pauvre maman, elle cherche à me dissuader par tous les moyens possibles. C'est crucifiant, car c'est là une rude épreuve, mais rien ne compte comme souffrance lorsqu'il s'agit du service de Dieu, n'est-ce pas? Peut-on jamais payer assez une grâce aussi immense? Depuis mon retour je n'ai pas eu encore un moment de tranquillité, toujours en l'air, obligée d'aller voir les uns et les autres, faire des courses en ville, etc. Ma mère est assez fatiguée du va-et-vient qu'elle a autour d'elle; il y a cet été un mouvement considérable de parents et d'amis. Il n'y a que moi qui me sente dépaysée, isolée au milieu de tout cela! Ma tante, la comtesse du Planty, est fort souffrante, hier j'étais même très inquiète de son état; elle est seule, de sorte que je vais autant que possible m'installer à son chevet. Peut-être y retournerai-je pour cette nuit, elle a des spasmes de suffocations qui pourraient l'étouffer. C'est très pénible de ne pouvoir soulager de telles angoisses; et puis, quel manque de résignation et quelle faiblesse

(1) Mgr Romaricus-Nicolas de Flugy d'Aspermont, O. S. B., abbé titulaire de Sainte-Marie Turrisclara; né à Naples en 1821, mort à Rome le 3 juillet 1904.

de foi! Pauvre femme, je voudrais tant lui faire un peu de bien, mais la situation est délicate; je voudrais avoir votre tact exquis et votre justesse pour apaiser en donnant du courage sans froisser ni troubler.

... Figurez-vous que ce matin je reçois une longue lettre de Mme de Wlassow, me racontant qu'elle viendra en Europe cet hiver avec son mari (1) et qu'il faut absolument que je m'arrange à retourner avec eux en Perse pour y passer un an ou deux. Elle me dépeint cette large existence orientale sous les couleurs les plus captivantes, et, comme attrait principal sans doute, vient une énumération détaillée des secrétaires qui l'entourent, princes russes, etc. ! A vrai dire, tout cela ne me produit plus le même effet qu'il y a quelques mois; c'est une grâce spéciale de la Sainte Vierge.

Voici l'heure du souper, je vous quitte à regret, car plus je vous écris plus je voudrais vous dire de choses, au risque de vous ennuyer fort. Ainsi le coup de cloche arrive à propos dans votre intérêt et je n'ai plus que le temps de vous exprimer mes sentiments d'affection bien dévouée.

A MADEMOISELLE DE MARCÉ

Villa Enghe, 7 septembre 1887.

... Mon amitié te reste à jamais acquise bien entièrement et ton nom sera toujours prononcé dans

(1) Ministre de Russie à Téhéran.

les prières de l'obscure religieuse, que ce soit dans
les tristes dessous de quelque asile de misères ou
là-bas dans le brûlant désert de l'Afrique. L'Afrique!
autrefois ce nom faisait naître en moi des rêves dorés
de soleil ardent, de palmiers gigantesques, de Bé-
douins aux burnous flottants, et je ne me doutais pas
alors que si jamais je voyais cette contrée fantastique, ce serait sous l'habit du renoncement complet. Comme Dieu change nos vies à sa guise!
Certes, Il m'a bien changée... le malheur est que
mon entourage est resté le même... de là un abîme
qui va s'agrandissant chaque jour... Certaines personnes ne me vont plus du tout, je m'aperçois que je
n'ai rien à gagner dans leur société et peut-être
beaucoup à y perdre. Quel vide partout quand on
regarde de près! Que d'inutilités et que de riens! Je
vais, je viens, je circule beaucoup, je fais des parties,
je vais dîner chez les uns et chez les autres; ici nous
avons sans cesse du monde, je tâche de mettre ma
part d'entrain, je sais qu'on me trouve gaie, on dit
même que je reprends goût à la vie sociale et il me
revient que j'ai l'intention de me remarier! Dire
que, sous tout cela, il y a une souffrance profonde et
cependant une espèce de joie qui me rend heureuse... car je le suis quelquefois tout au fond de
l'âme. Cela paraîtrait incompréhensible à la plupart,
mais toi, ma petite Louise, tu sais la douceur qu'il
y a à accomplir la volonté de Notre-Seigneur, de
quelque manière qu'elle nous fasse souffrir. Les
épreuves peuvent venir, l'âme, qui a mis sa paix à
faire la volonté de Dieu, en sera souvent meurtrie,
agonisante, mais écrasée... jamais; elle trouvera toujours en elle une sécurité que le bonheur terrestre
ne saurait donner.

... Je suis restée à Lucerne quelques jours de plus que je ne pensais et je rapporte une douce impression de ce séjour, où j'ai trouvé l'amitié de deux femmes d'élite, dont l'une est une âme vaillante et noble ; nous avons commencé une correspondance et je suis frappée de l'élévation de cœur de cette petite femme si malheureuse, restée veuve dans des conditions terribles. Encore une qui n'a connu le bonheur que de nom !

Oh ! oui, tu as raison : « *May He support us all the day long, till the shades lengthen, and the busy world is hushed, and the fever of life is over, and our work is done ! Then in His mercy may He give us a safe lodging, and a holy rest, and peace at the last !* »

... J'essaye de faire un peu de bien par-ci par-là, heureuse de chaque petite occasion que Notre-Seigneur m'envoie pour utiliser mes faibles moyens, mais au bout du compte c'est bien peu et s'il me fallait paraître devant Lui ce soir, comme j'aurais les mains vides ! Malgré mon désir de faire quelque chose avant de mourir, je suis parfois accablée au point de souhaiter la mort ; quel ramassis de lâchetés que notre pauvre nature humaine !

Tu m'écriras bien vite, ma chère Louise, si ton voyage en Algérie se décide ; ta mère ne paraît pas trop éloignée de donner son assentiment pour peu que tu manifestes le désir de ce séjour. Je n'ai point de conseil à te donner, mais je sais qu'à ta place je serais ravie de cette excellente occasion de voir du pays.

Je te confie, ma petite amie, en grand secret, qu'il ne serait pas impossible que nous nous trouvions dans les environs d'Alger. Comme le monde est petit ! Si je suis amenée, par suite des informations que je prends actuellement, à franchir la Méditerranée, je ne pense pas pouvoir repartir d'Alger avant la fin de janvier. Je n'ose t'offrir mon chaperonnage pour le voyage, je tiens seulement à ce que tu saches que, si tu vas là-bas, et si nos dates de retour peuvent coïncider, tu me feras un dernier plaisir, avant le définitif renoncement de la recherche de tout ce qui est bon et doux, en m'immolant ta présence. Dans ce cas seulement, je réserverai mes visites projetées à Rome et à Naples pour le retour, car tu ne demanderas pas mieux que de voir ces villes, intéressantes à plus d'un titre. Bon, voilà que j'en parle comme d'une chose sûre ! toujours la même !! *Fiat !*

Mon beau-frère Paul est enchanté de son voyage à Nîmes, Marseille, Grenoble, Avignon, Lyon, en compagnie de l'abbé Bontant avec lequel il continue à être dans les meilleurs termes. Il a beaucoup prié pour *lui* et pour moi dans les nombreux sanctuaires qu'il a rencontrés ; comment la Sainte Vierge ferait-elle la sourde oreille ?

———

A MADAME DE SEGESSER-BRUNEGG

Villa Enghe, 24 septembre 1887.

Vous avez raison de me gronder, chère Madame, je suis loin de vous écrire aussi souvent que je le voudrais ; si je pouvais suivre l'inspiration de mon cœur, aucun jour ne s'écoulerait sans que, la plume à la main, je vienne causer avec vous. Remerciez votre étoile que mon temps soit aussi occupé, songez à

votre désespoir s'il vous fallait parcourir quotidienne-
ment un in-folio couvert de mes pattes de mouche!
Avant tout, il faut que je vous gronde : comment
essayez-vous de me donner de la vanité en me faisant des compliments sur mon style? Quelle vilaine
action, et cela au moment où plus que jamais l'humilité doit être mon but! Heureusement que j'ai suffisamment de bon sens (car en grattant bien on en
trouve, s'il vous plaît!) pour être parfaitement certaine de mon infériorité à cet égard, comme du reste
à beaucoup d'autres. Et puis encore, avec quel
aplomb vous réclamez de l'indulgence pour vous!
Ceci est par trop fort; j'ai trop d'estime et d'affection pour vous, pour vous dire des banalités, mais
l'expression sincère de ma pensée, la voici : vous
possédez une aptitude merveilleuse pour communiquer au papier les vibrations de votre être; en vous
lisant, je vous vois, je vous entends, et cela, c'est
tout simplement du talent. Vous êtes richement
douée, une de ces natures complètes et harmoniques,
si rares à rencontrer. Je regarde comme une bénédiction toute spéciale de Dieu de vous connaître, et
quand il s'agit de vous, chère amie, ce mot se traduit par apprécier et aimer. Savez-vous que j'ai une
faveur à vous demander? Vous me feriez un véritable plaisir, si vous vouliez bien m'appeler par mon
nom; le mot de madame est bien froid pour des relations d'amitié telles que les nôtres. Comme elles se
sont vite établies; il y a deux mois je ne vous con-
naissais pas et me voilà causant de tout ce qu'il y a
de plus intime! Ainsi donc, ce sera : Blanche,
n'est-ce pas? jusqu'à ce que je sois sœur Eusébie ou
Pancracine! Les délicieuses pages que j'ai reçues de
vous la semaine dernière, si fines, si délicatement

senties! Je regrette seulement que votre écriture tienne autant de place, car on se réjouit en voyant le nombre des pages, puis on a une déception, car c'est si vite lu qu'on n'a plus qu'une ressource, recommencer. Vous voyez que je suis insatiable.

Je suis très occupée; nous avons sans cesse des allants et venants, ma correspondance est nombreuse, encore surchargée ces derniers temps; je vais tous les jours passer une couple d'heure près de ma pauvre tante dont les dispositions d'âme font plus de peine encore à constater que les souffrances physiques, et ce n'est pas peu dire. On perd pas mal de temps à cause des distances, et je me reproche parfois de ne pas savoir me ménager suffisamment de loisirs, ni pour rester avec ma mère, ni pour me recueillir un peu. Heureusement que les anges ont chanté : Paix aux hommes de bonne volonté! C'est souvent tout ce que l'on a à offrir. Hier j'ai passé la journée à la campagne, aujourd'hui j'ai un goûter, ce soir du monde ici, demain du monde, pour mercredi et jeudi on s'est annoncé aussi. Si je veux lire un peu, il faut que je le fasse le soir, dans ma chambre, mais alors je suis trop fatiguée, aussi je m'abrutis tout doucement dans une vie qui ne se compose que de *riens*. Personne autour de moi à qui causer de tout ce qui remplit mon cœur à le faire éclater. *Enfin, peu importe la douleur personnelle, c'est voir souffrir qui est horrible, sentir qu'on en est la cause et qu'on ne peut faire autrement.* Là est l'intime du sacrifice, et l'on succomberait infailliblement si les anges de Dieu n'étaient là pour soutenir l'âme à l'agonie. Le mouvement est ennuyeux, mesquin, mais il a probablement son côté utile pour moi; c'est une soupape de sûreté pour les forces vives qui demandent à être employées. Le diable est bien fin, il cherche à me rattraper par les moyens les plus perfides; vous allez sourire... jusqu'à M. de T... qui me paraît rajeuni, maigri, plus vif d'esprit! Tout cela ce sont des tentations, et, à mesure que l'époque du sacrifice approche, elles deviendront plus tenaces. Drôle de composé que la nature humaine! La fameuse théorie de l'atavisme joue évidemment un rôle là dedans; parmi mes aïeux il a dû y avoir des cœurs ardents et passionnés, des esprits philosophiques, teintés peut-être de scepticisme, des âmes remplies de ce désir d'infini, dernier reste de l'aptitude au bonheur parfait pour lequel nous avons été créés, et sans doute aussi des natures moins... plus... comment dirai-je? plus avides de jouissances terrestres. Chacun m'a légué une goutte de son sang, et voilà la cause de l'hétéroclisme de pauvre moi.

Vous avez grandement raison à propos de l'ordre de Mgr Lavigerie; prudemment vous ne dites pas votre appréciation, mais je la devine, je la pressens, chère amie, et j'y souscris. Je ne sais pourquoi je me suis emballée ainsi; du reste je n'ai pas renoncé à poursuivre mon examen, j'attends une réponse du cardinal. Mgr Mermillod traite mon idée « d'aventure religieuse » et il n'a pas tort. A cause de mon entourage, il est plus prudent d'entrer dans un ordre sérieux, établi de longue date, connu et apprécié même des protestants; je puis trouver là, si telle est la volonté divine, une sphère d'action dans les missions. Vous savez que les circonstances sont les anges de Dieu souvent, et à plus d'un indice il me semble comprendre que c'est bien dans les rangs des Filles de la Charité que je dois trouver ma petite place. Mon temps de postulat décidera; tout s'est arrangé merveilleusement jusqu'ici. Monseigneur vient de m'obtenir la permission sollicitée, après un premier refus et ensuite un ajournement; Notre-Seigneur récompense ma bonne volonté, tant il est vrai que si la vocation existe, rien ne repousse, les obstacles s'aplanissent. J'éprouve une telle joie, et pourtant je ne sais quel sentiment de déchirante angoisse, qu'il faut que je vous en parle. Avoir passé par des phases si différentes, des crises d'âmes de tous genres depuis une certaine gravité austère jusqu'à l'insouciance frisant l'incrédulité, connu les angoisses du doute, savouré le bonheur le plus doux, gémi sous le poids de la douleur, et maintenant être comblée des grâces de Notre-Seigneur, posséder le plus beau trésor qu'un âme puisse recevoir ici-bas, la vocation religieuse! Dites, si ce n'est pas merveilleux et si je puis donner moins que tout à Celui qui compte tant sur moi? D'ailleurs il me restera toujours le cher souvenir de l'ami de mes belles années; n'est-ce pas près de Dieu qu'on retrouve le mieux le souvenir de toute affection permise par Lui? Qu'il est bon de se blottir tout près de ce Cœur qui nous aime tant! Cela n'empêche pas de sentir vivement le déchirement auquel je suis sans cesse en proie; il est clair que l'homme n'aimera jamais la souffrance pour elle-même, c'est comme preuve d'amour qu'il faut l'accepter. La Passion du Maître a été horrible, il est juste que le disciple porte une partie de sa Croix. Souffrir comme les Saints, c'est aimer; l'amour est non seulement un besoin de notre cœur, mais encore un droit. C'est l'amour transformé, régénéré, que la douleur purifie en le dégageant de tout alliage terrestre, et qui s'élève jusqu'à ces régions bénies où nous nous retrouverons tous un jour dans l'éternelle joie.

... Je reprends vite ma causerie, chère amie, et je vois que je me suis laissée entraîner à quelques considérations de philosophie chrétienne ; c'est mon péché mignon, je le sais, mais je ne veux pas me relire de peur de déchirer ces pages. Le mal serait mince, c'est sûr, mais je tiens à vous prouver que, si je ne vous ai pas écrit, ce n'est pas oubli de ma part. Il me prend par accès une passion de voyages, une soif de mouvement et d'air libre qui menace de tourner en manie. Est-ce une des mille ruses du diable pour empêcher l'esprit de se fixer ? C'est possible, toujours est-il que je ne rêve plus qu'horizons nouveaux, pays inconnus, la Perse et son train, etc. ! Il faudra que la raison mette une sourdine à ce tapage de l'imagination ; quelle étrange préparation à une vie de renoncement ce serait que de satisfaire bien vite ses trente-six caprices ! Après Rome, je ne me permets qu'un petit détour pour me rendre à Paris, soit par Tunis, Alger et Marseille, soit par Venise, Vienne et Munich ; j'ai à Gmunden une amie d'enfance, carmélite depuis tantôt dix ans et bien avancée, je crois, dans la voie de la perfection. Voilà une visite qui serait utile au point de vue de l'âme. En attendant l'exécution de tous ces projets, je suis en correspondance avec ma future supérieure pour convenir du moment de mon essai de postulat. Je voudrais ne pas partir avant le 2 novembre, c'est la dernière fois que je prierai ce jour-là sur la tombe de mon cher mari !

... Je ne parle que de moi et de mes affaires, ce n'est pas égoïsme, croyez-le bien, mais c'est que je

me sens en confiance avec vous, aussi je laisse courir ma plume au hasard et je déraisonne à plaisir. Ce
n'est guère dans mon caractère de m'attacher si vite ;
d'où vient que je me suis sentie irrésistiblement attirée vers vous ? Pour vous ce serait un désastre, si je
devais rester dans le monde ; quant à moi je bénis le
Ciel d'avoir placé sur ma route le diamant précieux
de votre sympathie, avant mon engagement dans
cette vie où il faut renoncer à tout ce qui est bon et
doux.

----

2 octobre 1887.

Je comprends vos préoccupations quant à Mme K.,
l'existence mondaine a des entraînements bien dangereux et la femme la plus honnête peut dans une
heure de fièvre, lorsqu'elle n'est pas retenue par le
frein de la religion, commettre l'irrémédiable. Mais
Dieu est si bon, Il ne met pas sur notre route des
tentations au-dessus de nos forces, pour le plaisir de
nous voir tomber. J'ai des souvenirs personnels qui
me rendent confuse, car moi qui aimais mon mari et
qui étais heureuse par lui, j'eusse été impardon-
nable ; eh bien, une circonstance en apparence bien
petite m'a sauvée ; ce n'est que plus tard que j'ai
compris le danger auquel j'avais échappé. Il ne me
reste qu'à bénir Dieu et à le remercier d'avoir mis
mon cœur d'accord avec mon devoir. Votre amie
n'a-t-elle point d'enfants ? Voilà, certes, le meilleur
des préservatifs.

Avez-vous lu *Pêcheurs d'Islande,* de Loti, et comment l'avez-vous trouvé? A mon avis son style énerve; c'est un rythme doux, susurrant qui désarçonne et vous met dans un état où un rien vous fait vibrer. Pour cette raison, je trouve cet auteur dangereux, mais tout le monde n'a peut-être pas certaines cordes nerveuses aussi sensibles que moi.

Vous êtes gracieuse et obligeante de mettre tant de soin à la confection de mon rochet, qui vous donne beaucoup de tracas à ce que je vois. Vous prenez trop de peine, j'en viens positivement à regretter de vous avoir priée de vous en occuper. Vous savez que j'ai la plus entière confiance en votre bon goût. Il est clair que le cou d'un prêtre ne peut pas être entouré d'un frou-frou de dentelles comme une jolie femme au bal; donc si vous trouvez à propos d'y mettre un volant, cela doit être parfait.

———————

Berne, 15 octobre 1887.

... Ma chère amie, je vous sens inquiète, attristée, et mon cœur souffre de vous savoir en proie à une de ces crises d'angoisses sans cause apparente comme il en arrive parfois. Ne vous laissez pas abattre, *chear up,* et surtout ne traitez pas rudement votre âme. Je suis persuadée que les moments de lassitude nous sont salutaires. Dieu les permet pour enlever un peu de cette confiance en nos propres forces que nous sommes si disposés à avoir. Il veut nous faire comprendre que sans Lui, nous ne pouvons rien, nous ne savons rien, nous ne sommes

rien. Vous avez sans doute médité souvent sur l'incomplet, l'incertain, qui vient jeter un voile sur nos
meilleures heures; une voix nous crie que rien n'est
durable; nous sentirons toujours une sorte d'impuissance à savourer le bonheur, comme une fatigue à
l'éprouver, un besoin de larmes et de douleur. Le
ravissement qui fait éternellement sourire les anges
nous tuerait ou plutôt, hélas! nous lasserait bientôt.
On souffre de tout cela en proportion de la délicatesse de cœur et d'âme que l'on a reçue; vous êtes
une nature d'élite et par conséquent plus apte que
beaucoup à sentir tout ce qui est joie et peine dans
la vie. Ce sont là de ces dons à la fois redoutables et
privilégiés que nous ne pouvons regretter d'avoir en
partage.

Comme je regrette de ne pouvoir vous entendre
causer ainsi que vous le faites si bien; si vous saviez
quelle mauvaise phase je traverse! Ah, que vous
êtes loin de la vérité en me croyant détachée de la
terre! Au contraire, chaque jour me découvre une
nouvelle mesquinerie de mon esprit peu généreux;
est-il possible de tenir à un tas de bêtises au point
d'avoir le cœur serré à la pensée de les quitter? Et
pourtant, voyez un peu comme je suis inconsé-
quente, stupide; certes, ce ne peut être mon existence actuelle que je regrette. C'est plutôt mon
cher bonheur passé à la perte duquel je ne puis me
résigner, et celui-là ne reviendra jamais ici-bas...
Donc, logiquement, je devrais éprouver de la joie
à échanger une vie plate et inutile contre une existence de choix qui n'est donnée qu'à quelques-uns.
Vous me connaissez mal, votre indulgence vous a
égarée, vous voyez maintenant à quel point celle à
laquelle vous avez bien voulu donner votre amitié,

est une âme ordinaire, sans grandeur, se traînant dans les misérables luttes du terre-à-terre. Tenez, je me prends en grippe... une peur me prend de mal finir et parfois il me semble que j'éprouverais je ne sais quelle âpre jouissance à me plonger dans la fange!...

C'est horrible, je ne sais ce que je vous dis, il faut vraiment que ma tête soit exaspérée; pardonnez-moi et songez que cela soulage de donner de l'air à ses folies. Oui, j'ai le cœur satisfait et déchiré tout ensemble de me retrouver dans mon petit home; chaque objet rappelle un souvenir et me parle de *lui,* seulement c'est là un charme dangereux, car on pourrait arriver ainsi à embaumer sa douleur au lieu de la surnaturaliser. Priez pour moi, chère amie, afin que je ne défaille point et que Notre-Seigneur mette un peu de générosité dans mon cœur à la place de ses infidélités et de ses inconstances. Ah! si j'avais l'élévation d'âme et la tendre soumission de Consuela de S.! Voilà de la vaillance, et quelle position difficile cependant! Son apparition à Berne m'a procuré une bien grande douceur; nous avons causé comme des amies dont l'intimité serait vieille déjà, tant il est vrai que des cœurs qui s'entendent n'ont pas besoin de se voir longtemps pour s'aimer et se comprendre. Quelle grâce de rencontrer sur sa route des affections de choix dont le charme pénètre doucement le cœur!... Ne trouvez-vous pas que la vie tient toute entière en deux mots, bien différents pourtant, mais inséparables : Je vous aime — Adieu!

Ma mère vient m'enlever, je l'ai installée près de mon bon feu, car il fait un froid de loup depuis quelques jours. Pendant qu'elle se réchauffe je termine en hâte mon griffonnage. Je ne sais pas encore quelle route je prendrai pour me rendre à Turin. Figurez-vous qu'il me prend une vraie épouvante d'y aller et je ne suis pas sûre de ne pas reculer au dernier moment. Est-ce assez lâche? Si je passe par Genève, ce sera pour m'arrêter à Annecy où j'ai dans le fait grande envie d'aller. Seriez-vous par hasard tentée de faire ce petit pèlerinage ensemble? Voilà qui serait parfait et une grande joie pour moi; pensez-y, voyez si c'est possible. Ne pouvez-vous laisser mari et fils pour deux jours? Si je passe à Lucerne, ce ne sera que le temps de vous crier bonjour, car je tiens à ce que ma pauvre mère ne puisse pas dire que je lui vole le temps que j'ai encore à lui consacrer. Mais je vous promets bien volontiers, chère amie, d'aller vous voir à mon retour, avant de reprendre, et cette fois pour toujours, le chemin du postulat. N'auriez-vous pas une commande de fauteuils ou autre chose d'important à faire dans la ville fédérale? Je n'ose vous demander de venir pour moi, surtout l'exiguïté de ma tannière m'interdisant toute possibilité d'offrir un gîte, mais vous savez quelle joie vous me feriez en venant déjeuner et dîner; à défaut de confort, à cause de mon service incomplet pour le moment, vous trouveriez un cœur tout ouvert. La perspective vous effraie-t-elle?

... Chère, chère amie, l'envoi de cette précieuse croix (1) me touche profondément et croyez bien que je sens tout le prix de ce dépôt. Je le garde comme un trésor jusqu'au jour où j'irai vous le

(1) Cette croix, objet de famille et précieuse relique, est celle que Mme de Saint-Martial porte sur la photographie publiée dans *En Haut!*

rendre moi-même. Ah! si cette croix pouvait me
donner un peu de la grandeur d'âme et de la générosité de celle qui l'a portée!

A MADEMOISELLE DE MARCÉ

Berne, 25 octobre 1887.

... Les heures s'écoulent vite, la messe matinale,
arrangements d'intérieur, préparatifs de départ, lectures, visites à faire ou à recevoir, courses en ville,
correspondance, etc., généralement l'heure du dîner
arrive, sans que j'aie pu exécuter tous mes projets,
puis je dîne quelquefois dehors. Deux ou trois amis
viennent s'installer à mon coin de cheminée vers
neuf heures et la soirée se passe en devisant amica-
lement. Ne t'effraie pas de ce mot un peu vague
d'amis, il signifie dans ce cas deux jeunes gens de
vingt-huit ans, dont l'un est mon cousin, tous deux
fort gentils garçons. qui viennent parce qu'ils ne
savent où aller, que mon salon leur paraît confortable, qu'ils sont là comme chez eux; et dire cependant que je n'autorise pas la cigarette! c'est presque
un succès. Je ne te parle pas du troisième qui est
M. de T.; je ne veux pas qu'il prenne l'habitude de
venir, cela pourrait avoir plus d'un inconvénient.
C'est un homme loyal, honnête, que j'estime toujours plus; nos relations sont parfaites en tous
points depuis qu'il est clairement établi que je ne
serai jamais sa femme. A dire vrai, il y a place
encore pour bien des moments désolés, et quand je
rentre seule, me mets à table seule, que rien n'est

changé autour de moi sauf *tout,* le cœur a de rudes
défaillances... mais quoi? Ce serait beaucoup plus
affreux de ne plus sentir de regrets aussi vivaces et
alors je me dis que Notre-Seigneur est infiniment
bon de remplir mon âme de tant d'amour, de
bonheur et de tristesse.

Dis à ta mère que je lui suis très reconnaissante
de ses bonnes pages; loin d'être peinée de son langage, je l'en remercie au contraire. Je me suis demandée avec terreur, s'il pouvait y avoir du vrai
dans ce qu'elle me dit et je crois que pendant dix
minutes au moins, j'ai eu des scrupules; je vais
réfléchir encore et comme je vais vendredi à Fribourg, je pourrai m'éclairer davantage. Du reste,
tout cela est de la faute du P. de Régnon; on ne
peut demander des conseils à trente-six personnes
et, puisque lui ne se donne pas la peine de m'aider,
il est probablement salutaire pour mon âme de faire
des écoles; en tous cas, cela apprend l'humilité et
c'est quelque chose. Mais pourquoi parlez-vous toujours de ma volonté de fer? Cela devient une scie
d'atelier, c'est le cas de dire que je vis sur mon
ancienne réputation; d'ailleurs, dans votre pensée
cela se traduit par entêtement de mule, aussi
puisque cela est peu flatteur à entendre, je ne me
défendrai pas. Il me suffit de l'avoir souvent senti
plier en gémissant, cette pauvre volonté!

Ta mère ne peut pas prendre au sérieux ma vocation religieuse, au fait, je le comprends, et je trouve
moi-même qu'il y a des anomalies bien étranges. Si
tu avais vu le soubresaut d'ébahissement qu'a fait
maman, lorsque j'ai exprimé le regret de ne pouvoir
aller au bal demain, à cause de l'arrivée d'une amie!
Elle n'en croyait pas ses oreilles et pourtant j'y

serais allée bien sûr sans cet empêchement. La soirée a lieu chez Mme d'E...; il y aura quatre-vingts à cent personnes, c'eût été une excellente occasion pour revoir le monde bernois et constater l'effet qu'il me produirait. Je sais bien qu'il y a de mauvaises langues qui auraient bavardé, mais cela m'est parfaitement égal. Le monde ne doit s'occuper que du domaine des convenances, il n'a pas le droit de toucher à autre chose; s'il le fait, il a tort et je maintiens que l'on doit agir d'après sa conscience, sans s'inquiéter des opinions du tiers et du quart, quand on est seul en jeu. C'est bien moi cela, n'est-ce pas? je te vois sourire et peut-être hausser les épaules avec une nuance de dédain. Que veux-tu? Il faut me prendre comme je suis.

Ma petite Louise, je ne t'écrirai plus, je pense, avant mon entrée au postulat; une fois enrégimentée, je rentre totalement cette fameuse volonté qui te chiffonne et suis à la merci de mes supérieures. Écris-moi, je t'en prie, de temps à autre; cela me prouvera la sincérité de ton désir de ne pas voir notre amitié s'effondrer au moment où nos vies se séparent. Tiens-moi au courant de ce qui t'arrive. Je penserai souvent à toi là-bas; prie pour moi qui en ai tant besoin et demande à Dieu de me faire connaître Sa volonté et d'ajouter à cette connaissance les moyens de la suivre; c'est aussi ce que je Lui demande souvent pour toi. Je voudrais te dire bien des sentiments que j'ai dans l'âme, mais j'ai peur d'être taxée encore de passionnée. Si tu as l'occasion de voir le P. de Régnon ou de lui écrire, ne manque pas de me recommander à ses prières.

A MADAME DE SEGESSER-BRUNEGG

Turin, hôpital Saint-Jean, 13 novembre 1887.

Oui, la lutte a été horrible, mais encore une fois j'ai éprouvé ce que j'ai déjà senti souvent dans ces heures d'agonie; plus le combat est rude, plus la souffrance prend cette forme aiguë qui en fait un martyre, et plus ensuite la grâce de Dieu vient récompenser la bonne volonté. Me voilà si tranquille, le cœur si en paix, que c'est à ne pas y croire. Comme Notre-Seigneur est bon pour moi, partout et en tout je vois les traces de Sa miséricorde. Je crois cette fois tenir ma vocation; ma place est là au milieu de ces chères cornettes, et dans un an d'ici, s'Il le veut, je serai moi-même revêtue de la livrée des servantes des pauvres. Ah! que nous sommes loin de la haute spiritualité des ordres contemplatifs! je regrette ceux-ci par moments, mais puisque Dieu me veut ici, c'est pour le plus grand bien de mon âme sans doute. Plus qu'ailleurs je pourrai apprendre l'humilité et la simplicité qui font la vraie Fille de Charité. Pas une seconde à soi! pensez comme c'est beau, et il n'y a pas à dire, il faut marcher, une fois qu'on est pris dans l'engrenage, pas moyen de reculer. Voilà ce qu'il faut à ma paresse et à ma lâcheté naturelles. Si vous saviez comme l'on se sent bien au milieu de ces sœurs si bonnes, si gaies, si pleines de vraie charité. Toutes rivalisent d'attentions et d'égards, et notre charmante supérieure est la première à me combler; on me traite en enfant gâtée jusqu'à présent... je me demande ce que le bon Dieu va exiger de moi après tant de gâteries? Qui sait, si une fois que je commencerai à *aimer* ma vocation, il ne faudra pas encore la sacrifier?... Enfin, une *ancilla domini,* n'est-ce pas? Quel bonheur de sentir qu'on donne tout, qu'importe si cela coûte à la nature, pourvu qu'on arrive à le faire! Quelques maux d'estomac, quelques haut-le-cœur sont vite passés, c'est la moindre des choses, et vraiment s'il n'y avait que cela, ce serait trop peu. Heureusement que la vie commune, qui de l'avis de toutes est le grand cilice de notre Compagnie, se charge de vous forcer à toujours souffrir. Quel joli esprit de gaîté, de sérénité règne parmi ces sœurs! J'arrive quelquefois moi-même à rire et à les faire rire en trouvant un côté comique à une chose. Je ne pense pas que ce soit de la légèreté de ma part, trop d'heures lourdes pèsent sur moi, c'est pourquoi je ne m'en tourmente pas.

... La supérieure m'a fait demander, et je reprends vite, chère amie, avant l'arrivée de ma cousine, qui doit me chercher pour sortir. C'était enfin pour me donner le chapelet! me voici donc entièrement une vraie postulante. Mais il a fallu enlever ma bague d'alliance, voilà aujourd'hui deux ans et demi que mon cher ami m'a quittée! Je mentirais en disant que cela ne me coûte pas... vous comprendrez cela, n'est-ce pas? *Sursum corda!* faisons les choses en grand, et pas trop de mesquineries et de reticences de ce qui après tout ne sont que des détails.

Je suis pour une quinzaine à la chirurgie des femmes et des enfants, ce qui est une touchante attention de la supérieure, puisque la sœur qui en est chargée est la seule qui soit femme du monde. Elle est bonne et douce, un petit ange sous ses ailes

blanches qui l'emporteront sûrement droit au ciel,
et a souffert par mille détails de la même manière
que moi, puis quelquefois nous causons du monde et
elle m'encourage, me parle de ses difficultés avec sa
famille... Elle aime sa vocation et elle me la fera
aimer, quoique jamais certainement je n'arriverai à
ce degré de perfection. Je tâche de faire les choses
du mieux que je puis, mais c'est sans élan, sans
amour, froidement, comme un chien battu. Pourtant
je sais que je le fais pour Notre-Seigneur, donc je
devrais y mettre quelque chose... enfin, peut-être
que cela viendra.

... L'idée de l'angoisse de ma pauvre mère me
tourmente sans cesse, mais dans sa dernière lettre
je crois voir une nuance d'apaisement et je prie toujours pour qu'elle arrive à accomplir son sacrifice;
quant à sa santé, que le Sacré Cœur s'en charge!
J'offre mes peines en vue de l'obtenir et puis *fiat*.
J'ai des distractions en vous écrivant, car la fenêtre
est en face de la cour de l'hôpital militaire et c'est
très gai de voir se promener tous ces jeunes gens.

... Votre mari est bien aimable de me juger avec
tant de complaisance, mais ne me dites plus jamais
rien de pareil; si quelquefois je parais faire quelque
chose de bien, c'est à Notre-Seigneur qu'en revient
la gloire, ce qui est bon est à lui et doit retourner à
lui par conséquent, mais par exemple ce qui est
bien à moi ce sont les lâchetés, les faiblesses, les
trahisons de tous genres. Oh! comme Il est bon pour
moi! En deux ans et demi quelle transformation!...
comme ce serait petit de ne pas Lui donner tout ce
que j'ai. Et remarquez que quand nous offrons fortune, santé, intelligence, plaisirs de la terre, jeunesse, etc., il n'y a que peu de mérite, puisque ces

choses-là nous sommes exposés à les perdre, tandis que ce qui est bien à nous, exclusivement, c'est notre liberté; là est le sacrifice. Si vous saviez comme je suis heureuse de pouvoir le faire.

Mille pardons, obligée d'interrompre, c'est l'heure de la lecture, oh cette cloche! toujours l'heure de quelque chose.

A MADEMOISELLE DE MARCÉ

Turin, 20 novembre 1887.

... Pendant que tu vas au bal, je m'initie graduellement à cette vie de renoncement qui est en même temps si belle et si pénible. Bien des choses coûtent à la nature et à l'orgueil qui en fait le fond, mais je continue à me sentir à ma place. Il est si bon de *sentir* qu'on sacrifie sa vie pour accomplir la volonté de Dieu. Ah! que nous sommes loin de la haute spiritualité des couvents à la mode! Ici, rien de pareil, franchise, gaieté, cordialité, un accueil riant. Pour moi, les deux ailes de la cornette représentent l'humilité et la simplicité, ces vertus avec lesquelles l'âme s'élance directement vers Notre-Seigneur. Ne vas pas croire que la mortification n'a pas sa place dans cette vie active, toute en dehors de la fille de saint Vincent; tout au contraire y ramène, je t'assure qu'il y a des choses plus tourmentantes qu'un cilice, puisqu'elles reviennent toujours. N'avoir pas une seconde à soi, jamais; toujours la vie en commun et l'horrible lever de quatre heures pour se coucher à l'heure des poules! Toujours être au milieu des pauvres, des souffrants, des êtres les plus disgraciés de la nature, en contact avec ce qu'il y a de plus sordide, ou remplir des offices purement mécaniques. C'est affreux, sais-tu ! mais c'est si beau de renoncer ainsi à soi-même. La vie est fatiguante, par exemple, mais qu'est-ce que cela signifie, si on a la certitude d'accomplir la volonté de Dieu ?

En me promenant parmi les malades, figure-toi que j'ai découvert un Algérien, superbe garçon aux yeux noirs, brillants, pur type arabe ; il me plaît et je vais causer avec lui tous les jours. Comme il a été domestique, qu'il va se trouver sans place et sans le sou, j'avais une envie terrible de l'engager et j'allais ouvrir la bouche pour le lui annoncer, lorsque mon chapelet a donné un coup contre le lit. Cela m'a rappelé qu'on n'avait jamais vu une postulante engager un valet de chambre, africain encore ! et je t'assure que cela a été presque un sacrifice d'y renoncer. J'ai raconté mon affaire à la supérieure qui en a ri aux larmes. J'ai voulu le faire prendre à Candide qui ne veut pas, parce que ces yeux vifs lui font peur. Sais-tu que j'aurai une fameuse peine à me mettre dans le moule ? Tout en moi est contraire, et je m'attends à souffrir le martyre au séminaire avant d'être taillée comme les autres. Enfin, nous connaissons un jésuite, qui n'y est pas non plus, dans le moule, et qui n'en est pas moins une sainte âme. Il est vrai qu'il a passé par de cruelles heures. Tu me demandes si j'assiste aux instructions des sœurs ? mais, ma petite amie, il n'y en a jamais, c'est une vie active sans cesse, il n'y a que les heures du matin, de quatre à six heures, qui soient consacrées à la méditation et à la prière ; dans la journée on n'a quelquefois pas le temps de dire son chapelet.

... J'ai eu un grand bonheur; après avoir plusieurs fois causé avec moi, une malade, qui était jusqu'ici réfractaire aux avis de la sœur Vincent, a demandé à se confesser en disant que je lui avait fait comprendre les choses comme on ne lui avait pas encore expliqué. Quel bonheur, n'est-ce pas? et comme Notre-Seigneur m'encourage?

Quant au climat d'Italie, ce n'est pas ici qu'il faut venir le chercher; nous avons pluie, neige, boue, froid, humidité et tous les désagréments possibles. Quand je pense que dans trois semaines environ je sortirai de cette boutique, je suis folle de joie; les cloches m'agacent, les lectures sur cet horrible ton de commande me mettent hors de moi, tout cela est affreux... et pourtant je reste, n'est-ce pas étrange?

A MADAME DE SEGESSER-BRUNEGG

Turin, 30 novembre 1887.

Je me réfugie dans un coin, bien chère amie, pour venir vite causer un peu avec vous. Que vous êtes bonne et affectueuse, j'en suis confuse, car je suis si indigne de votre amitié! Vraiment, plus j'avance dans la vie, et plus je comprends, hélas! à quel point ma misère est grande. N'allez pas croire que ce soit de l'humilité, c'est froidement que je mesure ce qui est. Dieu m'a comblée de tant de grâces que ce serait peu vraiment de passer le reste de ma vie à genoux dans la pénitence et les macérations, et au lieu de cela, je ne suis que faiblesse, inconstance et lâcheté. Parfois j'ai peur d'en être punie, car enfin

c'est très mal, je suis très responsable maintenant avec
tout ce que je sais. Et cependant je ne puis désespé-
rer de la miséricorde de Notre-Seigneur, elle ne saurait manquer à l'âme confiante et aimante, n'est-ce
pas? Enfin, voyez, quand je commence à raisonner et
à discuter avec moi-même, je me perds en subtilités.
C'est absurde, le bon Dieu ne doit pas être content. N'est-il pas mieux de se dire : Courage, mon
âme, ne vous laissez pas écraser, soyez en paix et
donnez-vous généreusement, sans chercher le pourquoi, et Notre-Seigneur viendra Lui-même suppléer
à tout ce qui manque. Donc fermons les yeux et
entrons résolument dans la voie tracée. Que de
sujets de reconnaissance n'ai-je pas! me voici presque
au terme de ce temps d'épreuve. Je reprends ma
liberté, ou plutôt je m'exprime mal, car véritablement je ne l'ai jamais perdue, je quitte Saint-Jean
le 9 décembre. J'irai passer quelques jours chez
ma cousine, qui continue elle aussi à me gâter en
venant tous les jours, avant de me rendre à Rome.
Sera-ce indiscret de vous demander une lettre de
recommandation pour votre tante et une peut-être
pour Mgr de Flugy? Mais il y a tout le temps, je
vois qu'il me sera difficile de faire mes adieux défi-
nitifs à ma bonne cousine avant Noël: je ne vous
surprendrai pas en vous disant que je serais plus
tranquille si je pouvais aller directement au séminaire, au lieu de passer par l'épreuve poignante qui
m'attend. Avec ma nature, ne risquerai-je pas de me
laisser reprendre par certaines fascinations et, qui
sait? par une certaine complaisance de colorer du
nom de nécessité de position ce qui ne sera que la
satisfaction de mes goûts? Priez la Sainte Vierge
qu'elle veille sur moi et m'obtienne la force de

rompre sans hésitations ; j'ai un goût malheureux
pour jouer avec le feu !

La supérieure de Saint-Jean est si accablée d'occupations qu'elle ne peut guère se ménager de loisir
pour causer ; je le regrette, car le peu qu'elle me dit
est si bien compris ! Elle se rend compte à merveille
de ma situation et elle a tant de délicatesse pour
tout ; ainsi hier, tourmentée depuis longtemps du
désir que je n'osais trop satisfaire de lire un journal,
je suis allée le lui dire et tout de suite elle me dit :
« Eh mais, certainement, vous me direz ce qui se
passe, car je suis inquiète des nouvelles de France. »
N'est-ce pas délicat ?

Ne vous inquiétez pas de ma santé ; elle supporte
très bien cette vie de fatigue. Quand on prend l'habitude de s'endormir de bonne heure, la somme de
repos est suffisante, mais il faut du temps. Il m'est
déjà arrivé deux fois de dormir comme une soupe le
matin et de n'entendre ni le réveil des sœurs à
quatre heures, ni le mien à cinq heures. J'en suis très
humiliée, mais qu'y faire ! je me lève à la hâte et ma
toilette terminée, je cours entendre la messe à une
église voisine que j'aime beaucoup, puisque le
Saint-Sacrement y est toujours exposé. Ensuite je
viens raconter ma mésaventure à la supérieure ; ce
matin, comme l'autre fois, elle s'est mise à rire et
m'a dit, avec sa bonté accoutumée, qu'elle était très
contente, que c'était le bon Dieu qui ne voulait pas
que je me fatigue... Quand j'y songe, quel postulat à
l'eau de rose ! Et voilà une fameuse sœur de Charité !

... Quel bonheur de penser que dans dix jours
je sortirai de cette chère et horrible prison ! Ma
mère m'a écrit hier une bien bonne lettre ; il me
semble qu'elle commence, sinon à se résigner, du

moins à comprendre que ce n'est point par goût et
par plaisir qu'on peut entreprendre une vie de ce
genre. Elle prend son parti vaillamment ; que Notre-
Seigneur continue à lui inspirer du courage ! Il me
semble qu'un siècle s'est écoulé depuis que j'ai vu
les miens, et il n'y a pas un mois !

A MADEMOISELLE DE MARCÉ

Turin, corso Victor Emmanuel,
22 décembre 1887.

... Mes pensées se reportent souvent sur vous
tous ; les vacances de Noël vous réuniront probablement, sauf Guy qui vogue là-bas sous un ciel moins
sombre. Dans cinq ou six semaines j'aurai peut-être
le bonheur d'aller vous embrasser, et comme nous
causerons alors ! Que de choses à nous raconter,
car pour une dernière fois tu m'ouvriras encore
ton cœur, n'est-ce pas, chérie ? Que Dieu te
garde, je prie beaucoup pour toi ; garde ta bonne
confiance en Notre-Seigneur et tu verras que la
lumière se fera. Après tout, il importe peu de se trouver dans telle ou telle situation, de quelque façon
que se présente la souffrance, elle vient toujours de
Lui ; n'a-t-Il pas promis d'être avec nous tous les
jours de notre vie ? Dès lors, que pouvons-nous
craindre ? Il est moins hasardeux de vivre paisiblement dans une vie toute faite que de chercher à se
frayer un sentier ; dans ces sortes de fouilles, on se
trouve en face de l'imprévu et on perd sans cesse la
trace ; après de longs circuits, on finit par revenir

au point de départ, lassée, épuisée, et quelquefois le désespoir dans l'âme. Ma pauvre chère amie, je ferais mieux de ne rien dire de moi... combien je regrette mon temps de postulat! J'y ai souffert et beaucoup même, mais au moins j'étais dans le vrai, dans le bien... maintenant, je lutte en désespérée avec moi-même et chaque crise emporte un lambeau. L'autre jour, j'ai eu une discussion très vive avec le spirituel et charmant Père Barnabite (1) que je vois souvent; ne voulait-il pas me faire promettre de renoncer à aller à Rome, à tels autres voyages... Ce n'est pas la première fois qu'il me traite de mauvaise tête.

... Je fais de vains efforts pour m'intéresser à des lectures sérieuses; j'ai là une délicieuse *Histoire de sainte Monique* par l'abbé Bougaud, et, en même temps, je dévore les *Confessions* de saint Augustin, mais je crois que cela me fait encore plus de mal que de bien.

C'en est fait, ma dernière carte se joue.

————

A MADAME DE SEGESSER-BRUNEGG

Rome, 6 janvier 1888.

Vous êtes sans doute et à bon droit surprise de mon silence. Un mot m'absoudra : j'ai été malade, je viens de passer six jours au fond de mon lit très souffrante d'une violente angine. Voilà, n'est-ce pas? qui est complet comme agrément lorsqu'on vient passer quelques jours seulement à Rome. Mais quoi,

(1) Le Père Montuoro, curé de San Dalmazzo à Turin.

je ne me plains pas; en offrant ma vie à Notre-Seigneur, je l'ai fait de bon cœur et je suis sûre d'accomplir sa volonté, de quelque manière qu'Il me fasse souffrir. Et puis, à vrai dire, en descendant dans certains replis secrets d'un moi qu'on ne s'avoue presque pas à soi-même, j'en arrive à me demander si cette forte secousse de santé ne doit pas compter parmi les grâces reçues?...

... Je ne sais plus ni quand je pars, ni où je vais, ni ce que je pense, ni ce dont j'ai envie, ni où se trouve le devoir, où le bien, où le vrai... enfin, désarroi complet dans ma pauvre tête, étourdie de ce que je lui ai fait voir hier et aujourd'hui pour rattraper les jours perdus du début. Je suis parvenue à voir Mgr de Flugy aujourd'hui, et j'ai trouvé un homme fort agréable, causant bien, plus jeune et plus alerte que je ne m'y attendais. Il m'a dit être assez souffrant des yeux et ne guère pouvoir s'occuper, puis après un instant il m'a parlé d'un travail de correspondance très étendu qu'il était obligé de faire lui-même, parce qu'on lui a retiré tous ses religieux! Son regard vif atteste une intelligence éveillée, je crois qu'il veut se ménager des loisirs. J'espère le revoir encore, car une première fois on se sent moins à l'aise pour causer. Il m'a parlé de vous en termes pleins d'affection et d'intérêt, on voit que votre souvenir lui est resté vivant. Mgr Mermillod a été très aimable pendant ma maladie, venant me voir tous les jours; je n'ai pu encore causer sérieusement avec lui, mais demain il faut absolument que je lui parle. Il m'a l'air de vouloir continuer indéfiniment son séjour à Rome, qui sait si je le reverrai avant d'entrer au noviciat? A propos, figurez-vous que je viens d'apprendre que le P. de Régnon a

quitté Paris! On dit qu'on l'a envoyé au Mans, de
sorte qu'il va falloir me livrer à des recherches pour
savoir où il est, puis ensuite lui courir après. De
plus en plus je sens qu'il faut que je le revoie.

Je ne vous parlerai pas par lettre de mes impressions sur Rome; ma tête est bien faible encore
et a besoin de ménagements. Ne vaudra-t-il pas
mieux en causer de vive voix? Cependant je veux
vous dire quelques mots de la splendide cérémonie
du 1ᵉʳ janvier, à laquelle j'ai pu me traîner. Cela seul,
chère amie, valait la peine d'être venue à Rome et
d'être malade, s'il le fallait, avant et après. Comme
je me suis sentie heureuse et reconnaissante d'être
catholique! Du reste, c'était un sentiment qui se
peignait sur toutes les figures, radieuses d'émotion.
Et comment ne pas être électrisé par ce touchant
spectacle d'une foule de soixante mille personnes,
accourues de toutes les parties du monde pour donner un éclatant témoignage de leur foi au représentant de Dieu. Jamais je n'oublierai cette matinée
unique : le Saint-Père porté comme en triomphe au
milieu des acclamations, des vivats, des cris, des
applaudissements d'une foule en délire; la messe
célébrée au milieu d'une émotion que tout justifiait;
Léon XIII fatigué, tremblant, n'en pouvant plus,
obligé de s'accouder sans cesse sur l'autel, puis faisant un effort et poussant de toutes ses forces le
calice vers le ciel, le visage couvert de larmes, un
sourire radieux aux lèvres; les gardes-nobles et les
Suisses portant les armes; la foule prosternée, silencieuse; les trompettes retentissant sous les voûtes;
le soleil enveloppant le tout dans un nimbe d'or...
C'était saisissant et inoubliable... Puis le vieux
Pape remontant sur sa chaise pontificale; et tou-

jours l'enthousiasme des fidèles se manifestant de mille manières. Pour moi, jamais rien de tout cela ne s'effacera de ma mémoire et je ne cesse de remercier Notre-Seigneur d'avoir ajouté cette grâce à tant d'autres.

Aujourd'hui nous avons visité les catacombes de Saint-Calixte, et j'ai été heureuse d'avoir pour guide un charmant jeune Trappiste, avec lequel j'ai causé des plus agréablement; il m'a fait quelques confidences; je ne sais comment, par notre causerie sur les martyres, je lui ai demandé de prier pour une future Fille de la Charité; il m'a dit des paroles pleines de cœur et nous nous sommes donné rendez-vous au Ciel... Tout cela dans ces cavernes, à la lueur des torches!

A MADEMOISELLE DE MARCÉ

Tunis, 19 janvier 1888.

... Que d'impressions différentes en peu de temps! A Rome, tout porte à la méditation, l'âme devient forcément réfléchie en face de tant de souvenirs, pas une pierre qui n'ait son histoire, pas une motte de terre qui ne soit trempée du sang des martyrs, des ruines partout! Puis Naples avec sa gaieté répandue dans les airs, sa nature riante, sa population grouillante, gesticulante! Malgré le beau temps nous n'avons cessé de geler, le Vésuve était blanc et nous avons fait son ascension par la neige! Après cela les émotions d'un premier embarquement, la délicieuse sortie du golfe de Naples, le mal de mer, l'arrêt de quarante-huit heures à Malte; là a commencé pour nous le plus curieux, c'est déjà l'Afrique comme aspect et population. Des types de toutes espèces, des costumes orientaux, les femmes enveloppées de leurs faldettas noires, les uniformes rouges des soldats anglais, les pittoresques Écossais, des rues en escaliers, des statues de saints à tous les coins de rue avec je ne sais combien d'indulgences à gagner, des mandarines énormes qu'on appelle du joli nom de *mandolinès,* des maisons moitié arabes avec leurs balcons et leurs miradors, une cathédrale superbe. Enfin, aujourd'hui, l'Afrique... Sur le bateau, j'ai trouvé un Père blanc (de ceux du cardinal Lavigerie) et nous avons causé d'une foule de choses intéressantes. Là-dessus, tu me demanderas peut-être ce que devient le bon Dieu au milieu de tout cela? Eh bien, ma chérie, Mgr Mermillod m'a tant répété que je pouvais me tranquilliser, ne rien presser, qu'il prenait tout sur lui... que j'ai fini par y croire.

. . . .

Maintenant, un point important, où est le Père de Régnon? Il faut absolument que je le voie et c'est surtout à cause de lui que je passe à Paris avant de retourner à Berne, où je suis pressée de rentrer. Il ne peut être introuvable. Je m'arrêterai à Blois seulement entre deux trains. Puis j'irai au Mans directement, et de là pour deux ou trois jours à Paris voir la rue du Bac et convenir de l'époque de mon entrée définitive. Sais-tu ce qui me ravit le plus dans mes pérégrinations? C'est l'unité de l'Église; partout on retrouve Notre-Seigneur, adoré de la même manière, et il est bien rare que je ne puisse pas faire ma communion. Maintenant cependant ce sera plus difficile à cause des trains qui partent de bon matin, je crains d'être obligée de passer ces deux dimanches sans messe. Que faire? Dieu nous voit et ne nous demande pas l'impossible.

Si tu savais, ma petite amie, combien je me réjouis de vous revoir! que de choses à nous dire, mais aussi comme ce sera solennel de penser que c'est la dernière fois que nous nous voyons dans ces conditions! Enfin, c'est la volonté de Dieu, cette assurance soutient le courage, c'est si bon d'avoir la certitude qu'on fait ce qu'Il veut, on se sent l'âme en paix et délicieusement tranquille au milieu même des révoltes de la nature et des souffrances du cœur... Demain nous allons à Carthage; que de souvenirs éveille ce nom : Virgile, Didon, sainte Monique et saint Louis se confondent dans ma tête.

A MADAME DE SEGESSER-BRUNEGG

Berne, 14 avril 1888.

... Ma pauvre chère mère a été atterrée hier lorsque je lui ai, doucement cependant, parlé de l'époque de notre départ. Elle le savait pourtant, mais s'était fait, je crois, des illusions volontaires. Pour demain soir elle a invité quelques personnes, de sorte que je ne puis guère parler à mon père avant que ce dîner soit passé, mais lundi je compte faire la première ouverture. Vous prierez pour moi, n'est-ce pas? que je ne recule pas. Ces quinze jours à passer sont un cauchemar pour moi... c'est la période la plus terrible peut-être. Toujours il me semble que le sacrifice soit à renouveler ; il y a eu hier trente-cinq mois, et il a fallu aller à un souper de seize personnes chez ma tante de Freudenreich (1).

... La semaine prochaine je serai occupée matériellement. Plus j'y songe et plus je vois que je dois faire certaines choses moi-même, ce serait trop mesquin de ne faire que la moitié. Ce matin j'ai déjà trouvé maman en larmes ; comment passer au travers de tout cela ! C'est bien angoissant ! Mon beau-frère m'a écrit une délicieuse lettre.

Je ne puis vous écrire qu'en courant, étant obligée de sortir et puis aussi... mes idées se composent d'un tel chaos de sentiments opposés qu'il me serait difficilement possible d'y voir clair. Comment pouvez-vous me remercier encore du peu qu'il m'a été donné de faire pour vous ? C'est votre cœur qui a tout fait et votre bonne amitié m'aide puissamment à traverser cette crise douloureuse de ma vie.

Votre exemple, votre délicatesse, vos paroles affectueuses, votre intérêt pour la douleur de ma pauvre mère, ont été un auxiliaire merveilleux pour ma faiblesse. Dieu a ménagé la rencontre de nos âmes à cette heure décisive, afin que j'apprenne de vous la vraie grandeur ! Malgré mon regret de vous avoir vue quitter Berne après un séjour trop court à mon gré, je vous aime assez pour être heureuse de vous savoir rendue à votre foyer entre les deux plus grandes tendresses que Dieu a créées. Je ne vous l'ai pas assez dit peut-être, mais vous l'avez senti, à quel point j'apprécie la nature loyale et franche, l'âme chevaleresque et fière de votre mari ; c'est une grâce

____

(1) Mme Alexandre de Freudenreich, née de Palézieux.

de choix de pouvoir unir sa vie dans d'aussi rares conditions à un être qui vous est égal en mérite.

————

28 avril 1888.

Toujours j'ai à vous remercier, ma chère amie; vos bonnes pages me font du bien, je sens que vous saisissez à merveille la situation et vous êtes si délicate! J'aurais succombé mille fois à ces crucifiantes tortures si la grâce de Dieu ne soutenait ma faiblesse. Enfin, il faut accomplir le sacrifice jusqu'au bout, mais que d'heures angoissées pendant lesquelles je me demande si réellement j'ai le droit d'infliger tant de chagrin autour de moi; je crois vraiment que mon père souffre au moins autant que maman... Voyez, je n'ai plus qu'une idée et qu'une prière : Mon Dieu, ayez pitié de ceux que je laisse et comblez-les de Vos bénédictions!

... Un pareil arrachement ne peut se faire sans secousse; à force de voir des larmes, je suis un peu énervée et il est difficile de prier. Dieu compte les souffrances, voit les intentions... Comme je pense à vous! Cela me donne du courage, dans ce moment j'ai besoin d'un élan pour me mettre au-dessus de tant de déchirements et ne pas regarder en arrière en mettant la main à la charrue...

————

Turin, 6 mai 1888.

Sans cesse, ma chère amie, je pense à vous et je le trouve bien douloureux, ce chemin du Calvaire qu'il faut gravir quand à chaque adieu le cœur se brise à nouveau ! Il serait impossible de supporter une telle agonie, si la grâce de Dieu n'était là pour montrer ce qu'est une vocation voulue par Lui... Mon frère Henry tremblait d'émotion, et lorsque, emportée rapidement par le train, j'ai vu disparaître cette figure aimée, j'ai été envahie encore par cette désolation atroce que nous cause chaque séparation... Cher garçon ! Il est resté là, sur le trottoir de la gare de Fluëlen, jusqu'où il avait tenu à nous accompagner, seul, triste, découragé, navré... A ce moment la vie a dû lui paraître vide et bien lourde. Je ne souffrais pas pour moi seulement, mais aussi pour lui que je laisse dans une crise dont il peut sortir fortifié, il est vrai, mais qui le fait souffrir... Le secret de l'avenir est à Dieu, mais, si j'en crois un vague espoir tout au fond de mon âme et les assurances pleines de foi de l'excellent P. Montuoro, je puis remettre le salut et le bonheur des miens à Notre-Seigneur en toute confiance, et mon sacrifice sera récompensé bien au delà du peu qu'il vaut...

... J'ai eu une longue et bonne causerie avec le P. Montuoro (celui que je voyais souvent cet hiver, esprit original et nature ardente) ; il ne cesse de me répéter qu'il est sûr et certain de ma vocation et que ma place se trouve marquée, sans hésitation possible, parmi les sœurs de Saint-Vincent de Paul. Voilà, n'est-ce pas, une garantie solide ? Il paraît absolument sûr, et je crois bien que moi-même je n'ai pas eu jamais de doute sérieux à cet égard. Puisque la volonté de Dieu est claire, il ne sert à rien de tergiverser avec soi-même, d'autant que tout cela est lâcheté, car enfin n'est-ce pas pour trouver une diminution de peine que je voudrais être dans un milieu

différent? Le P. Montuoro dit en riant que j'ai le pittoresque au fond de l'âme et que je puis me passer
de burnous et du fez des Pères blancs. Il assure, lui
aussi, que l'on me mettra vite à un poste d'action et
de danger... ceci pour vous tranquilliser, car pour
moi, ce sera la même chose de remplir la volonté de
Notre-Seigneur de telle façon qu'il Lui plaira, sur le
champ de bataille ou à la lingerie; souffrir ici où là,
n'est-ce pas toujours souffrir? et il y aura plus de
mérite là où les goûts seront mis de côté plus complètement. Ne pensez-vous pas, chère amie, que ma
vie est parmi les privilégiés? Quand je pense qu'il
n'y a que deux choses qui vaillent la peine de vivre,
l'amour et le sacrifice, et que j'aurai connu les deux
dans ce qu'elles ont de plus grand, je suis saisie
d'une immense reconnaissance. Dans vos prières
pour moi, ne manquez pas de remercier Notre-Seigneur de tant de grâces; certes, même dans les
heures les plus déchirantes, je ne voudrais changer
mon sort contre celui de personne.

A MADAME MARIE DE LA CROIX

Turin, 9 mai 1888.

Voici longtemps, ma chère Marie, que je n'ai pu
vous écrire et vous serez peut-être surprise de voir
ma lettre datée de Turin. Je croyais bien, moi aussi,
avoir quitté pour toujours ma bonne et charmante
cousine, ainsi que la ville où j'ai tant souffert pour
connaître la volonté de Dieu. A force de me creuser
la tête pour trouver à adoucir le grand sacrifice à

ma pauvre mère, j'ai eu l'inspiration, toute d'en haut, de l'amener ici. Elle passera ainsi deux ou trois semaines dans un milieu catholique, paisible, auprès d'une amie remplie de tact et de délicatesse, et de plus elle se familiarisera avec les sœurs de Saint-Vincent de Paul qui lui sont absolument étrangères. Ma décision n'est plus un secret maintenant, vous pouvez donc en parler librement, et je vous prie de bien me recommander aux prières de vos saintes compagnes, tout particulièrement au souvenir de votre aimable et bonne supérieure. J'avais l'intention de partir demain pour Paris, mais des raisons de santé m'obligent à remettre à la semaine prochaine; j'ai passé par tant d'émotions morales et tant de fatigues physiques ces dernières semaines qu'il n'est pas étonnant que ma santé en souffre un peu. Pour moi, c'est un prolongement de martyre, mais cela fera du bien à maman. Si vous saviez comme elle est bonne et dévouée; elle est admirable! Que de séparations et de déchirements, mon Dieu!...

Oui, chère sœur, me voici à la veille d'entrer au séminaire des Filles de la Charité : mes intérêts sont réglés, mes dispositions prises. Dieu seul aura su l'agonie que j'ai traversée, aussi m'a-t-il envoyé les secours de Sa grâce et cela d'une manière merveilleuse. Quand vous prierez pour moi, remerciez Notre-Seigneur de la bonté avec laquelle Il me traite, moi si indigne et naguère encore si loin de Lui. La séparation a été horrible; mon pauvre père ne peut se faire à l'idée que mon projet soit défini-tif... Mes frères ont été pleins d'affection... Pour tous j'ai bon espoir qu'ils finiront tôt ou tard par mieux comprendre l'idée du renoncement et du sacrifice. Ils ne manqueront pas de penser souvent à

moi et chaque fois ce sera comme une petite méditation; que de pensées salutaires les frapperont!
Le court séjour de Paul m'a fait un bien immense, il
me témoigne beaucoup d'affection et nous avons
causé très intimement. C'était à la fois triste et
doux, puisque tout nous rappelait mon cher Albert
et que jamais plus nous ne nous retrouverons dans
les mêmes conditions. Ah! ce mois d'avril a été rempli d'épreuves, de tortures, il faut que la grâce de
la vocation soit grande, pour qu'on puisse supporter
une telle agonie sans être complètement brisée, tout
en ayant le cœur *écrasé*.

Mes anciennes compagnes, les sœurs de l'hôpital
Saint-Jean, ont fait le meilleur accueil à maman et
elle de son côté les trouve beaucoup plus gaies et
plus cordiales qu'elle ne le pensait. On a été charmant; on lui a tout montré, même les dortoirs, le réfec
toire, ce qui ne se fait jamais. La vieille sœur Élisabeth, cette supérieure dont je vous ai parlé l'année
dernière, a fait la conquête de ma mère, qui n'avait
jamais rêvé qu'on pût accueillir une protestante
avec tant de franche gracieuseté. Vous voyez que
Notre-Seigneur est bon et que ma mère est dans les
meilleures conditions pour achever son sacrifice.
Pauvre maman, elle m'aime d'une tendresse aveugle
et cela lui paraît bien dur... pourtant elle commence
à comprendre, elle est admirable de courage et de
dévouement. Nous tâchons, ma cousine et moi, de
la distraire; nous la promenons par ce temps délicieux, puis elle lit des ouvrages qui lui parlent de la
bonté et de la grandeur de la vocation des sœurs de
Charité, elle va voir les sœurs; peu à peu l'effroi
passe, l'apaisement se fera et quand elle retournera
en Suisse, elle sera plus forte et plus résignée. Mon

père viendra la chercher vers le 22 : ils feront un petit voyage à Milan, Florence et Venise avant d'aller se réinstaller à la campagne. Je ne puis m'empêcher d'être souvent bien tourmentée à l'idée que la maladie d'yeux de ma chère maman pourrait augmenter, mais, n'est-ce pas, le bon Dieu ne peut permettre cela? Aidez-moi, petite sœur, à prier pour elle, pour qu'elle n'ait que bénédictions partout.

Je ne pense pas pouvoir aller vous voir à Blois, ma chère Marie, j'ai hâte de mettre fin à cette longue agonie; j'avais espéré entrer au séminaire avant Pentecôte, mais je crains de ne pouvoir y arriver, surtout si je puis entrevoir la possibilité d'aller encore vite demander quelques conseils au P. de Régnon. J'attends de savoir où il se trouve. Il avait été convenu, cet hiver, avec la supérieure générale, que j'entrerais directement au noviciat, mais d'après sa dernière lettre je crains qu'elle ne veuille me faire faire encore deux ou trois semaines de postulat à Paris. Ce sera comme Notre-Seigneur voudra! Mais, je l'avoue, j'eusse aimé entrer enfin définitivement dans cette maison de la rue du Bac, où on m'a tant fait de difficultés il y a un an! C'est merveilleux de voir comme tout s'est arrangé, aplani. N'est-ce pas la meilleure preuve de la volonté de Dieu?

Nous voici donc bientôt sœurs tout à fait, engagées dans la même armée; qui sait si nous nous reverrons sur cette terre?... Vous m'écrirez quelquefois pendant ces deux mois de noviciat, n'est-ce pas? et si je ne vous réponds pas régulièrement, n'en accusez pas mon cœur, mais pensez que je ne suis pas libre. Priez pour que la petite novice de la rue du Bac devienne une vraie Fille de la Charité; quel

beau mois pour commencer une nouvelle vie! Je
vous embrasse de tout cœur et tâcherai de prendre
exemple sur votre humilité et votre douceur.

A MADAME DE SEGESSER-BRUNEGG

Paris, 20 mai 1888.

Oh oui! j'ai passé par des étreintes de cruelle
angoisse, les derniers jours à Turin ont été une agonie d'autant plus douloureuse que je voulais paraître
calme. Quel horrible moment que celui du départ
et quelle envie j'avais de remonter l'escalier! Tous
ces adieux successifs étaient une rude épreuve, mais
le dernier m'a broyé le cœur... Vous vous repré-
sentez aisément ce qu'ont été dix-sept heures de
chemin de fer dans ces conditions-là!... Enfin, la
grâce de Dieu a passé, votre chère lettre si touchante, le temps radieux, Paris ravissant, embaumé,
les boisseaux de lilas et de roses partout, les immenses gerbes de tulipes, les senteurs printanières,
la vie qui ne cesse de vibrer en moi, m'ont remontée
un peu et tout à coup, sans savoir comment, je me
suis sentie presque gaie.

Un télégramme du P. de Régnon a achevé ma
joie; il m'avertissait que le lendemain une voiture
m'attendrait à la station d'embranchement. J'ai
passé vingt-quatre heures à Tuffé et j'en suis revenue hier soir, un peu fatiguée de ces interminables
trajets en train quasi-omnibus, mais contente, tranquille, sûre de mon fait. Le Père s'est montré,
comme toujours, bon, affectueux, délicat avec les

nuances de finesse de sentiment dont il a le secret. Nous avons causé beaucoup, dans une intimité douce et complète; je lui ai dit toute mon âme et j'ai vu qu'il était content. Dès ce matin j'ai reçu de lui quelques pages d'encouragement et de conseils; n'est-ce pas bien bon? Ce qui me touche, c'est la confiance avec laquelle il me parle de lui, de ses froissements. L'a-t-on assez fait souffrir, le pauvre Père! Quelles grandes leçons je puis apprendre de lui! Il est resté gentilhomme raffiné, c'est toujours le marquis de Régnon en tout. Son grand conseil est ceci : rester soi; conserver sa personnalité morale dans la vie religieuse; savoir demeurer soi, en s'alignant dans le rang, voilà son idéal de la perfection. Il m'a dit les choses les meilleures, les plus délicates, les plus intimes, et ne cesse de me remercier de ma confiance. Il paraissait presque heureux de causer avec moi. Tuffé n'est qu'un village, nous avons fait des repas abominables, roulé plus d'une heure dans la carriole du meunier, seul véhicule de l'endroit, mais quelle consolation de se sentir parfaitement comprise. Je me sens meilleure, moins banale dans sa société; nous échangeons nos idées sur toute espèce de sujets, et maintenant il s'est introduit dans nos relations je ne sais quelle ravissante nuance d'affection plus fraternelle. Jamais, certes, il n'a pris des allures de commandement, mais à cette heure je deviens plus son égale; il est si fin, presque femme comme sentiments exquis! Mais je m'aperçois que je vous fais un panégyrique, tout cela est vrai et fort au-dessous de la vérité.

A MADAME MARIE DE LA CROIX

Paris, 21 mai 1888.

J'ai pu aller causer avec l'excellent P. de Régnon et ces bons entretiens d'une intimité complète m'ont laissée les plus douces impressions. C'était vraiment une faveur de la Providence d'avoir rencontré ce religieux parfait; jamais, jamais je ne cesserai d'en remercier Notre-Seigneur... Qui sait si nous nous reverrons? Pourquoi pas? Les sœurs de Saint-Vincent de Paul sont envoyées dans toutes les directions, et ma cornette pourrait bien un jour faire son apparition devant vos grilles. J'ai laissé ma pauvre mère courageuse et forte, son séjour à Turin a apaisé les angoisses de son cœur; que la séparation a été cruelle!... Pour moi, je suis résolue à bénir Dieu du bonheur passé en lui offrant ma vie présente et future sans réserve. Il ne faut pas s'étonner de sentir l'âcre saveur du sacrifice à ce moment à la fois douloureux et béni de l'immolation. Certes, je n'ai pas le courage de demander plus de souffrance comme les âmes vraiment grandes, mais au moins je voudrais les accueillir avec un sourire de bienvenue. Si vous saviez comme je me sens dans le *vrai!* Adieu, sœur aimée, prions et sachons nous donner entièrement, sans regrets douloureux, et sans gémissements oppressés, sans rêve humain de bonheur ni de repos.

A MADEMOISELLE DE MARCÉ

Paris, 24 mai 1888.

... Que de déchirements et que de douleurs partout! Mais ce n'est pas pour gémir que je griffonne à la hâte ces quelques mots d'affectueuse tendresse. Non, je souffre, il est vrai; les angoisses de l'heure présente sont un martyre, mais je me sens absolument dans le vrai; j'ai pu aller trouver le P. de Régnon, plus affectueux et plus doux que jamais, et ces entretiens si intimes, où j'ai pu lui dire toute mon âme, m'ont apaisée et donné du courage. Il faut aller bravement en avant, ne pas hésiter quand Dieu nous appelle et savoir faire une donation complète de tout, sans réserve ni restriction, accepter la souffrance sans regret... Et voilà! c'est demain que j'entre au séminaire.

Adieu, merci pour l'affection du passé, merci de tout. Adieu, quel mot! et comme il fait saigner le cœur!

A MADAME DE SEGESSER-BRUNEGG

Paris, 24 mai 1888.

Comme j'aimerais à vous écrire longuement, à vous dire tout ce que j'ai dans le cœur de douloureux, de paisible, de déchirant, de satisfait! Mais ce serait trop long et j'ai tant de lettres à écrire encore! L'isolement du cœur! ne plus pouvoir s'épancher dans ces douces causeries qui sont le charme pénétrant de la véritable intimité! Que cela me paraît difficile de faire mon sacrifice généreusement!... A mesure que l'heure de la complète abdication de mon indépendance approche, je me sens faiblir devant les angoisses de ce moment de brisement. Je lis et relis sans cesse pour me donner courage les pages pleines de foi et d'amour que le bon P. de Régnon m'envoie chaque jour. Il a une façon grande et simple de comprendre la vie religieuse; pourquoi faut-il, hélas! que sa direction, qui élargit l'âme en lui donnant des élans spontanés, ne puisse continuer à guider mes pas?

La supérieure générale m'a accueillie avec une cordialité charmante; si Mgr Mermillod a cru devoir garder le silence envers moi, il a agi, et à la façon dont on me l'a dit, j'ai compris que son intervention seule me faisait accepter au séminaire de suite. C'est une protection précieuse, dont je ne puis lui garder assez de reconnaissance. C'est demain que j'entre au noviciat, et, quand cette lettre vous parviendra, je serai derrière les grands murs de ma nouvelle patrie. Je me sens dans le vrai et dans le bien, et cette conviction suffit à affermir l'énergie; mais je ne m'étonne pas de ressentir en même temps une tristesse, un martyre de tout l'être; il faut passer souvent par le jardin de l'agonie, nul n'y échappe, et la seule chose nécessaire est de ne pas se laisser dominer par ces cruelles sensations. Je crois que je suis loyale vis-à-vis de moi-même; je sais les étreintes qui m'attendent, je sais qu'il faudra beaucoup souffrir, surtout pendant ces premiers mois, je sais qu'il y aura des envies fiévreuses de retourner en arrière, des périodes de dégoût profond et de mortel ennui... mais peut-on acheter trop cher l'intimité vraie et constante avec

Notre-Seigneur? Aidez-moi, chère amie, à atteindre
l'idéal auquel je vise, priez quelquefois encore pour
que je sache me donner entièrement, sans réserve,
ni restriction, dans la plénitude de ma liberté et
de ma vie, que j'apprenne à fortifier ma volonté,
en détruisant la fantaisie et le caprice, puis à l'as-
souplir dans la soumission de tous les instants aux
desseins de Dieu, manifestés par l'intermédiaire des
supérieurs. Et plus on possède, par le fait de l'éducation, de la vie antérieure, de l'expérience des
hommes et des choses, un trésor exquis... plus il
devient nécessaire de mettre tout en œuvre pour
saisir mieux que d'autres, le sens intime de cette
donation complète à Notre-Seigneur, en acceptant
pleinement tout ce qui vient de Lui au point de vue
du travail que rien ne décourage, et de la souffrance
admise comme pain quotidien, sans regrets douloureux, sans gémissements oppressés, sans rêve
humain de bonheur ni de repos. Il faut comme
Abraham quitter tout, et emporter sa personnalité
propre, savoir accepter le genre d'esprit de la famille choisie et cependant rester *soi*, et échapper
ainsi à la banalité et à la vulgarité.

Voilà ce que j'ai appris en méditant les conseils
du P. de Régnon et avec la grâce de Dieu j'essaierai
de les mettre en pratique. Lorsque vous viendrez me
voir, que nous aurons causé ouvertement, après le
séminaire, vous me direz si je suis loin de l'idéal
rêvé. Grâce au bon Père, grâce à vos lettres si
bonnes et empreintes du vrai cachet de grandeur
chrétienne, j'ai reconquis, c'est vrai, la possession
de moi-même, au dehors. Ce qui m'en assure, c'est
le mot d'un ancien ami de mon mari, avec lequel j'ai
passé la soirée mardi; nous sommes allés au Théâtre-

Français où j'ai pris grand intérêt aux mérites littéraires des pièces nouvelles, *le Flibustier*, de Richepin, et *le Baiser*, de Banville. Dans la première, il y a des vers superbes, des sentiments honnêtes et délicats dont il faut savoir gré à l'auteur de tant de vilaines choses, bien que l'action soit nulle et le tout un peu délayé; le *Baiser* est fin, gracieux, joué à merveille par Coquelin et Reichemberg. Enfin, bref, mon compagnon, me disait : « Mais vous renversez toutes mes idées par votre attitude sereine et tranquille! Jusqu'ici j'ai cru toujours qu'on entrait en religion par exaltation ou désillusion, et vous, vous prenez intérêt à tout, vous êtes la même comme toujours, au courant de ce qui se passe, et vous parlez de la vie que vous allez embrasser dans deux jours avec un naturel et une simplicité qui m'étonne et me fait revenir sur mes préjugés! » Vous voyez que je dois être dans la note voulue... Quand vous causerez avec mon frère, appuyez bien sur ce point; à savoir que je ne quitte pas le monde pour échapper, comme il le croit, aux heures de solitude, aux ennuis, aux tracas, que j'aurais pu, grâce à ma nature très vivante encore, avoir bien des douceurs.

Adieu, il faut que je vous quitte, soignez-vous, c'est ma dernière recommandation. Serrez bien cordialement la main de votre mari que j'estime et que j'aime, embrassez Hans (1), dites-lui que la sœur de Charité priera pour lui toujours... Merci encore, merci de tout...

(1) Fils de Mme de Segesser-Brunegg.

III

Courage et vaillance, en avant toujours !
Quand la terre nous semble un désert,
que nos rêves et nos illusions tombent morts
au milieu des sables et des cailloux de la
route, levons les yeux vers la Croix, et
nous y puiserons la force nécessaire pour
arriver jusqu'au terme.

Quand vous aurez bien de la peine, ayez
toujours au cœur ces paroles : « Pour ce
peu de peine on nous prépare le royaume
des Cieux. »

(10 novembre 1888.)

LA RELIGIEUSE

A MADAME DE SEGESSER-BRUNEGG

Paris, Séminaire des Filles de la Charité,
2 juin 1888.

C'est au milieu d'un certain nombre de mes compagnes qui bavardent au lieu d'écrire, et serrée comme un hareng, que je viens me dégonfler un peu avec vous. Ce matin j'ai écrit ma première lettre à maman, mais comprenez si j'ai pu tout lui dire! Aussi, comme j'étouffe, je commence la pratique du renoncement de moi-même en venant gémir auprès de vous!

Laissez-moi parler à cœur ouvert, n'est-ce pas? et puis tout cela passera, non pas que je m'attende à un allègement de souffrance, je ne le désire même pas, mais enfin l'équilibre moral se retrouvera. Imaginez-vous, ma chère Marguerite, que le jour de mon entrée ici, j'ai été saisie d'un tel découragement, une si fiévreuse envie de retourner en arrière ou du moins de reculer, que je n'ai rien su faire de mieux que....

de prendre des ciseaux et tailler mes cheveux par
devant de manière à m'ôter toute possibilité d'aller
dîner chez qui que ce soit! C'était un trac affreux,
comme nous disions autrefois, au moment où il
s'agissait d'entrer en scène et de se présenter devant
le public. Et quel théâtre que celui d'une vie où tout
est sacrifice!

Vous allez vous moquer de votre amie, bien sûr,
tant pis, je suis venue, c'est l'essentiel. Serez-vous
surprise d'apprendre que ces premiers jours j'ai souffert le martyre? Écrabouillement complet, cœur,
âme, esprit, nature, tout était à l'agonie, mais au
point de me demander si j'étais à ma place! Je ne
vous parlerai même pas des souffrances matérielles,
qui pourtant font crier la nature en révolte; vête-
ments lourds et grossiers, souliers plats, génuflexions
constantes, bancs de bois sans dossiers, lit dur, nourriture inénarrable, tout cela est horrible, et pourtant
ce n'est rien comparé à la cruelle sensation de l'isolement du cœur et à la rude épreuve de la vie commune, toujours, toujours.

Ce n'est pas le sacrifice que je redoute, vous le
savez, chère amie, et dans mes grandes douleurs
aucune nuance amère n'a manqué pour les rendre
plus profondes, mais... comme je voudrais *sentir*
que me voici à la place voulue par Notre-Seigneur!
Sans doute, je suis dans le vrai, le bien... enfin, vous
devinez le reste. Pour le moment il n'y a qu'à
prendre patience, savoir attendre avec confiance,
*anima mea in manibus tuis semper, et legem tuam
non sum oblitus,* puis si au bout de quelques mois,
la désolation intérieure persiste, alors je penserai
que Dieu me réserve plus de luttes encore. Mais
soyez tranquille, j'essaierai toujours de réagir contre

le découragement. Qui sait si la Providence n'a pas voulu me faire donner une formation sérieuse dans un ordre établi solidement, afin de me rendre apte à supporter d'autres contacts. Priez pour que cette nouvelle crise me soit épargnée, ou plutôt non, tenez, j'aime mieux m'en remettre entièrement à Notre-Seigneur. S'Il veut que je sois Fille de la Charité, Il saura bien me le faire comprendre, et s'Il veut que je parte pour l'Afrique, j'irai, voilà tout.

Peut-être allez-vous mal interpréter ma pensée, je ne me sens pas déplacée ici, mais pas encore à ma place; d'une manière ou d'une autre je finirai par le savoir. Il me semble avoir loyalement cherché, et Dieu ne saurait repousser l'âme de bonne volonté; les anges lui ont souhaité la paix. Il est clair qu'il ne faudra jamais compter sur moi pour tenir sans cesse les yeux fixés sur les pointes de mes souliers (les pointes, c'est une plaisanterie, car elles ont au moins un décimètre carré) et je ne crois pas que je ferai consister ma perfection là-dedans; mais vienne le jour de l'action, et on verra ce que ces femmes du monde que l'on croit si douillettes et si attachées à leurs idées, savent déployer d'énergie, de ressources, d'abnégation, quand la grâce de Dieu est venue les transformer! Je suis femme d'action, vous le savez.

Vous connaissez mon idéal de la vie religieuse, chère amie, je vous l'ai fait connaître; il est placé haut, il est vrai, mais peut-on rien faire de bien si le but n'est pas élevé? Monter toujours, tendre en haut, la pointe de la cornette vous montre la direction qu'il faut prendre. J'aime quant à moi les chemins simples et droits; tout ce qui écrase l'âme ou l'angoisse est faux. Humainement parlant la franchise peut mieux quelquefois. Ainsi, je ne serais pas étonnée que la loyauté avec laquelle j'ai fait connaître dès l'abord ma récente conversion ne prolonge mon temps de noviciat; puis, pour une autre chose encore, simple pourtant et qui n'avait de valeur que pour moi. J'aurais pu mettre dans mon scapulaire une petite mèche de cheveux de mon mari, ainsi que son alliance. Personne ne l'aurait su, et l'idée avait traversée mon cerveau, je l'avoue. Mais cela n'eût pas été loyal... résultat : on me les a pris sous je ne sais quel prétexte. Comme si sans mon mari, sans sa tendresse, sans son souvenir, j'en fusse venue à comprendre la grandeur de la Vérité. Ce qu'il y a de meilleur en moi, me vient de lui ou par lui du moins. Enfin, je suis décidée à tout admettre de ce qui arrive par l'intermédiaire des supérieurs, car c'est l'expression de la volonté de Notre-Seigneur. Traduction pratique : le turlupinage pratiqué sur une vaste échelle!

Les Sœurs directrices sont bien bonnes et bien larges, malgré une première brusquerie voulue, et voyez comme on comprend ma situation, on me laisse libre de lire pendant l'étude, ce n'est pas long, mais n'est-ce pas une gâterie de la Providence? Mes compagnes sont gentilles, complaisantes, quelques-unes très bien, mais ce sont des enfants pour la plupart. Elles ont leurs luttes, leurs déchirements, sans doute, mais tout cela n'est pas établi comme pour moi sur un effondrement de vie qui a brisé les meilleures forces de résistance. Je ne me plains pas, car j'ai été si heureuse!

Jeudi nous avons eu une fort belle procession, très réussie; savez-vous à quoi je pensai tout le temps? A celle d'il y a quatre ans, nous étions en Touraine, j'étais avec ma cousine de Marcé et plu-

sieurs autres dames à une fenêtre à Chinon, nos
maris suivaient, le mien portait un des cordons du
dais, et je lui avais bien recommandé d'être recueilli,
de ne pas me regarder en passant. Naturellement, il
n'y tint pas et comme je le grondais tout bas au
retour, il me répondit : « N'est-ce pas Dieu qui m'a
donné un cœur pour vous aimer, peut-Il blâmer la
tendresse que j'ai pour vous, à côté de Lui? » Ah!
que c'est loin tout cela, et pourtant présent à mon
cœur!

Si vous n'êtes pas encore allée à Berne, allez voir
ma pauvre chère mère, je vous en supplie, vous lui
ferez du bien... Bon! on m'interrompt en disant que
ma lettre n'est pas dans la forme voulue, je ne sais
donc si elle partira, cependant je pense que oui et
comme l'heure est passée, je ne puis plus demander
pourquoi ni en quoi. A la garde de Dieu!

———

3 juillet 1888.

Ce n'est point pour satisfaire mes goûts ou mes
aspirations que je suis venue ici, et, certes, je puis
dire en toute vérité que j'ai trouvé ce que j'attendais, la souffrance. J'y nage en plein, chère Marguerite, à la façon d'un chien battu, il est vrai, sans
entrain et sans générosité aucune; en faisant à
Notre-Seigneur un aussi piètre cadeau que ma personne, il faudrait au moins l'offrir avec l'allure gracieuse qui fait tout le prix des offrandes! Ne soyez
point surprise si vous trouvez comme un voile de
tristesse sur ce que je vous écris aujourd'hui; il y a

des jours où on est moins paisiblement disposé, mais on m'a enjoint de prendre la plume... et l'obéissance me paraissant de première base de toute vie religieuse, j'espère ne jamais discuter un ordre donné par une supérieure ; c'est un point d'honneur à mes yeux. Donc, ne faites pas attention au temps nuageux et n'y voyez que ceci, c'est que mon affection vous reste et que je suis bien reconnaissante de tout ce que vous faites. Et d'abord, merci des messes demandées à Einsiedeln ; voilà un secours précieux, quelle délicate pensée de votre cher mari et comme c'est bien de lui ! Il est digne de vous en tous points, ce gentilhomme loyal et bon ; et quand je pense à votre cher intérieur, à l'intimité qui vous unit, j'en suis heureuse pour vous... bien que mon cœur soit encore tout cassé au souvenir de ce beau bonheur perdu ! Jouissez du vôtre, chère amie, puisse Notre-Seigneur vous le conserver longtemps encore !

... Je suis installée dans une classe sombre, la vue sur un petit jardin entouré de bâtiments, il fait gris, il pleut, et je n'ai pas invoqué le Saint-Esprit comme quand j'écris à ma mère ! Serai-je jamais complètement dans le moule, ou plutôt, ne trouvera-t-on pas que je risquerai d'en sortir par trop de côtés ? C'est le secret de Dieu ; que voulez-vous ? la liberté de mon indépendance me recherche encore. L'on ne peut se faire du premier coup à la violation perpétuelle des aspirations de la nature. — Dans ce moment on nous explique le chapitre des règles qui traite du sujet délicat de la chasteté. Si j'avais à parler là-dessus, je me bornerais à dire : la chasteté parfaite, c'est bien simple, voilà : renoncement à toute joie de la terre, à tout ce qui est bon, tout ce qui est doux pour le cœur, l'esprit et la nature. Ne trouvez-vous pas que ces quelques mots renferment des sujets de méditation pour plusieurs vies? — Les voies par lesquelles Notre-Seigneur a mené ma vie sortent du tracé ordinaire; comme saint Pierre j'ai fait ma propre volonté pendant ma jeunesse, maintenant il faut me laisser conduire. Rien de surprenant à ce que j'éprouve une souffrance de tous les instants; toutes les vocations ne se forment pas de la même manière. Notre-Seigneur veut que je *me sente* vivement souffrir. Soit! j'y suis toute disposée et je sais que j'ai bonne volonté; que puis-je faire de mieux que d'offrir ce que j'ai en reconnaissance du bonheur passé, de tant de grâces reçues, de tant de douceurs même dans la plus rude épreuve? Je m'attendais au martyre pendant ce temps de formation, on m'y a préparée, et cela n'altère en rien ni ma vocation, ni la résolution, où je suis, de persévérer... seulement, comme paraît-il, c'est un peu exceptionnel, je m'entends dire quelquefois, que je suis libre, etc. Me voyez-vous déménageant pour le Sacré-Cœur ou les Auxiliatrices, pour la jolie raison que tout en voulant la vie de sacrifice, j'en demande une qui soit augmentée de quelques douceurs? Bien entendu, je sais à qui je m'adresse, j'ai toute confiance en vous. Quand viendra la vie des œuvres, j'ai tout lieu d'espérer que la grâce de Dieu m'apportera une paix complète, car j'aurai remporté la victoire; je sais bien qu'il faut qu'une âme soit trempée dans la douleur pour devenir vraiment forte et que rien n'épure comme les luttes violentes.

Chère amie, je pense à nos bonnes causeries qui jamais plus ne se retrouverons! Ne vous lassez pas de m'écrire, vos lettres me font du bien au cœur et aussi à l'âme. Je compte sur votre cœur d'amie, pour ma pauvre chère mère si vaillante... Ne m'en veuillez jamais, si je reste longtemps sans vous écrire, je prie tous les jours pour vous et les vôtres. Pourquoi n'iriez-vous pas respirez l'air de la mer pendant quelques semaines, en passant par Paris bien entendu?... Si vous voyez Mgr Mermillod, dites-lui que je compte sur la promesse qu'il m'a faite de venir me voir.

A MADAME MARIE DE LA CROIX

Paris, 9 août 1888.

... Tout s'achète, la grâce de la vocation est si précieuse qu'on ne saurait endurer trop de souffrances pour la gagner. Et quand une âme se prépare au service de Dieu, l'ennemi dresse contre elle ses plus lourdes batteries. Avouez que Notre-Seigneur est bon pour moi; si vous saviez comme je suis reconnaissante des attentions délicates dont Il se plaît à m'entourer parfois! Aidez-moi à prier, à Le remercier et à Lui demander de me tendre la main toujours. — J'ai d'assez bonnes nouvelles de ma chère mère, son dévouement et sa générosité sont admirables; elle me donne une grande leçon de vrai courage, car je sais bien à quel point elle souffre de notre séparation! Ah! notre cœur reçoit un choc douloureux à chaque soupir de ceux que nous aimons tant, et qu'il a fallu quitter; notre divin Maître le sait, et Il parlera à leurs âmes avec les ravissantes nuances dont Il a seul le secret. Peu à peu la grâce aidant, elles réfléchiront, et tôt ou tard se diront :

Mais quelle est donc cette foi qui fait accomplir de
tels sacrifices? Quel charme magique entraîne des
natures faites comme nous, à renoncer à tout et
même à montrer de la joie?...

La belle vocation que celle d'une Fille de la Charité! mais elle est difficile et n'est pas toujours comprise comme il le faudrait, dans la pratique. Il me
semble, quant à moi, que partout où elle passe, elle
devrait laisser comme un parfum exquis de charité
et de douceur. Ce serait là la vraie imitation de
notre divin modèle et la meilleure méditation est
celle de l'Evangile; là seulement on peut, en réfléchissant dans le silence et le recueillement, apprendre à pénétrer le véritable esprit qui doit animer les
apôtres. Vivre si bien en union avec Notre-Seigneur,
étudier les moindres nuances de Ses actes, de Ses
paroles, qu'on en vienne tout naturellement à les
mettre en pratique, sonder les ingénieuses délicatesses
qu'Il emploie pour se faire tout à tous, en un mot
être une prédication vivante, sans jamais employer
un mot de sermon. Cet idéal paraît presque impossible
à réaliser, mais je puis bien dire aussi : *Fecit mihi
magna qui potens est!* Dieu ne s'arrête pas à moitié
chemin; quand Il commence à travailler une âme, ce
ne peut être que pour la transformer entièrement. Je
suis prête à suivre Ses conseils, prête à souffrir
encore tant qu'Il le voudra et comme Il le voudra.
Unissons-nous dans une vie d'apostolat fervent;
puisque vous avez le bonheur, chère sœur, de passer
de longues heures à vos oraisons, demandez souvent
à Notre-Seigneur de suppléer à tout ce qui me
manque. Une fois dans la vie active nous ne pouvons
pas nous retrouver souvent auprès du Tabernacle;
les moments où nous sommes à la chapelle sont bien

courts et s'enfuient rapidement, aussi faut-il nécessairement que nos journées soient comme une oraison perpétuelle. Demandez tout spécialement cette grâce pour moi, et je serai payé au centuple. Que de souvenirs pour moi ce mois-ci : Le 7, le 11, le 19, sont des dates, autrefois joyeuses dont le retour fait passer maintenant un voile de tristesse sur mon âme en deuil : le 19 surtout, cette date à laquelle je dois tant, c'est certainement à elle que je dois ma vocation, faite d'un grand déchirement qui suivait un grand bonheur, en elle se trouvent réunis les deux grands moteurs de la vie : l'amour et la douleur. Aussi ai-je fait des fondations de messes annuelles un peu partout pour ce jour-là.

A MADEMOISELLE DE MARCÉ

Paris, 28 août 1888.

... Quelle bataille incessante que la vie et comme on se sent parfois prise de lassitude ! Je pense que ce qu'il faut demander surtout dans nos prières, c'est l'amour; si nous aimions Dieu, si nous savions l'aimer de cet amour qui supporte tout, brave tout et résiste à tout... mais, rien ne nous paraîtrait pénible. Que l'être humain est donc faible, mesquin; notre cœur n'entend rien à ce langage et ne sait que balbutier d'inhabiles paroles, du moins je parle pour moi. Je suis pénétrée aujourd'hui de cette pensée, parce que j'ai fait ma méditation de ce matin sur un mot de l'histoire de Jacob qui m'est revenu tout d'un coup. Il a passé les sept plus belles années de

sa jeunesse dans une servitude volontaire, un état
de dépendance pour obtenir la main de Rachel, et,
nous dit le récit de la Genèse, ce temps lui parut
court, *parce qu'il l'aimait.* Pourtant, ainsi qu'il le
dit lui-même, deux chapitres plus loin, il a dû endurer des souffrances, supporter les chaleurs lourdes
d'un ciel brûlant et être transi de froid, durant les
nuits parfois glacées de ces pays d'Orient ; sans
doute, il a eu soif, il a senti la fatigue corporelle, il
aura eu des ennuis, pendant qu'il parcourait à cheval les déserts où les chameaux du Laban broutaient
les plantes salées... il souffrait, mais il aimait et tout
cela ne lui paraissait rien en comparaison de sa félicité future. Et nous nous plaignons, nous gémissons
et cependant nous possédons au fond de notre âme
Celui pour Lequel nous voulons vivre ! Je ne sais pas
pourquoi on médite si peu sur les scènes bibliques ;
il y a dans ces récits naïfs un charme exquis de simplicité, il s'en dégage comme un parfum de foi pri-
mitive. Que de grandes leçons à y puiser !

... Il y a un mois le P. de Régnon est venu me
surprendre à deux reprises et tu comprends facilement à quel point je me suis sentie portée à franchir
les difficultés du commencement. Il est toujours le
même et m'a bien amusée avec l'histoire de la lettre
du curé de Saint-Maurice (?) à son égard.

Ma petite amie chérie, j'ai un service à te demander et comme je te connais, je te le demande tout
simplement sans faire de façon ; je ne puis écrire
longuement, je remets les remerciements prolon-
gés à notre prochaine entrevue, qui peut-être ne
tardera pas, si vous allez au mariage de ton cousin.
Voici : je t'envoie un petit cahier avec prière de
bien vouloir m'y copier ce que je vais t'indiquer ;

prends, je t'en supplie, ta plus petite écriture, rapetisse-la encore et ne laisse aucune marge blanche. C'est affreux comme aspect et tu riras en toi-même en te souvenant de mes élégances passées, mais il s'agit d'être pratique et d'avoir le plus possible en un petit volume facile à mettre dans la poche. Quand je pense que l'année dernière j'avais acheté un gros livre de messe fort incommode et que je n'ouvrais même pas, parce que, quand mon groom me suivait, il fallait cela pour le bon air ! ! !

Voilà comment je dessine ma vie : ! ! ! ...!...!

Enfin, rends-moi le service de copier :

1° Les disciples d'Emmaüs. 2° La vocation des Mages. 3° Les pensées principales sur la confession, et la communion qui se trouvent dans *Ninive,* dans la retraite de Nantes, je crois, (celle dont l'un des chapitres a pour titre : Pierre, m'aimez-vous?) et dans la petite retraite de Loudun. Arrange-toi avec art, de manière à ce que tout ait place. Puis, s'il reste une page ou deux, tu serais gentille d'y ajouter celle des lettres de saint Jérôme où il indique la marche à suivre dans la lecture des Saintes Écritures; elle est adressée, ce me semble, soit à sainte Paule, soit à l'une de ses filles, et en tous les cas se trouve dans l'histoire de cette sainte par l'abbé Baunard. Merci de tout mon cœur, ma petite amie, sois persuadée que tu vas faire une œuvre de charité, puisque non seulement tu me feras du bien à moi, mais encore, à ceux à qui, si telle est la volonté de Notre-Seigneur, j'aurai peut-être par la suite l'occasion de dire un mot.

A M. E. CORRAGIONI D'ORELLI (1)

Paris, 20 septembre 1888.

... Courage et confiance ! Abandons-nous tout entier à la Providence, ne nous lassons pas de redire sans cesse : Seigneur, montrez-moi la voie, dans laquelle Vous voulez que je marche ; parlez-moi, je Vous écoute.

... Chacun de nous a sa route tracée par une main qui ne demande que notre bonheur ; si, parfois, nous sommes obligés de tâtonner dans les ténèbres momentanées, c'est qu'il faut bien aussi que nous y mettions du nôtre. Le mérite est à ce prix.

... Le détachement ne s'accomplit pas sans de cruels combats. Mais pourvu que nous ayons sur terre la paix, ce diamant de prix, et plus tard, dans la bienheureuse Éternité, le bonheur auquel nous avons renoncé volontairement, cela suffit.

A M. L'ABBÉ DE SAINT-MARTIAL

Paris, 1ᵉʳ novembre 1888.

Oui, cher frère, l'heure solennelle approche et sous peu j'aurai revêtu la livrée de Dieu. Continuez

(1) Mgr Emmanuel Corragioni d'Orelli, prélat de la maison de Sa Sainteté, aumônier de la Garde Suisse pontificale, cousin de Mme de Saint-Martial. — Alors secrétaire de légation ; prêtre depuis 1898.

plus que jamais à me recommander à Notre-Seigneur, afin que je devienne une vraie Fille de Charité ; pour cela il faut une transformation complète de l'intérieur, et la grâce de Dieu devra tout faire, puisque je n'ai rien, qu'un peu de bonne volonté. Ma mère ne se doute de rien, j'ai tenu à lui épargner les angoisses de l'incertitude sur mon placement. Je la recommande à vos prières, pauvre chère mère ; je sais qu'elle a besoin de me voir. Quelques bonnes causeries lui feront tant de bien au cœur et à l'âme. Je ne vois pas du tout comment cela pourrait s'arranger, et involontairement je songe au trappiste Ch... Mais je ne demande rien, je veux tâcher de ne rien désirer ; Notre-Seigneur saura bien mener tout pour le mieux, le seul point vraiment important n'est-il pas de faire Sa volonté ?

La Croix ici-bas !
La joie là-haut !
L'Amour partout !

(10 novembre 1888.)

***

A MADAME MARIE DE LA CROIX

Turin, hôpital Saint-Jean, 25 novembre 1888.

N'est-ce pas qu'un lien plus intime encore nous unit depuis que me voilà vraiment engagée dans la grande armée de la Croix (1)? Merci, sœur aimée, de toutes vos prières, elles m'ont aidée puissamment à traverser les obstacles que l'ennemi de nos âmes sait si habilement faire naître quand nous voulons nous consacrer entièrement à Notre-Seigneur.

Le sacrifice est un vieil ami pour vous, et vous savez si l'on souffre de renoncer à échanger ses impressions avec les êtres aimés auxquels il faut dire adieu pour le temps; pour moi, qui suis bien novice encore à cette école, je vous l'avoue, j'éprouve un grand déchirement de cœur à cette pensée... ce sera, avec l'autre, ineffaçable celui-là, ma plus chère offrande au Cœur du Maître qui veut que nous quittions tout pour Lui. Aussi j'espère en souffrir toujours, afin de continuer le sacrifice qui sans cela serait bien minime.

Le jour de ma prise d'habit, vous faisiez à mon intention l'exercice que vous aimez, chère Marie, et j'ai compté que c'était le portement de croix que vous offriez pour votre petite sœur à l'heure même où elle revêtait pour la première fois la chère cor-

----

(1) La prise d'habit eut lieu le 10 novembre 1888; et deux heures après « Sœur Blanche » partait à Turin, pour ce même hôpital Saint-Jean qui avait vu les prémices de sa vocation religieuse, un an auparavant!

nette! Vous avez raison, quand vous priez pour moi, de rendre surtout des actions de grâce; c'est une chose si merveilleuse que d'en être arrivée là après tant de phases de vie si éloignées! Que de sujets de méditation n'ai-je pas dans le déroulement de ma petite existence, que de sujets d'admirer et d'aimer la puissance, la miséricorde, la bonté d'un Dieu si parfait! Certes, c'est peu de donner tout à Celui qui a été si bon, car ce tout est si mesquin, si mal offert!

Vous qui avez le bonheur de pouvoir passer de longues heures devant le Saint-Sacrement, demandez-Lui, je vous en prie, de me donner l'énergie qui me manque, d'avoir pitié de ma faiblesse et de suppléer Lui-même à ce que je n'ai pas, en mettant la vraie générosité à la place de tant de défaillances. Il ne suffit pas de dire : « Mon Dieu, je vous aime et je vous remercie; » ce n'est rien cela; ce qu'il faut, et ce qui est l'essence même de notre belle vocation, c'est le renoncement constant, perpétuel, complet, à ce moi que l'on aime, en ne faisant aucune restriction. Ne pensez-vous pas que la seule vraie intimité avec Notre-Seigneur, c'est l'optation pleine et entière de Ses vues sur nous, au point de vue du travail que rien ne décourage, de la souffrance admise comme pain quotidien de la vie, sans regrets douloureux, sans gémissements oppressés, sans rêve humain de bonheur, ni de repos, jamais? Pour moi, c'est ainsi que je comprends la vie religieuse; hélas! je n'en suis qu'à la théorie, et la pratique seule a de la valeur. — Vous voulez savoir ce que je fais, chère sœur? Votre bonne lettre est pleine de questions auxquelles je ne puis répondre que sommairement. Ma correspondance forcément se réduira de plus en plus; une fois que je serai sérieusement en fonctions, je n'aurai plus jamais une minute à moi. Pour l'instant j'apprends, je regarde, j'écoute, j'observe, et surtout je cherche à me rendre maîtresse de la langue, point important, ne laissant pas d'avoir sa difficulté, puisqu'il y en a deux qu'il faut savoir à tout prix, l'italien et le piémontais.

... Je vous ai parlé de cette charmante supérieure, si large et grande dans ses idées, si généreuse et dévouée; pour moi, c'est le type de la Fille de la Charité, et si elle est aussi complète, c'est que son âme a connu la lutte et la souffrance; quand celles-là ont triomphé, on peut bien dire qu'elles seront dignes de la récompense réservée à l'élite des élus. Une armure qui n'est pas tachée du sang de la bataille n'est pas digne de la victoire. Sans doute, une nuance de tristesse atteint mon cœur, car enfin, j'eusse aimé à rester en France pour le commencement, ou au moins dans un milieu français, tandis que... Enfin, je dis à Notre-Seigneur : puisque Vous l'avez choisi ainsi, c'est le meilleur. D'ailleurs, j'y vois une de ces délicatesses dont Lui seul a le secret : d'abord je regarde comme une bénédiction toute spéciale de commencer ma vie religieuse sous les auspices de cette supérieure que j'aime et qui m'inspire une entière confiance; puis, je pense à ma mère, qui va venir dans quelques semaines. Ma cousine, dont je vous ai parlé, l'entourera de soins tendres et pansera les blessures de ce cœur saignant pendant les longues heures où elle ne pourra me voir. Priez bien pour elle !

Probablement, chère Marie, ne nous reverrons-nous que dans la céleste patrie... si vous y arrivez avant moi, vous m'aiderez, n'est-ce pas ?

En somme, je suis, dans le fond de mon âme, tranquille et paisible, malgré quelques courants de surface, et heureuse d'être enrôlée parmi les Filles de la Charité, parce que c'est là où je puis arriver à faire le sacrifice le plus complètement, et n'est-ce pas notre plus noble ambition ? Pourvu que je sache souffrir assez pour obtenir les grâces que je désire, et suffisamment pour arriver un jour à n'avoir qu'un seul regret : ne pas pouvoir en faire assez pour Notre-Seigneur. Peu importe le résultat ; ni la réussite, ni les sentiments de consolation ne signifient rien. Dieu ne nous demande que quelques efforts et Il est si bon qu'Il compte tous les soupirs d'une âme de bonne volonté.

———

Noël 1888.

Que n'ai-je pu vous écrire un mot d'affectueux souvenir qui vous serait arrivé pour votre sortie de retraite ! Notre temps appartient aux autres, nous sommes sans cesse livrées à l'imprévu ; d'autant que voilà ma crainte et mon espérance accomplies plus tôt que je ne le croyais. Depuis quatre jours j'ai un office définitif et il faut me mettre sérieusement à comprendre mille détails compliqués. Le premier mois sera difficile matériellement et moralement, puis avec la grâce de Dieu, je pense me trouver fort bien. J'ai une salle de chirurgie d'hommes, ce qui me convient parfaitement. Priez pour que Notre-Seigneur me donne aussi la dose de forces physiques qu'exige une pareille charge, et que j'ap-

prenne vite à être maîtresse des langues nécessaires ;
il faut tant de délicatesse de nos jours pour faire
accepter un mot du bon Dieu par ces pauvres gens,
que je n'ose guère me risquer. A peine ai-je le temps
de prier, et, aux heures destinées à cela, la lassitude
est si grande qu'il me faut lutter sans cesse contre
la nature. Enfin, Notre-Seigneur voit tout, n'est-ce
pas, et Il sait bien que ce n'est pas pour mon agrément que je mène cette vie-là. Travail et sacrifice
constants, c'est notre lot en ce monde ! Le repos et
et la jouissance seront pour plus tard. Jusqu'à minuit nous avons passé notre temps à préparer des
jouets pour les enfants, puis la messe et un peu de
sommeil avant de recommencer le service des malades. Ci-joint une petite image en souvenir du
grand jour. Merci de vos prières pour ma chère
mère. Dans un mois elle sera ici, quel bonheur de la
voir passer quelques semaines dans ce milieu ! Dites
à Notre-Seigneur tout ce que je n'ai pas le temps et
la force de Lui dire, unissons nos pensées et nos
prières et malgré la distance, malgré le silence,
· comptez sur mon affectueuse tendresse.

----

7 février 1889.

... Ne pensez-vous pas que la Providence a des
provisions gigantesques de souffrances à distribuer ;
tant d'âmes demandent à doubler leur part dans
l'espoir de diminuer la part des êtres chéris, et pourtant... comme il y en a pour chacun ! D'ailleurs,
quand l'appel de Dieu est véritable, une âme est

évidemment disposée à tout faire, ce qui peut être demandé dans telle ou telle vocation. Il est certain que si l'on veut, je suppose, absolument soigner des malades avec la certitude de ne faire que cette œuvre-là, on ferait bien d'entrer aux sœurs du Bon-Secours; si au contraire, on désire se vouer à l'enseignement, on entrera à Notre-Dame de Sion, etc. Quand après avoir mûrement réfléchi, étudié, prié, cherché, consulté celui qui a mission et grâce pour nous guider, on se décide pour une voie, ayant reconnu avec loyauté que là se trouve pour nous la volonté du Maître de nos vies, j'avoue que je ne comprends pas, mais pas du tout, qu'on ait même l'idée de dicter des conditions; cela me paraît absolument incompatible! Maintenant, il est certain, que les supérieures tiennent compte des aptitudes de chacune, aussi bien dans l'intérêt des œuvres, que dans celui de l'âme qui doit se donner le plus entièrement possible. D'ailleurs de deux choses l'une : ou bien l'on entre en religion avec la certitude que les supérieures sont les intermédiaires de la volonté divine, alors comment faire des conditions?... ou bien, l'on ne croit pas à cette délégation, alors c'est qu'on ne comprend rien à la vie religieuse, et dans ce cas évidemment on n'est pas appelée. Cela me paraît clair comme bonjour, et mon esprit raisonneur ne sort pas de cette logique. Il existe, il est vrai, des vocations que je nommerais volontiers « de raccroc », mais, comme j'ai ma petite idée particulière là-dessus, j'aime mieux n'en pas parler.

Merci du fond de mon âme pour vos bonnes prières et surtout de ces quinze samedis, que je n'ai, pour ma part, pu faire qu'une fois. Je m'y joins de cœur et de pensée... mais le moyen de m'unir à

vous davantage?... D'abord le samedi n'est pas jour
de communion pour nous; ensuite où prendrais-je le
temps de dire le rosaire, alors que j'ai parfois de la
peine à terminer le chapelet?... C'est une souffrance
à certaines heures de ne pouvoir se recueillir au pied
du Saint-Sacrement pour causer avec Notre-Seigneur comme on le désire... mais non, il faut s'occuper de détails matériels au milieu du mouvement
d'hôpital. Qu'importe, c'est toujours pour Lui et le
plus consolant, c'est que dans les méditations, c'est
nous qui recevons, tandis que nous *donnons* dans les
fatigues et les besognes peu élevées qui constituent
le soin physique des malades.

19 avril 1889.

Enfin, ma chère sœur, j'arrive à vous donner
signe de vie, et, à la sortie de votre longue retraite du
carême, un mot de moi viendra s'unir à l'Alléluia de
votre âme. Il sera court, car l'activité de notre travail prend tous mes instants, et précisément, ces
jours-ci, j'aurais voulu pouvoir passer des moments
moins courts auprès du Tabernacle. Notre-Seigneur
m'envoie un mouvement de malades qui réclame
tous mes soins. Je ne m'en plains pas, du reste, ma
vie ne m'appartient plus, elle est à Lui et le Divin
Maître en dispose comme il Lui plaît; *fiat voluntas
tua!* c'est le mieux; d'ailleurs pour certaines natures,
avoir trop d'occupations, c'est en avoir juste assez.
Ne vous inquiétez pas de ma santé qui est très raisonnable; un petit malaise de temps à autre, est-ce

trop pour avoir reçu tant de grâces? Au reste, il n'y
a rien de sérieux. J'ai eu le bonheur de voir ma mère
pendant près de trois semaines, mon père moins
longtemps, il est vrai, mais à deux reprises, et le
voilà reparti dans les meilleures dispositions, le
cœur dégagé des préjugés et des anxiétés de la première entrevue, mais brisé de l'obligation de comprendre que la séparation est définitive. Ma mère,
qui est à Cannes, va revenir pour une semaine, son
séjour lui a fait du bien au moral et au physique;
ah! quelle âme généreuse et dévouée.

... La prière, sous quelque forme que ce soit, est le
meilleur et peut-être le seul moyen; il n'y a pas
d'exemple qu'une grâce de ce genre ait jamais été
refusée, puisque la volonté de Dieu, le plus cher désir de son Cœur, est que nous soyons tous sauvés.
N'enjambons pas la Providence, selon l'expression
de saint Vincent; peu importe comment nos parents
aillent à Dieu, pourvu qu'ils y aillent, et cela il ne
faut pas en douter. Continuez, chère Marie, à prier,
vous qui avez le bonheur de passer de longues
heures avec Notre-Seigneur dans le silence et le
recueillement, vos prières ne sauraient être vaines.

———

26 mai 1889.

Comme vous avez été bonne de m'écrire ces affectueuses pages pour le crucifiant anniversaire du 13!
Paul aussi a tenu à me donner un témoignage de
sa tendresse fraternelle et je ne saurais vraiment
trouver de formule pour exprimer ma reconnais-

sance à l'une et à l'autre. Voici l'Ascension qui approche, ce jour à la veille duquel tout mon bonheur terrestre s'est écroulé ! Mon cœur est brisé, il est vrai, et parfois la tristesse l'accable au point de l'écraser presque ; cependant au milieu même de la souffrance, il sent le besoin de crier : Merci, à Celui qui a tant fait. Encore un peu de temps et la joie des récompenses sans fin remplacera quelques années de tribulations. Priez, chère Marie, priez, vous qui goûtez le charme des longues heures de solitude et de silence au pied du Tabernacle, pour que la grâce de Notre-Seigneur me soutienne, qu'Il me donne l'énergie et la persévérance, afin que je ne sois pas trop indigne de la noble vocation qu'Il m'a Lui-même destinée.

A SON PÈRE

Turin, 10 août 1889.

Cette journée, mon chère père, ne se passera pas sans que ma pensée soit tout particulièrement occupée de vous et du cher anniversaire qu'aucune séparation et aucune distance ne sauraient faire oublier jamais. J'aurais voulu qu'un mot de moi vînt vous dire aujourd'hui même les plus tendres souhaits de mon cœur, et ce mot, je comptais l'écrire sur un pic quelconque ; de là, sans doute, mon œil eût pu découvrir le charmant coin de verdure qui contient ceux que j'aime le mieux au monde... Le regard du cœur toutefois n'a pas besoin de séjour de montagne ; partout il sait franchir les chaînes de glaciers, et, par delà les cimes neigeuses et les sombres forêts de sapins, plonger tout droit dans les milieux aimés.

Où sont-elles, les bonnes réunions d'autrefois, où aucun de nous ne manquait à l'appel?... Mais je ne veux pas que ma plume vienne vous apporter un écho de tristesse. Réjouissons-nous, au contraire; chaque année qui passe, n'est-elle pas un pas de plus vers l'Éternité radieuse des joies sans fin qu'un Dieu d'amour nous tient en réserve? — « Réjouissez-vous dans le Seigneur », c'est le mot de saint Paul, le mot des âmes vaillantes, où tout ce que le monde y met de triste et d'amer tombe au fond et où tout ce que Jésus-Christ y met de joyeux monte à la surface.

A MADAME MARIE DE LA CROIX

Turin, 12 août 1889.

Vous êtes bien toujours, ma chère Marie, la sœur fidèle et tendre dont le cœur n'oublie aucune de ces dates, autrefois joyeuses, et qui maintenant retentissent si douloureusement... Ah! chers échos d'un passé aimé, vous êtes la source intarissable de regrets profonds et aussi d'une reconnaissance extrême envers Celui qui m'a comblée de Ses grâces! Oui je n'ai rien oublié, mon passé m'appartient tout entier; joies et peines, souvenirs doux des heures de bonheur, angoissés d'une douleur déchirante, tout est gravé d'un trait ineffaçable au fond de moi-même. En me penchant sur mon âme, j'entends des voix ravissantes dont l'accent ému raconte les souvenirs

du passé, en prophétisant les radieuses espérances
de l'avenir. Cher Albert aimé ! demain quatre ans et
trois mois que nous sommes séparés ; à certains
jours, cela me paraît mille siècles... allons, courage,
mon cœur, encore un peu de temps et viendra l'heure
des éternelles récompenses. Pour l'instant il s'agit
de souffrir sans écrasement, de travailler sans gémir, de chercher à mettre en pratique la parole de
l'Évangile : Réjouissez-vous dans le Seigneur...
Réjouissez-vous ! La foi seule peut nous donner la
force de vivre et d'espérer en Celui qui nous
éprouve. Marchons donc avec courage dans les sentiers tracés, sûrs que l'heure de la consolation viendra, et que les joies du revoir auront le caractère de
durée qui manque toujours ici-bas !

Vous me demandez comment se passe mon temps ?
mais, chère sœur, je vous ai décrit déjà mon office ;
tous les jours sont semblables, c'est une roue qui
tourne. Pour chercher à vous satisfaire, je vais vous
raconter une journée normale. Il y a à compter avec
l'imprévu qui se manifeste toujours par un surcroît
de travail, par conséquent de fatigue. Dans une salle
comme la mienne on apporte des malades à toute
heure, et souvent il faut sacrifier le repas, ou la
récréation, ou l'oraison, même la sainte messe, car
saint Vincent nous fait une obligation de tout
remettre pour soigner un pauvre. Sitôt qu'un lit est
vide, il est plein et, quand cela se trouve un samedi
ou un dimanche soir, j'ai généralement l'agrément
d'y trouver le lendemain quelque chenapan avec
des coups de couteau. Ne vous effrayez pas, ma
clientèle n'est pas élégante, ni toujours honnête ;
elle se compose d'ouvriers, maçons surtout, car
dans ce métier les chutes sont nombreuses, pay-

sans, gamins, qui se cassent des membres en jouant, et puis vauriens de tous genres, souvent aussi des essais de suicide. Jusqu'ici aucun n'a refusé les sacrements, bien qu'il y ait eu quelquefois résistance au commencement. Notre-Seigneur est bon. Il m'a accordé de grandes grâces pour mes malades, j'ai tous les dimanches et jeudis quelques communions; ils meurent réconciliés, ils souffrent avec patience, ils partent contents et quelques-uns montrent une reconnaissance touchante. D'autres, il est vrai, font contrepoids, et on a de nombreux mécomptes à enregistrer. Mais n'est-ce pas mieux qu'il en soit ainsi? autrement ce serait trop doux...

A MADEMOISELLE DE MARCÉ

Fribourg, 23 août 1889.

... Sais-tu, chère amie, que si notre vocation est bien belle, elle nous expose tout de même d'une dure façon? Toujours au milieu du mouvement, voyant, entendant tout, et les blâmes et les insinuations; et encore et toujours la pauvre nature se reprend de ce dont elle veut cependant se déprendre. C'est une lutte constante; vivre en apparence comme des personnes séculières, pratiquer les nuances les plus délicates de la vie religieuse, édifier les autres sans les effrayer, se faire au genre actuel afin d'être acceptées, réaliser mon idéal du type moderne, être pour soi austère et mortifiée, ce n'est pas une sinécure et je découvre tous les jours que sœur Blanche est très loin de ressembler à cet idéal. Bah! après tout, je fais ce que je peux, Notre-Seigneur arrangera le reste; ne m'a-t-Il pas jusqu'ici comblée de grâces?

... Je lève constamment les yeux sur la ravissante vue qui s'étend là devant nous. Le joli pays que la Suisse, comme Notre-Seigneur est bon! Moi, qui n'ai rien fait encore pour Lui, et continuellement Il me comble. Si tu vois le P. de Régnon, dis-lui toute ma tendre affection, n'est-ce pas? et aussi que je conserve comme un trésor les trois lettres qu'il m'a écrites de Tuffé en mai 1888; chaque mot en est gravé dans mon cœur...

Ce matin, sœur Germaine et moi sommes allées faire la communion chez les Capucines, car, comme nous ne nous levons qu'entre six et sept heures, il faut que nous cherchions notre messe ailleurs. Quand dans nos promenades, nous rencontrons un cloître, ce qui est fréquent à Fribourg, vite nous allons méditer dans ces murs silencieux où tout porte au recueillement. Une Capucine nous disait un jour : « Ces pauvres sœurs de Charité! elles viennent pleurer dans nos chapelles et demander en grâce un peu de recueillement! » Il est certain que le calme et la solitude du cloître aident à prier, tandis que nous, dans nos sanctuaires, nous sommes à la merci du premier pauvre qui nous appelle. Pourtant ce spectable est bien émouvant, toutes ces cornettes semées au milieu des boiteux, des manchots, des estropiés..., allons, en avant; le principal n'est-il pas d'être là où Dieu nous veut?

Turin, 12 novembre 1889.

... Comment soutiendrais-je les autres, quand je n'ai pas le courage de combattre ma propre tristesse... mon cœur est blessé mortellement, tout passe au travers de l'immense trou qui va s'agrandissant toujours. Oui, les souvenirs sont une douce chose, mais la séparation n'en est que plus cruelle! J'essaie, sans y réussir parfois, de faire de mon regret un sacrifice toujours sanglant, sans cesse renouvelé, distrait seulement par les sacrifices de détail dont notre vie se compose, et leur nombre est comme celui des étoiles! Pourtant ne va pas me plaindre, j'ai la paix et la certitude de suivre, quoique souvent de loin comme saint Pierre, la voie douloureuse qui m'a été destinée par le Maître de nos âmes. Je me sens *dans le vrai* et cela suffit; si je ne connais ni les consolations de l'âme, ni les satisfactions de l'esprit, le cœur, lui, est content puisqu'il *se sent* souffrir. Si le pays dans lequel je suis m'est antipathique au suprême degré, qu'est-ce à dire? Après le brisement qui a fait de ma vie un deuil qui ne finira pas, peut-il y avoir pour moi une contrée désirée, préférée? Turin ou Bagdad, Europe, Extrême-Orient ou Brésil, n'est-ce pas tout la même chose? Peu importe et le pays et l'entourage, les occupations, pourvu que ma vie soit un sacrifice et une immolation! La croix, qui protège les restes mortels de celui que je pleurerai toujours me couvre partout de son ombre...

J'ai fait dernièrement ma retraite annuelle dans notre maison centrale de Turin, et c'est avec bonheur

que j'ai échappé pour quelques jours à cette existence matérielle et toute extérieure; après des semaines de travaux fatiguants, mon ancien rêve de
la Trappe ou du Carmel revient hanter mon cerveau. A Saint-Sauveur, je l'ai réalisé un peu, en ce
que je passais le plus de temps possible dans une
délicieuse chapelle, sombre, grave, froide comme
une tombe, qui est à notre disposition, bien qu'elle
serve très peu à cause de l'humidité qui couvre le
pavé séculaire et les vieux murs d'une couche de
mousse verte. La maison est un ancien couvent de
Trappistes, donné à la communauté par Charles-
Albert et qu'on a modernisé par de belles construc-
tions. Mais ce que j'en aime le mieux, c'est cette
petite église où j'ai fait tant de chemins de croix,
solitaire et charmée; un froid glacial vous tombe sur
les épaules, mais le silence et le recueillement dis-
posent mieux l'âme à l'oraison devant ce Tabernacle, perdu dans l'ombre, où l'œil ne perçoit que la
lumière des deux lampes montant la garde. Les
supérieures, tant celles de notre hôpital que les
supérieures majeures, à Paris comme à Turin, sont
d'une bonté charmante pour moi et me témoignent
une confiance très affectueuse; j'en ai eu encore le
témoignage récent au passage de notre Mère générale. Souris un peu, car il n'y a pas à dire, on me
soigne comme un sujet d'espérance! une future
colonne de la compagnie! Et voilà que je bavarde
de moi au lieu de remplir le but que je me proposais,
qui était, ma chère Louise, de te dire combien je te
comprends et que jamais ton souvenir n'est absent
de mes prières; celles-ci n'ont aucune valeur, il est
vrai, mais un désir sincère, confié par un cœur qui
veut souffrir comme Notre-Seigneur le lui demande,

ne saurait rester indifférent au Cœur de Celui qui se penche sur nous bien bas pour écouter nos moindres aspirations.

... Souffrons avec résignation, avec ce courage qui fait les saints... les petits coups d'épingles usent plus souvent qu'un bon gros coup de poignard... eh bien! si c'est par là que Dieu veut nous mener pour arriver à l'Éternité des joies, laissons-nous cribler comme une pelote... et quand il ne restera plus un seul petit coin d'étoffe, alors ce sera l'heure d'aller là-haut entendre la sentence bénie...

J'ai lu, il y a quelques mois un ouvrage fort intéressant et bien écrit : *Le sacrifice dans le dogme catholique et la vie chrétienne,* par l'abbé Buathiez; il y a des pages superbes et vous auriez certainement plaisir à le lire, d'autant que vous pouvez goûter les œuvres bien écrites, tandis que je suis obligée de me borner à les parcourir d'un rapide coup d'œil, sans cesse dérangée, ne pouvant m'installer à rien. Connais-tu un volume paru cet été, *le Duc et la Duchesse de Ventadour,* par X***? La préface de l'abbé Lagrange est un morceau de maître, mais le fond du livre repose sur une donnée que je n'aime pas trop, quoique dans le fait je l'admire, du moins dans des cas très exceptionnels : un mari et une femme s'aimant tendrement et immolant cet amour à un autre plus sublime. Comment se fait-il que le nom seul du Carmel monte les imaginations au point de briser des liens sacrés? Lis cette ouvrage, si tu en as l'occasion, j'espère que ta tête est assez solide pour que je ne reçoive pas à la suite la nouvelle que tu t'es claquemurée. La sœur de Charité française, voilà le type de la religieuse moderne; c'est ce qu'il faut à notre siècle incrédule et sceptique.

Oh oui! sous le rapport du sacrifice et de la souffrance, notre vocation ne le cède en rien aux autres; en apparence on nous prône dans les romans, le soldat et le pauvre nous laissent passer dans les rues sans nous insulter, nous avons l'air de passer comme des anges consolateurs sur la terre, nous sommes répandues dans le monde entier et la foule ne se doute pas de ce que l'humble habit de la fille de Saint-Vincent couvre parfois d'héroïques efforts et de sacrifices sanglants!

... Jusqu'à six heures du matin, nous sommes au recueillement et à la prière, puis je vais ouvrir les fenêtres de notre dortoir; je vois de moqueurs petits nuages à peine rosés dans un ciel qui se teinte légèrement; ils me narguent, les coquins, et ont l'air de me dire : « Ah! vous allez rester enfermée entre ces vieux murs tout imprégnés des misères physiques et morales qu'ils abritent depuis cinq siècles, et nous, nous dansons autour d'un soleil radieux; grand bien vous fasse! » Oui, grand bien me fasse, à mon âme et à la *sienne;* nous verrons un jour qui a raison de vous, légers flocons railleurs ou de moi, pauvre fille de la Charité, m'usant pour servir les privilégiés du Maître!

A MADAME MARIE DE LA CROIX

Turin, 22 décembre 1889.

La Grâce de Notre-Seigneur soit avec nous pour jamais.

Vous avez raison, mes lettres deviennent de plus

en plus rares; la seule correspondance suivie est avec
ma mère et encore, là aussi, suis-je forcée de donner
bien des coups de patte à la régularité. Notre existence ne nous appartient pas; toute notre journée
est au prochain; elle se passe à courir, trotter, plier
des tabliers, des blouses, préparer des bandes, etc.,
et souvent il n'y a pas une minute pour consoler un
malade! C'est pire que des portefaix et matériel à
vous étouffer; enfin, Notre-Seigneur voit l'impossibilité où nous sommes de faire autrement. Il connaît les exigences de science moderne, la tyrannie
des administrations... Il voit que nous usons nos
forces et nos santés, en n'ayant ni consolations sensibles, ni satisfactions d'aucun genre! *Fiat!* pourvu
que notre vie soit une immolation et un sacrifice,
peu importe de quelle façon et en quel lieu! N'allez
pas croire que je me plains, ma chère sœur; oh
non, c'est loin de ma pensée; je suis très contente
au contraire, la certitude de faire mon purgatoire à
présent, et celui des autres, je l'espère, est plein de
consolations infinies. Il est vrai, je souffre toujours,
et moralement, et physiquement... mais n'est-ce pas
être plus près du Cœur de Jésus?... Peu importe!
c'est mon mot d'ordre, et en avant jusqu'à la fin!...

Tout est permis par Dieu, c'est donc de Sa main
qu'il faut recevoir les croix et les fardeaux. *Fiat* encore et toujours! N'est-ce pas, ma petite Marie, que
nous ne sommes pas à plaindre, au contraire?... J'ai
compté, voilà la douzième fois qu'on m'a appelée...

Merci des petites feuilles du *Rosaire* qui me sont
parvenues régulièrement. Merci toujours pour le
passé! Paul m'a écrit une bonne lettre dernièrement, je cherche en vain un loisir pour répondre
à ce cher frère; je n'écris plus jamais à mes pro-

pres frères, et pourtant il y en a un qui en aurait besoin. Que la volonté de Dieu soit faite, et, puisque je dois être privée de tout, que le sacrifice retombe en bénédictions sur ceux que j'aime! Priez pour eux, et aussi pour moi qui en ai tant besoin.

A présent, chère Marie, je ne vous ai pas dit grand'chose, ma plume a bondi au galop sans trop savoir ce qu'elle traçait, et pourtant il faut que je termine. Vous, vous êtes encore plongée dans le silence recueilli de votre retraite; à la messe de minuit, le jour de Noël, nos pensées se rencontreront, n'est-ce pas? Votre soirée se passera sans doute à prier, prosternée devant le Tabernacle; pour moi, je préparerai de petites étrennes pour les gamins et jeunes gens que j'ai parmi mes chers malades. Chacune, selon le mode auquel nous a appelées Notre-Seigneur, nous Le servirons, Lui, jusqu'au jour béni où enfin cessera la lutte. Bonne et sainte année, petite sœur, n'oubliez jamais de prier pour mon cher Albert bien-aimé; moi je ne puis que travailler et trimer.

Que Notre-Seigneur vous bénisse et vous épargne! Avez-vous lu les prophéties dont on parle tant? Pour moi je continue à être la plus sceptique des sœurs, et, quand j'aurai vu de mes yeux une apparition, j'y croirai... peut-être.

A MADEMOISELLE DE MARCÉ

Turin, 22 mars 1890.

Je pense souvent, ma chère petite Louise, avec une grande douceur aux confidences intimes que nous avons échangées et aux bonnes causeries d'un temps qui me reste cher. Le présent n'efface pas le passé, il faudrait avoir un cœur bien étroit pour parquer ses sentiments dans de si petites limites. *No heart!* oh non, Dieu nous préserve d'un pareil malheur; si le cœur souffre de ne plus posséder les trésors qui ont fait sa joie et son bonheur, cette souffrance même devient d'un prix infini et on l'aime malgré tout.

Ma chère amie, comme je te suis reconnaissante pour tant de peine prise au sujet de ma lettre au P. de Régnon, quel mal je t'ai donné! Mais aussi quel succès éclatant est venu couronner tes efforts! tu seras émerveillée toi-même en apprenant que le courrier de lundi m'a apporté... devine!... dix-sept pages et demie de cette écriture fine et compacte que tu connais! C'est tout un traité de doctrine spirituelle, pleine de délicatesse et de charme, de clarté et d'élévation, et quel langage charmant, quels termes choisis! Et tout y est personnel, adapté à moi, ce qui rend ces pages un trésor inestimable; il y a dans cette lettre une nuance ravissante, un je ne sais quoi qui marque la différence avec autrefois, car maintenant nos vies sont plus rapprochées, elles sont soumises aux mêmes lois, bien que la forme en soit variée. Enfin, je ne puis te dire quel bien m'a fait cette réponse si complète, si délicate, si juste, si bien lui. Le bon Père a une originalité à lui qu'il a su conserver malgré le moulage forcé où l'on vous fait passer, et c'est la meilleure preuve d'une grande valeur personnelle, car il faut une âme fortement trempée pour planer toujours au-dessus de la banalité, en s'établissant dans le vrai. Je ne sais pourquoi, mais ceux qui sont chargés de

vous former à la vie religieuse, regardent comme
une réussite d'arriver à nous éteindre; entre nous,
c'est drôlement compris. C'est désespérant, je n'arrive pas à prendre ce type... et d'ailleurs je n'ai
qu'un désir, c'est de ne jamais l'avoir! Aussi cela
me permet de te répéter franchement que je t'aime
de tout mon cœur et que ce me serait une grande
joie de te revoir, heureusement que ce mot rime
avec espoir!

Que t'ai-je donc dit, ma chère Louise, qui m'ait
valu cette remontrance à propos de ce que tu
nommes mon intolérance d'idées? Tu te méprends,
j'admire beaucoup les ordres religieux en général,
et n'ai nullement la pensée que les Filles de la Charité valent mieux. Seulement, de tous, c'est celui
que je préfère, c'est d'ailleurs à cette communauté
que je me suis donnée et son esprit est admirable;
Tous les ordres, d'ailleurs, contribuent ou plutôt forment dans l'Église un tout superbe, tous ont pour
but l'imitation de la vie de Notre-Seigneur, chacun
ayant fait choix d'un trait spécial de cette vie pour
en faire son but, car aucun ne peut avoir la prétention de réaliser l'harmonie parfaite et la sublimité
d'un Dieu! Ainsi, chacun selon sa spécialité con-
tribue à reproduire cet ensemble; il me semble que
cela est admirable, ne trouves-tu pas? Mais cherche
où tu voudras une vie plus mortifiée, une « règle »
plus simple, plus sage et plus sévère, une mission
plus sublime, exigeant un renoncement plus absolu,
un sacrifice plus constant, une immolation plus complète... tu n'en trouveras pas, car il n'y en a pas.

Que dit-on de la situation politique en France?
J'entends vaguement quelques paroles confuses qui
concluraient à une crainte sérieuse de guerre, suite

de la démission de Bismarck et des mauvaises élections en Allemagne. La croix des ambulances produit un effet *décoratif* sur notre habit, et, le cas échéant, je suis décidée à courir la première me faire inscrire sur la liste qu'on dresse à cet effet. Sans doute, ce sera inutile, on ne voudra pas de ma patraquerie. Qui sait l'avenir et les bouleversements qu'il peut apporter? rencontrerai-je un jour ta mère dans les ambulances qu'elle sera appelée à diriger?... Je lui promets une extrême docilité pour tout ce qu'elle voudra me faire faire, pourvu qu'elle me permette de l'embrasser au vol! N'est-ce pas que ce serait gentil et tout à fait pittoresque, ce revoir?

Merci du « grain de folie » dont tu me gratifies; je crois qu'il y a du vrai et même... il existe toujours! Après tout, ce n'est que demi-mal de n'être pas coulée dans le moule de tout le monde, bien que, dans mon existence, cela ne laisse pas que d'être gênant.

... Nous sommes sans cesse en mouvement; il faut me résigner à écrire par fragments, interrompue souvent au milieu d'un mot pour voler auprès d'un malade ou satisfaire les caprices d'un médecin. Et là-dessus je suis obligée de terminer pour servir le dîner à mon monde; je te suis bien unie de cœur et de prières, je demande constamment à Notre-Seigneur de te donner cette paix de l'âme et du cœur qui nous fait traverser toutes les épreuves, et je ne doute pas qu'Il ne te ménage l'entretien que tu désires avec ton Père spirituel, qui dans le fait restera le mien toute ma vie, car je tâcherai de suivre toujours sa direction pour les grandes lignes. Dis-lui de vive voix, si les soins minutieux de ton âme te laissent ce loisir, quelle joie il m'a causée, joie qui est au-dessus d'une simple satisfaction de cœur.

Profite de lui tant que tu peux, et fais-moi part de ton contentement; je ne te dis pas adieu, mais au revoir. Tant que je ne pars pas pour la Chine, ou toi pour Tahiti! nous pouvons espérer nous retrouver en ce monde.

A MADAME MARIE DE LA CROIX

Turin, Pâques 1890.

Je ne puis mieux chanter l'Alléluia de ce grand jour qu'en venant causer un peu avec vous, après ces longues semaines qui vous séparent des bruits extérieurs. Je ne regrette qu'une chose, c'est que ma lettre n'ait pu vous parvenir à votre sortie de retraite, mais il m'a été impossible de trouver le loisir d'écrire ces jours-ci. Les grandes fêtes amènent toujours pour nous un surcroît d'occupations; ne faut-il pas diriger les nettoyages et mettre la main à l'œuvre pour donner à nos salles un air de fête? Aussi notre recueillement consiste-t-il en un redoublement de travail, de mouvement et de fatigue. Mais peu importe, travail de portefaix ou heures silencieuses passées au pied du Tabernacle, n'est-ce pas le même esprit qui nous guide, le même amour pour Notre-Seigneur qui préside à nos actions? Et tenez, je vais presque vous rendre jalouse, j'ai un grand avantage sur vous, chère Marie, c'est que je suis très sûre de ne trouver là aucune satisfaction sensible, aucune consolation!

Le Jeudi Saint, nos salles de chirurgie ont fait leurs Pâques; si vous eussiez vu quel air recueilli!

Tous nos malades silencieux, les lits blancs et frais, huit sœurs accompagnant le Saint Sacrement avec des torches, et cela bien avant cinq heures du matin. J'ai maintenant deux petits garçons que j'essaie de préparer à leur première communion, mais je suis un peu gênée à cause de la langue; priez, demandez à Notre-Seigneur une bénédiction toute spéciale. Le temps est court, il faut que ces pauvres petits apprennent leur catéchisme au galop, car une fois sortis de l'hôpital, personne ne pensera plus à leurs âmes! Si vous saviez combien sont nombreux ces malheureux ignorants qui ne pensent au bon Dieu qu'à l'hôpital! Et comme il faut user de prudence en ce temps de persécution contre nous autres! Puis, les exigences des médecins croissent de jour en jour; à Saint-Jean le travail est pesant, par conséquent, suivi d'une grande fatigue physique, et quand après une longue journée sur pied toujours, à trotter de-ci de-là, à ranger, plier, etc., il reste un quart d'heure de loisir, ce n'est qu'au prix d'un effort héroïque qu'on se maintient debout auprès d'un lit pour instruire un enfant, encourager un malheureux ou lui montrer comment il faut mourir!

Être austère pour soi, doux pour les autres, instruire en s'effaçant, puis quand paraît la lumière, disparaître, pour la laisser resplendir, n'est-ce pas tout le secret des enseignements de saint Jean-Baptiste? Je médite souvent la vie du Précurseur, et notre hôpital, placé sous son patronage, m'en fournit tout naturellement l'occasion. Ce n'est pas notre œuvre que nous faisons, c'est celle de Dieu, nous devrions y penser plus souvent.

N'allez pas me croire, chère sœur, un ange consolateur; non, ce sont là des appréciations de romans, des idées qu'il faut laisser aux mondains. Je fais bien mal mon devoir, tant par paresse que par incapacité et aussi par fréquentes défaillances des forces physiques, qui, à cette vie, s'usent tout doucement. Priez bien pour votre pauvre petite sœur afin que les épreuves ne diminuent pas son âme au lieu de l'élever.

Mais le brisement du cœur, ce regret constant qui tout à la fois le ravit et le déchire, qui pourrait y remédier?... Personne au monde, pas même Dieu, et, en cela comme en toutes choses, qu'Il soit éternellement loué et béni; non rien, ne peut effacer la puissance du souvenir!

A MADEMOISELLE DE MARCÉ

Turin, 24 juin 1890.

Ma chère Louise, à tout hasard, je commence, quand finirais-je? sera-ce une lettre ou un tout petit mot? te parviendra-t-il ce mois-ci ou l'autre?... Autant de questions impossibles à résoudre; imprévu, dérangement perpétuel, mouvement incessant, ne voilà-t-il pas des conditions détestables pour causer avec une amie? Peu importe, je t'aime tendrement, je pense souvent à toi, je suis profondément touchée de tes longs courriers, et je viens te dire tout cela en courant. Quelle délicieuse causerie j'ai eu le bonheur de recevoir hier! comme tu es heureuse, ma petite chérie, de posséder le don si rare de bien écrire! tu me procures là une douce jouissance et il demeure bien entendu que toujours tes lettres me sont précieuses.

16

Ce que tu me dis de votre visite au Mans ne m'étonne nullement ; rien de plus vrai, hélas ! que ce mélange de douceur et de mélancolie. Pendant qu'on se voit et qu'on se parle, on a un si poignant émoi de la séparation qui va suivre, on sent si bien l'impuissance de rendre par des paroles les sentiments de l'âme, on voudrait retenir les minutes qui fuient, enfin on ne peut formuler ce qu'on agonise de ne pouvoir dire... et l'heure du départ sonne en retentissant comme un glas funèbre au plus profond du cœur.

Tu veux, ma petite amie, que je te fasse part de mes visions à l'égard de ton avenir ? Tu oublies que je ne suis pas entrée dans un ordre à extases ; j'appartiens à une communauté où l'on travaille dur, sans relâche, où l'on est obligé de renoncer aux jeûnes et aux macérations, afin de conserver sa santé pour le service des pauvres, où l'on n'a pas le loisir de lire de gros ouvrages disséquant subtilement la moindre pensée, où l'on ne se perd pas à gravir les fameux « degrés » d'oraison, où enfin l'on s'use tout doucement, à l'ombre, sans bruit, au milieu de ce qu'il y a au monde de plus rebutant, à l'esprit et à la nature... conditions impossibles pour les révélations. Si tu voyais comme je suis devenue vulgaire, grossière... et pourtant... j'ai la tête pleine de colibris... Oui, de mignons colibris aux plus vives couleurs s'entrecroisent dans mon imagination avec une multitude de perroquets, de singes, au milieu d'immenses forêts vierges couvertes de lianes... il me semble voguer sur le majestueux fleuve de l'Amazone, aux rives peuplées de rhinocéros, d'éléphants, de crocodiles peut-être... on n'entend que la pirogue glissant sur l'eau... Tout cela est dû à la visite d'un évêque de je ne sais quelle diocèse perdu dans l'intérieur du Brésil, il veut installer de nos sœurs chez lui, car il admire nos établissements de Rio et de Bahia; la maison est prête, la supérieure générale a presque consenti, et aujourd'hui ils conversent ensemble à Paris. Je lui ai dit en riant que j'étais prête à partir, et que j'emploierais avec bonheur les quarante jours de navigation à bûcher le portugais qui est la langue du pays. Tu comprends ce pauvre Monseigneur, s'il avait sœur Blanche pour commencer nos œuvres dans un diocèse grand comme la France, où il n'y a que dix-neuf prêtres, dont un indigène, ordonné par lui et qu'il promène à sa suite à titre d'échantillon, il posséderait un trésor! Malheureusement il est fort rare que nous partions pour les pays lointains avant l'époque des vœux. Petite curieuse, tu voudrais savoir nos usages! eh bien! je vais te satisfaire sur ce point. Oui, à cinq ans de vocation (et dire que je n'ai pas même vingt-cinq mois!) nous prononçons nos quatre vœux et je ne sais pas pourquoi tu voudrais nous priver de cette unique consolation. Ils ne se font d'ailleurs que pour un an, de sorte que toutes les années, le 25 mars, trente mille Filles de la Charité sont libres comme l'air. Et tu appelles cela un esclavage!... Décidément je regrette de ne pas avoir dit à l'évêque que j'ai causé dans le temps avec son empereur pour lequel il professe un culte... j'eusse été sûre de mon affaire! Déjà maintenant, mes compagnes me taquinent, prétendant qu'il me regardait sans relâche, avec un intérêt tout particulier...

Ah! ma pauvre Louise, ton amie est toujours là même, la divagation revient souvent et le brin de folie pourrait bien à certaines heures étouffer le bon sens. Mais rassure-toi, le cœur n'y a aucune part, il est calme comme un lion blessé, et le trou est si profond, si saignant, que les rugissements se sont changés en une longue plainte, si silencieuse, si basse, que personne ne l'entend que Dieu, *lui* et moi!

... Maman a été très heureuse de son séjour à Turin ; nous avons circulé ensemble un peu, et elle était effrayée, presque scandalisée de me voir saluée par tant de gens en haillons, de chenapans, de gamins des rues, d'ouvriers. Il est de fait que mes connaissances ne sont pas brillantes ; mais combien ces saluts sont touchants. Il y a de braves gens, grossiers sans doute, mais reconnaissants d'avoir été soignés sans rudesse ou d'avoir vu assister leurs proches, et le nombre en est grand ; il y a aussi des vauriens, détestant tout ce qui porte l'habit religieux, commençant par nous tourner le dos ou nous répondre des brutalités, puis insensiblement, l'influence se fait sentir, et, sans qu'on leur ait jamais parlé de leurs devoirs ou de rien qui puissent les effaroucher, ils m'appellent, ils me racontent leur histoire, souvent déchirante, et ils quittent l'hôpital le cœur mieux disposé. Vraiment il y a une grâce attachée à notre vocation ; je ne fais rien pour eux, pauvres gens, au contraire, je puis bien m'accuser de les traiter rudement et avec hauteur, et pourtant, il semble qu'ils sentent un je ne sais quoi. C'est *lui* qui prie pour moi et les âmes qui se trouve momentanément en contact avec moi.

Tu m'avais offert dans ton avant-dernière lettre les conférences du P. Monsabré. Certainement, je les parcourrai avec plaisir ; il est vrai que je n'ai guère de loisir pour la lecture, cependant par fragments et en courant, j'arrive encore par-ci par-là à lisoter un peu, à condition qu'on ne me limite pas pour l'époque de rendre le volume. Je me plonge depuis quelques mois dans l'étude des traités de saint Thomas d'Aquin; dans ce moment-ci j'ai les commentaires sur les épîtres de saint Paul, dans l'original s'entend, et je trouve très intéressant.

... J'ai mis trois jours... Ma Louise, j'aurais tant à te dire, mais faute de temps et de paix, je prie davantage et parle de toi à Notre-Seigneur. Qu'il te bénisse et te protège! Embrasse tendrement ta mère pour moi. Souvenirs bien affectueux à ton père et à tes trois frères. Chers amis, comme vous avez été bons pour moi! que de souvenirs délicieux et brisants se rattachent aux Fontenils! Tout passe, tout casse... tout lasse. Oh! non, pas cela, le cœur reste éternellement jeune, et ne se lasse ni d'aimer ni de se souvenir!

... Hélas! je crois qu'il nous faut attendre le Ciel pour causer vraiment. Prie pour moi, ma petite amie, prie pour m'obtenir l'abandon entier à la volonté de Notre-Seigneur. Tout le reste n'est rien.

A MADAME MARIE DE LA CROIX

Turin, 12 août 1890.

Cependant, Dieu merci, je ne suis pas malade, je me sens seulement de plus en plus usée; est-ce étonnant quand on a le cœur brisé? Quelle douce attention de m'avoir écrit pour notre grande fête de la Saint-Vincent : la jolie image m'a été d'autant plus chère qu'elle se trouvait en harmonie parfaite avec mes sentiments les plus intimes... merci, chère sœur, merci, continuez à prier beaucoup pour moi, j'en ai tant besoin! Vous me faites une avalanche de questions auxquelles je vais répondre le mieux possible afin de satisfaire votre curiosité, fille d'Ève! Sur un point vous ne serez pas contente, et qui sait à combien d'austérités vous aller vous livrer par manière de réparation?... Mais souvenez-vous que Notre-Seigneur ne juge pas comme nous. Il sait le pourquoi de tout, Il voit le fond des âmes, et les formes extérieures sont de peu de poids devant Lui, si on n'y joint les sentiments du cœur, Il sait les lumières qu'Il donne, et Il ne demande que la proportion juste et encore en usant de cette miséricorde délicate dont seul Il a le secret... Non, Albert ne portait pas le scapulaire au moment de sa mort.

Quant à moi, je l'avais pris, c'est-à-dire celui de Notre-Dame du Mont-Carmel en juin 1886, ainsi que peu après celui de l'Immaculée Conception. En communauté nous y ajoutons celui de la Passion, ce qui à mon avis fait une quantité très suffisante de bouts de drap! Ne vous scandalisez pas et ne me traitez pas d'hérétique; je suis très croyante au contraire, mais que voulez-vous, certaines dévotions à kilos de médailles et autre quincaillerie, reliques plus ou moins authentiques de tous les saints de l'univers, etc., ne sont pas mon fort, et ce n'est pas là-dedans que je cherche à faire consister ma perfection.

A MADEMOISELLE DE MARCÉ

Turin, 7 décembre 1890.

... Ma chère Louise, je crains de laisser trop courir ma plume; il m'est si doux de causer avec toi

que j'oublie presque que Notre-Seigneur doit être
désormais mon seul confident, mais j'ai confiance
qu'Il ne sera pas jaloux si pour une fois mon cœur
déborde un brin... et toi, amie chérie, serais-tu par
hasard scandalisée de constater que sœur Blanche
est loin d'être encore l'âme forte et inébranlable?
non, j'en suis sûre. Eh bien donc, oui c'est vrai, la
croix est parfois bien lourde pour mes faibles
épaules ; certes, je suis loin de me plaindre, Notre-
Seigneur me fait des grâces d'un prix infini, et ce
n'est pas trop de les payer par le martyre. J'aime
ma Communauté, j'y ai trouvé la paix de l'âme et le
calme du cœur, je me suis donnée à elle tout
entière et je préférerais mourir que de trahir la confiance qu'on me témoigne. Du côté de mon office, je
n'ai point de véritable épreuve; les ennuis, les
soucis quotidiens sont inévitables, je n'ai pas comme
tant d'autres à subir des avanies, des humiliations
dans ces milieux parfois si difficiles des cliniques, où
il faut du savoir-faire et de la prudence pour ne pas
convertir en ennuis acharnés des gens déjà hostiles à
tout ce qui porte l'habit religieux..... De la part de
mes supérieures, à Paris comme à Turin, je ne
reçois que des marques de confiance et d'estime ; elles
se montrent satisfaites parce qu'elles voient mon désir
de remplir mes engagements avec loyauté et de mon
mieux. A toute existence, il faut une croix majeure
et dans la vie religieuse il est rare que chaque âme
ne trouve pas une épreuve spéciale. Tu vois que
je philosophe toujours un brin. Où sera donc la
mienne? Précisément dans cette fatigue incessante,
écrasante, tuant à certains jours toute vie d'âme,
tout élan, toute pensée élevée ; l'esprit se sent
vaincu par le corps, il ne parvient plus à dominer!

C'est là une grande souffrance... puis, il y a la vie commune, jour et nuit, sans trêve ni répit... n'avoir jamais un coin où se dire : « Maintenant je suis seule ; personne ne viendra interrompre le cours de mes pensées. » Jamais un quart d'heure de tranquillité devant soi, perpétuellement vivre en public, entendre du bruit, se déranger sans cesse, souvent pour des riens, être à la disposition d'un chacun, et cela, non pas un jour, mais des années, toute une vie! Plus tard sans doute, je comprendrai le pourquoi de ces premières années; pour le moment je me contente d'accepter le sacrifice en courbant la tête, cela me donnera de belles occasions de gagner des mérites pour *lui*. Ce qu'il y a de mieux encore, c'est l'acquiescement entier à Celui qui est notre souverain bien.

... Voici trois jours que je t'écris, à bâtons rompus; je mets de côté tout amour-propre, je me rends compte d'ailleurs que je ne sais plus écrire, je deviens bien ordinaire et bien bête. Ma compagne de salle est tombée malade subitement; au bout de deux jours de ce surcroît de besogne, la supérieure m'a vue chancelante et a mis une remplaçante; la voilà prise à son tour! C'est que nous tenons debout jusqu'à la fin et quand nous rendons les armes, nous sommes demi-mortes. Courage, c'est un peu plus à offrir à Notre-Seigneur, mais vraiment c'est miracle que je tienne encore! Quant à la partie spirituelle de mon rôle, si importante, je la remplis très mal. Pourtant aucun malade n'est mort sans sacrements, et généralement les plus hostiles à la religion finissent par me sourire et m'appeler auprès d'eux.

———

A MADAME MARIE DE LA CROIX

Turin, 21 décembre 1890.

... Comme vous allez redoubler de silence et de recueillement en ces jours de fête pour vous préparer à la venue du Messie! Ah! ma chère Marie, par moments, je suis presque tentée de vous envier vos tranquilles méditations et vos stations prolongées devant le Saint Sacrement... et pourtant, non, Dieu ne l'a pas voulu; Il m'a fait entrer dans une vie active, mouvementée, où je suis forcée de sortir de mon indolence pour trimer du matin au soir, ce qui est fort contraire à mes goûts. Et tous les jours c'est le même travail, debout toujours, courir, songer, préparer les matériaux pour pansements, plier du linge, veiller à ce que rien ne manque pour les opérations, distribuer la nourriture, porter les bouillons et petites particularités aux malades graves, leur aider à boire, assister les mourants, encourager et consoler ceux qui souffrent, essayer d'éduquer les gamins, les gronder souvent, à peine avons-nous le temps de dire par-ci par-là un petit mot du bon Dieu. Il faut beaucoup de prudence; les temps sont difficiles. Le soir venu, je suis souvent lasse à ne plus pouvoir tenir sur mes pieds, ayant négligé la moitié de mon devoir et m'étant fort mal acquittée de l'autre! Voilà un tableau qui va vous émouvoir, chère Marie; j'y gagnerai un supplément de prières, car vous voyez combien j'en ai besoin.

Au surcroît de travail causé par l'approche de Noël, s'est joint depuis quelque temps le soin de

plusieurs sœurs malades; non seulement il faut se
partager la tâche de les remplacer dans leurs offices,
ce qui dans une maison chargée comme celle-ci,
n'est pas une petite affaire. L'une d'elles a expiré
hier, nous l'avons enterrée ce matin par un froid
piquant. La voici en paradis, après cinquante ans
de travaux incessants; dimanche dernier elle assis-
tait un mourant, et personne n'aurait cru que huit
jours après, elle serait sous terre!

L'appareil funèbre me remue toujours un peu, et
j'avoue que, lorsque je prie auprès d'un mort, ma
prière, mon cœur et mon âme sont davantage là-
haut près de mon ami bien-aimé, trop peut-être?
Mais non, cela est naturel, le bon Dieu ne saurait
m'en vouloir. C'est que le cœur n'oublie pas, une
affection comme celle qui nous unissait dure pour
l'Éternité. Quelle joie de se retrouver avec la certitude de ne plus se quitter jamais et de ne voir ce
bonheur troublé par rien!

A MADEMOISELLE DE MARCÉ

Turin, 25 décembre 1890.

Tout ce qui me parle de ma chère France trouve
tout droit le chemin de mon cœur, et la lecture de
ton envoi sera un festin délicieux pour l'esprit de la
pauvre sœur de Charité, exilée plus loin moralement
que l'Égypte ou la Chine; les festins de l'intelligence!
ils sont rares à présent, ou, plutôt, je vis sous ce rapport dans un jeûne rigoureux. Faut-il m'en plaindre?
Eh non, ma chérie, car au milieu de ce martyre, l'âme

goûte une paix ineffable. Mais ne va pas croire que je pousse le sacrifice jusqu'à refuser une jouissance qui s'offre inopinément. Je ne suis pas de la trempe de ces saints si héroïques; j'accepte bonnement ce que la Providence, dans sa bonté, m'envoie, je la remercie sincèrement et je me délecte à ce petit régal, autant que les limites tracées à ma vie le permettent... puis, en avant, je continue mon labeur et rien ne paraît en dehors des impressions vivement ressenties. Est-ce la bonne manière? Je ne sais, je n'ai pas le temps de couper un cheveu en quatre. Ce n'est peut-être pas parfait, de cette perfection quintessenciée après lequelle courent les âmes plus finement et plus subtilement organisées. Pour moi, je vais simplement par les humbles sentiers du commun et je ne me sens pas dans le faux. Suis-je présomptueuse, pauvre moi!

A MONSIEUR HENRY DE FISCHER (1)

Turin, 28 décembre 1890.

Trois semaines déjà se sont écoulées depuis la réception de ta lettre; que de choses ont pu se passer dans ce laps de temps, que de pensées diverses ont pu venir réjouir ou voiler ton horizon! C'est même là une des peines de la séparation : pendant qu'une lettre contenant des confidences fran-

---

(1) Henry-Bertold de Fischer, chevalier d'honneur de l'Ordre de Malte, second frère de Mme de Saint-Martial, lié d'une grande intimité avec elle. — Cette lettre est la seule que nous puissions publier, les autres ayant un caractère trop personnel.

chit la distance, les impressions changent, se modi-
fient, et la réponse arrive souvent fort mal à propos.
Est-ce dire que mon petit mot sera reçu de mauvais
œil? Je ne le crois pas, et à tout hasard, bien à la
hâte malheureusement, je viens causer un brin.

Et d'abord, je suppose que te voici à Berne pour
les fêtes, ce qui te sort un peu de l'isolement de ta
vie de garçon. N'est-ce pas qu'il est doux de se
retrouver en famille, près d'une mère tendre et
dévouée comme la nôtre? Oh! mon ami, sois bon et
attentionné, puisque tu as le bonheur d'être près
d'elle. La bénédiction d'une mère est une source de
grâces qui rejaillit jusque dans l'Éternité. Les
pensées moroses que traduisait ta plume se dissi-
pent-elles? Je n'ai ni le temps, ni l'aptitude de te
faire une paraphrase sur la fameuse tirade du *Ham-
let* de Shakespeare qui me paraît t'avoir inspiré. *To
be or no to be,* ne nous perdons pas dans des subtilités dont le moindre mal serait d'être inutiles. Pourquoi existons-nous? demandes-tu, pourquoi? Écoute,
frère aimé, ma réponse : Créés pour le bonheur, des-
tinés de tout temps à jouir d'une gloire immortelle,
nous avons fait une chute honteuse en la personne
d'Adam. Dieu cependant, qui tenait à son premier
plan, continue à nous réserver l'entière félicité et y a
mis pour condition que nous traversions la vie, une
fois, une seule fois, quelques dizaines d'années de
tribulations, après quoi, grâce au mystère de la Ré-
demption qui seul pouvait obtenir le rachat complet,
nos âmes jouiront durant des siècles sans fin d'une
plénitude de joies telle que nous ne pouvons la con-
cevoir encore.

Et tu trouve encore qu'une âme, ce quelque chose
de grand, d'immortel, qui a coûté le sang d'un

Dieu, ne vaut pas la peine de vivre? Détrompe-toi, c'est une illusion; l'Éternité vaut, certes, que l'on souffre, que l'on pleure et que l'on meure pour l'obtenir. Une fois ceci constaté, compris, il s'agit de bien vivre, c'est-à-dire en ce qui te concerne, en chrétien et en gentilhomme. Quant au degré de perfection avec lequel on est tenu d'accomplir ce double devoir, cela est laissé à la liberté d'un chacun; mais tous nous sommes *tenus* de nous demander sérieusement comment nous devons agir. Au grand jour du jugement, alors qu'il n'y aura plus ni recours ni appel, les interrogations de Dieu se résumeront à ces deux questions : Comment avez-vous entendu les relations avec moi? Et comment avez-vous mis en pratique ce que votre intelligence avait saisis?

Oui, mon cher, rien d'autre. Interrogeons donc notre conscience, avec loyauté et avec franchise, et puis agissons en conséquence, en secouant la torpeur. Personne mieux que moi n'est à même de comparer le manque de forces physiques par rapport à la tâche à remplir; ne suis-je pas obligée de travailler quand même, de rester debout pour accomplir des choses fatiguantes, alors que bien souvent, pâle, extenuée, le cœur sur les lèvres à force de fatigue, je ne demanderais qu'à m'asseoir ou à dormir? Et dans ces conditions il semble qu'on souffre déjà de la fatigue du lendemain qui surcharge à l'avance le fardeau déjà pesant.

.   .   .   .

Que Dieu te bénisse dans la nouvelle année et qu'Il dirige ta destinée pour ton plus grand bien. Pense quelquefois à ta sœur qui t'aime tendrement et dont le vœu le plus cher serait de te voir heureux.

A MADEMOISELLE DE MARCÉ

Turin, 25 janvier 1891.

Comme je pense à ta chère petite mère par ce froid sibérien ; ses douleurs rhumatismales doivent la faire bien souffrir !... A-t-elle essayé de l'antipyrine ? De celle-là aussi, il ne faut pas abuser, mais je m'en trouve fort bien. Depuis ce froid si dur, j'en prends par-ci par-là un gramme pour calmer mes névralgies de tête, n'ayant pas d'autre moyen de chauffage au dortoir que de regarder l'image d'un Arabe galopant dans le Sahara à dos de chameau, dont le fond chaud et doré m'a engagé à le suspendre dans ma cellule. Comme c'est religieux, n'est-ce pas ? Quand la supérieure verra cela, elle rira de bon cœur en disant que c'est bien moi. Que veux-tu ? Sœur Blanche est un drôle de mélange, mais il faut croire qu'on s'en accommode. Sais-tu de quoi se compose l'ornement de ma ruelle ? Un crucifix, un bénitier en forme de fleur de lys, une vue de la tombe de mon ami bien-aimé, le dit Arabe et un vaisseau en pleine mer par une nuit orientale. Ah l'Orient ! ce mot seul a je ne sais quoi de captivant pour les imaginations vives ; c'est à la fois réchauffant, triste, fascinant, religieux, grandiose et magnifique. C'est là aussi l'impression de M. de Sonis, qui décrit si parfaitement ces rêves d'infini auxquels on est entraîné sous le beau ciel d'Afrique ! Sais-tu que j'éprouve un très grand plaisir à lire cet ouvrage ? D'abord, il me rappelle le désert et, depuis que je l'ai entrevu, j'ai conservé un attrait indéfinissable pour ces horizons immenses; j'y trouve aussi des sentiments, des manières de voir qui me plaisent. Tout cela est si, si édifiant, qu'il me semble que ce brave général ne devait pas être très amusant à vivre! C'est peut-être un jugement téméraire...

------

19 février 1891.

... Je viens de plier un monceau de blouses et tabliers de mes chirurgiens et je pensais combien il faut se pénétrer de l'idée que l'on fait toute cette matérialité pour Notre-Seigneur, car c'est écrasant à certaines heures, autant pour l'âme que pour le corps. A ce propos, ma chère amie, puis-je te demander un service? Ce serait de me prêter après Pâques et, bien entendu, si cela ne te contrarie en aucune façon, le volume du P. Faber, *All for Jesus*. Je te le renverrai aussitôt lu, mais je t'avertis que cela pourrait durer des semaines, et encore faut-il faire des miracles pour lire par-ci par-là quelques pages. Mais il suffit de trouver une pensée, une simple esquisse pour redonner un brin de vigueur à la pauvre âme captive. Si je pouvais regretter ou désirer quelque chose, ce serait, certes, d'être à Paris, puisque tu me dis que le P. de Régnon s'y trouve en ce moment. Mais, il est vrai, que ce n'est là qu'une recherche de jouissance, et, quand on est engagé au service de Dieu par des liens intimes, ce serait une sorte de trahison que de désirer n'importe quoi en dehors de Sa volonté.

... En effet, il faut nous le répéter souvent, nous

allons au Ciel, l'itinéraire importe peu, pourvu que ce but soit atteint; nous avons par instants une telle soif d'infini que nous ne saurions être vraiment heureux d'une félicité médiocre qui satisferait cependant pleinement bien des gens. N'est-ce pas déjà une consolation de savoir que la moitié du voyage est accomplie? Pour ma part, je compte bien être au delà. Tu gémis sur la banalité, l'égoïsme du monde; hélas! ma chère amie, on est écrasé de banalité froide partout. Combien le cœur de Notre-Seigneur est mal compris! Que de paroles inutiles, que de protestations pharisaïques, que d'illusions sur la seule piété vraie qui est l'accomplissement loyal du devoir!

A MADAME MARIE DE LA CROIX

Turin, 7 avril 1891.

Ah! ma chère Marie, parfois je suis tentée d'envier vos heures de recueillement silencieux où l'âme seule avec Dieu, loin de tout écho de l'extérieur, se sent vivre dans une paix pleine de charme! Priez pour moi, n'est-ce pas? chère sœur, afin que je sache correspondre à tant de grâces que Notre-Seigneur Se plaît à me faire et que je devienne ce que doit être une fille de Saint-Vincent, unie à toutes les volontés du Maître aimé, crucifiée avec Lui, ne se comptant plus rien, dévouée au prochain et surtout brûlant de charité pour les pauvres. Je suis si éloignée de ce que je voudrais, si novice dans la vertu; n'oubliez pas que je compte toujours sur vos prières, je vous supplie instamment de demander sans cesse pour moi le zèle du salut des âmes et une parfaite pureté d'intention. Il me semble que, si nous faisions tout pour l'avancement de la gloire de Dieu, pour obtenir au prix de tous les sacrifices que Jésus soit plus aimé, nous serions sûres d'avoir atteint le but. Si l'immolation d'une vie entière ne devait aboutir qu'à rapprocher une seule âme de Notre-Seigneur, qu'à empêcher un seul péché mortel, ne serions-nous pas suffisamment payées? Et, voyez-vous, la prière du cœur, le sacrifice de soi et la constante soumission aux moindres nuances de la volonté divine, en un mot, pour nous religieuses, l'exacte et loyale observation de nos vœux et de nos constitutions, peut seul nous faire arriver à un résultat. Tout le reste, savoir-faire, tact, intelligence, instruction, dans le fait ne sert qu'à brûler la sauce, en développant l'amour-propre et faisant naître l'orgueil.

Je vous quitte pour me rendre au pied du lit d'un mourant; la misère est immense à Turin; que de tentations de suicide faute de pain et combien sortent de l'hôpital sans le sou, sans travail, sans abri, sans pain! Tous nos malades jusqu'à présent ont fait leur communion pascale, et, le matin du Jeudi saint notre vaste salle semblait une église, tant tout le monde était recueilli. Quelle joie intime de voir que les âmes au moins ne seront pas perdues! Adieu en courant, chère sœur, parlez de moi à Notre-Seigneur et puis priez... priez beaucoup pour *lui!*

A SON PÈRE

Turin, 6 août 1891.

Bien que ma lettre risque d'arriver un peu tôt, je profite d'un instant de soi-disante accalmie pour vite venir vous offrir tous mes vœux les meilleurs et mes plus tendres souhaits de bonne fête. J'espère que les eaux de Heustrich auront un effet salutaire; seulement il faudrait pouvoir continuer la vie de repos, et je crains que ces temps de grande fête ne soient pour vous tous une grosse fatigue. Par les échos lointains, arrivant jusqu'à moi, je vois que tout Berne va marcher sur la tête, tant on va se remue-ménager et se trémousser de tous côtés. Tant mieux si cela amuse, intéresse; cela fera aussi gagner les fournisseurs.

Voici sans doute les Adalbert qui vous ont quittés; les enfants doivent laisser un grand vide, car ils sont tous deux à un âge charmant et leur babil devait animer beaucoup la campagne.

... Je pense sans cesse à vous et au chagrin profond que ma décision vous cause. Mais n'ayez crainte, le bon Dieu viendra avec Ses consolations et Ses grâces, et sous peu de temps vous comprendrez que la vie que j'ai choisie est seule digne de continuer le passé. Il n'y a que deux choses qui vaillent vraiment la peine de vivre : l'amour et le sacrifice. Ce dernier seul remplit complètement les triples aspirations du cœur, de l'âme et de l'esprit; et dès lors que cette vérité nous a frappé, comment ne pas chercher à y conformer son existence? Un jour, sans doute, vous verrez que j'ai encore la meilleure part ; courage donc, et songez que moi aussi je souffre cruellement de la séparation.

... Nous venons de passer une quinzaine terrible dans notre chirurgie ; les accidents arrivent en masse. Tous les jours ce sont des maçons tombant par grappes, des paysans pris dans les engrenages des batteuses de blé, etc. ; heureusement les chaleurs se sont un peu calmées, car je ne sais comment nous aurions pu y tenir.

A MADEMOISELLE DE MARCÉ

Turin, Maison centrale Saint-Sauveur,
11 octobre 1891.

... Je conte à ta mère mes nouvelles occupations qui me plaisent comme genre ; ce serait parfait, si j'étais à Saïgon ou à Madras. Pourquoi ? me diras-tu ; mais, ma chère amie, tout simplement parce que le sacrifice serait complet alors et que je n'aurais plus rien à y ajouter. La séparation totale de tout et de tous ! L'adieu définitif à la patrie, aux parents, aux amis, ne plus jamais revoir rien, ni personne ! mourir inconnu, ignoré, sans que personne au monde ne sache qui l'on a été ! C'est un rêve comme un autre et dont la réalisation doit amener un bon surcroît de souffrance, mais il ne faut pas lésiner sur ce chapitre quand on a comme moi à remercier de tant de grâces, et à en demander d'autres bien grandes. Le bon Père me disait que je suis une tête folle, que la seule piété vraie est d'accepter paisiblement

et avec sérénité les croix que Notre-Seigneur ne Se
fait pas faute d'envoyer tous les jours. Je le crois
aussi, donc je tâche de rester tranquille et de retenir
mon imagination prompte à échapper. Un changement de maison, le premier surtout, est toujours
triste; Lacordaire, au bout de quarante ans de vie
religieuse, en souffrait; il m'est donc permis de ressentir un peu de mélancolie, tout en l'acceptant
volontiers. J'ai quitté le connu, une supérieure à
l'âme grande et large, des compagnes sympathiques,
des gens dévoués... pour recommencer ici où je ne
connais à peu près personne. Et puis l'œuvre? réussi-
rai-je? saurai-je m'y mettre? Il me semble voir
de grandes difficultés. Il est vrai qu'à Saint-Jean je
pensai constamment ne pas faire ce qu'il aurait
fallu, aussi ai-je été réellement surprise de constater
qu'au point de vue humain, j'avais presque réussi!...
On m'a témoigné des regrets, et donné des preuves
d'attachement sincères, auxquelles j'étais loin de
m'attendre. Comme le bon Dieu vous soutient, tout
de même, lorsqu'on ne travaille que pour Lui! il n'y
a guère de mérite à cela, car je ne vois pas pour qui
ou pour quoi je ferais les choses si ce n'est pour Lui,
et encore de ma part c'est fort incomplet. J'agis tout
bonnement, tout simplement avec le plus de loyauté
que je puis, non pas par ces grands transports
d'amour que j'admire de très loin, mais uniquement
parce que je crois que la volonté de Dieu est que
nous accomplissions les devoirs de la position à
laquelle Il nous a appelés.

... Je suis contente que maman t'ait rassurée sur
mon sort; oui, c'est vrai, je lui peins la situation plus
rose qu'elle ne l'est en réalité, parce qu'il faut avant
tout rassurer son cœur. Mais, je ne lui dis rien

contre la vérité, j'appuie un peu, voilà tout, et je
passe sous silence les côtés pénibles. Sa tendresse
excessive ne veut pas se persuader que ma vie ne
peut être qu'un sacrifice, que la paix est le seul
bien auquel je prétends. Désormais je porterai toujours la croix, et je n'ai qu'à remercier le Ciel de ce
que parfois elle change de forme, cela l'empêche de
devenir par trop écrasante...

———

24 janvier 1892.

... Quelle surprise imprévue que l'arrivée du célèbre archevêque! Cette lecture fait mes délices, à de
rares intervalles, sans doute, et il faut que j'apprenne
à parcourir les pages de-ci de-là, au milieu de mes
journées en l'air. Prends garde, ma chérie, tu vas
réveiller le lion qui dort d'un sommeil bien léger,
mon ancienne passion littéraire. Tu penses si je
goûte le charme de ces lettres exquises dont le style
d'ailleurs contraste avec le langage pataud des B...
Mon Dieu, qu'ai-je laissé échapper? que veux-
tu, j'ai encore une opinion personnelle et tu sais
que je suis difficile, bien que n'y ayant aucun droit.
Bref, je me délecte dans cette correspondance délicate et je suis de ceux qui pensent que l'esprit religieux ne saurait se perdre en faisant quelques lectures intelligentes. Fénélon a raison, il en faut pour
alimenter l'oraison. Je te dis donc de cœur un grand
merci. Maman m'a envoyé l'ouvrage du P. Didon que
je ne me lasse pas de relire. Quelle vigueur! quelle
simplicité! j'aime tant ce style sobre et vrai. Comment un esprit juste et loyal peut-il hésiter entre le

Jésus-Christ de Didon et celui de Renan? La vérité du premier s'impose avec une force invincible, tandis que l'autre ne captive que passagèrement; il est vrai que le style de l'auteur est si perfide que l'imagination se laisse subjuguer par ce charme vague.

... Te voilà, ma chère Louise, avec la consolante perspective de fréquentes visites à Poitiers; cela me réjouit de cœur et avec toi je remercie Notre-Seigneur de la faveur inattendue. Ne manque jamais de rappeler à l'excellent Père que je suis en droit de compter sur ses prières. Tes offres de service sont tentantes, l'occasion excellente; pour le moment je n'en profiterai guère et m'en tiendrai au sacrifice pur et simple du silence. Il se passe au fond de l'âme des choses si délicates, si insaisissables! la plume est trop matérielle pour les rendre. C'est à genoux qu'il faut faire ces confidences-là, et si la Providence avait voulu me ménager cette surprise, j'eusse été trop heureuse de pouvoir en profiter. Sans doute, ce serait une consolation trop sensible et qui ne rentre pas dans les projets de Notre-Seigneur, puisqu'Il n'arrange pas les circonstances dans ce but. Comme cela eût été facile en septembre! Il fallait un rien, un détail très minime, et cette joie rêvée devenait une réalité. Tout est voulu par Dieu, voilà ce qu'on a besoin de se répéter sans cesse pour ne pas se laisser envahir par la mélancolie et des regrets amollissants.

---

30 mars 1892.

Tu sais que maman est ici; j'éprouve une grande consolation à la retrouver cette année, mieux de santé, toujours mignonne, charmante, avec ses jolis cheveux blond cendré et sa fine tournure.

. . . .

Adieu, *my darling,* je ne sais vraiment si je suis heureuse ou triste... c'est *lui* qui aura prié sans doute. Voilà bientôt sept ans que nous sommes séparés et son souvenir est vivant comme au premier jour; ma prière a été bien exaucée.

---

8 juillet 1892.

... Merci de la petite photographie de l'*Ecce Homo :* je la tiens dans mon Évangile et tous les jours elle me parle de toi, de vous plutôt. Je pense que tu as dû prier pour ta pauvre amie, je l'ai senti et t'en remercie. Ma chère Louise, je puis faire cette confidence à ton absolue discrétion, j'ai beaucoup souffert moralement depuis quelques mois, avec la même poignante intensité que dans les terribles années 1885 à 1887... J'ai failli voir sombrer en mon âme et ma vocation et ma foi ; quiconque a passé par cette cruelle épreuve sait ce qu'il en coûte... Vraiment, je ne croyais plus pouvoir endurer de pareilles luttes. Enfin, la grâce de Dieu l'a emporté, aujourd'hui le cyclone est apaisé. Voilà, chérie, les nouvelles de ma personne, et tu penses que tu es seule à en être la confidente. Abandonnons-nous au courant de la volonté du Maître de nos âmes, Il a bien le droit de les soumettre aux croix qu'Il leur choisit et le mieux est de s'en remettre à Son cœur pour qu'Il nous tende la planche du salut à l'heure de la tempête.

. . . .

Angers, 31 juillet 1892.

Que vous avez été bons de venir ainsi tous mé souhaiter la bienvenue dans votre belle patrie, qui certes est devenue mienne tout à fait par le cœur !

... Pour le moment, je suis dans une infirmerie ; la vie d'hôpital est dure après avoir vécu dans la rue ! Il faut servir Notre-Seigneur comme Il le veut et non pas comme nous l'avions rêvé. C'est pour m'habituer à la souplesse, tout à fait opposée à ma nature, que ce cher Bon Dieu m'exerce ainsi à la voltige ; sais-tu que cela chipote un peu, de passer si rapidement d'un pays à un autre, d'une occupation aimée à une autre ? Notre-Seigneur est le Maître aujourd'hui comme hier, et notre devoir est de Lui obéir toujours. Que Sa volonté soit faite ! et qu'Il sauve les âmes de ceux que nous aimons, de ceux qui sont partis et de ceux·qui nous restent, — tout le reste ne compte pour rien.

Prie pour moi, chère amie, afin que je fasse une bonne retraite qui porte des fruits... Il n'arrivera jamais que ce qu'Il veut, c'est la consolation suprême. Il faut que je veille sur mon cœur... je croyais n'en plus avoir... pourtant il vibre encore puisque à chaque instant je sens quelque chose qui « crie et se rompt ».

A MADAME MARIE DE LA CROIX

Angers, 7 août 1892.

Vous m'avez prévenue et j'en suis confuse, car je comptais bien venir la première vous répéter la joie que m'a causé votre tendre réception. Oui, c'est une gâterie de la Providence et si imprévue, si merveilleuse que j'en suis encore toute étonnée, ou plutôt je le serais, si je n'avais pas déjà expérimenté la délicate bonté de Notre-Seigneur qui se plaît de loin en loin à nous combler d'une grâce imprévue. C'est une rose placée sur mon chemin et, dût-elle être la seule, il y a de quoi remercier d'avoir été envoyée en Anjou. Que votre excellente chère Supérieure a été gracieuse et bonne; son accueil franc, cordial m'a ravi... vraiment il est heureux que mon temps ait été si limité, sans quoi j'eusse fort risqué d'échanger ma cornette contre votre voile! Veuillez être l'interprète de ma profonde reconnaissance et lui dire que ce souvenir est ineffaçable, qu'il comptera parmi les plus doux. Il fut un temps où mon âme se sentait attirée vers le recueillement du cloître, j'ai d'autant plus apprécié la paix à la fois grave et gaie, si je puis m'exprimer ainsi, qui respire dans ces murs bénis. Toutefois je suis heureuse de la belle vocation que Dieu a choisi pour moi. Il faut l'activité extérieure, le mouvement des œuvres, la vie au dehors à un cœur brisé qui se serait rongé dans sa tristesse infinie au milieu de la solitude d'un monastère. C'est ce fond de tristesse, légitime sans doute, mais absorbant, qui me fait regretter les occupations variées d'une Miséricorde. Dans un hôpital, quelque vaste et mouvementée que puisse être son organisation intérieure, le travail de chacune tourne et retourne sans cesse dans le même cercle monotone, c'est bien là ce qui m'écrase. Enfin, Notre-Seigneur sait tout et voit tout; s'Il a choisi cette destination pour moi, c'est que sans doute c'est bon pour moi actuellement; un jour peut-être, saurais-je l'admirable pourquoi d'une épreuve qui me paraît lourde à cette heure. Que de moyens de sanctification dans l'accomplissement fidèle de devoirs qui ennuient et qui pèsent, dans la monotone répétition des mille détails qui reviennent tous les jours dans une salle de malades! Mais aussi quand on ne travaille que pour Dieu, Il se plaît quelquefois à porter notre âme et dans ces moments de grâce, on éprouve une consolation bien douce à sentir qu'on fait Sa volonté. Pouvoir se dire à toute heure du jour : je fais ce qui plaît à mon Père, *ecce venio, ut faciam, Deus, voluntatem tuam*, malgré l'absence d'attrait et souvent avec un dégoût moral très sensible, n'est-ce pas la meilleure preuve d'amour? Et si l'on mourait dans cet état, quelle garantie pour l'Éternité! Malheureusement je me sens bien lasse, je crains que mes sentiments de bonne volonté n'existent guère que dans mon imagination. Le 10 je vais entrer en retraite et je me propose de la faire dans un grand abandon au bon plaisir de Dieu. Priez beaucoup pour ma pauvre âme, chère sœur, que Notre-Seigneur ait pitié de ses faiblesses et qu'Il lui donne force et grâce pour ne jamais s'opposer à Sa volonté. Aujourd'hui j'ai tout particulièrement prié; le Saint Sacrement était exposé, je l'ai conjuré de toute mon âme de m'accorder une grâce spéciale comme gage de *son* salut. Ai-je été trop téméraire? Vous qui êtes si sainte, unissez vos prières aux miennes; il n'est pas possible que Notre-Seigneur réponde par un refus à sa fidèle servante. Bien que la grâce que j'ai demandée soit, sinon impossible, au moins peu probable au point de vue humain, je veux avoir foi et confiance. La miséricordieuse tendresse de l'Ami de nos âmes ne saurait se démentir, elle a des attentions de délicatesse qui surpassent ce que nous pouvons imaginer.

Je suis heureuse, ma chère sœur, que la *Vie de saint Vincent de Paul* vous fasse plaisir; l'ouvrage est fort bien écrit et met en relief le génie d'organisation, l'inépuisable charité de notre saint fondateur. Je le trouve d'un grand intérêt, les légères erreurs qu'il contient sont peu de chose. Ainsi il y a un passage qui semble marquer la date de la Présentation pour la rénovation de nos saints vœux, tandis que ce doit être l'Annonciation. Nous le lisons en ce moment, et en sommes au combat acharné que livrait notre saint à la déplorable hérésie du Jansénisme... Ah! s'il vivait, comme il nous interprèterait admirablement le décret « Quem admodum » dans son vrai sens si élevé et si large pour les âmes! Mais, *tout* est permis par Dieu et dans la vie religieuse, nous sommes assurés de ne jamais errer en nous rangeant en silence au mot d'ordre de notre chef. L'obéissance vaut mieux que tout, et pour nous la victoire n'est que là, n'est-il pas vrai?

A MADEMOISELLE DE MARCÉ

Angers, 13 octobre 1892.

Merci, ma chère amie, de ce que tu m'écris de confiant et d'affectueux; je ne mérite pas tout cela, c'est ton indulgence qui te fait juger les autres d'après toi. Sais-tu quelle pensée est devenue pour moi une vraie consolation? Celle-ci : que les sacrifices valent devant Notre-Seigneur le prix qu'ils nous coûtent. Qand on est bien convaincu que Dieu voit tout, sait tout, devine tout et compte tout d'après la valeur réelle, comme il devient moins laborieux d'amasser son petit trésor pour l'éternité des âmes aimées! Vraiment, je crois que je deviens avare; me vois-tu thésaurisant? Sois tranquille, je ne suivrai pas la pente du vil intérêt, je ne demande rien pour moi.

———

13 décembre 1892.

Ma chère Louise, deux mots à la hâte pour ne pas laisser partir 92 sans te dire les vœux intimes que je fais pour toi. C'est à Notre-Seigneur que je confie tout cela, Il saura bien ce qui te vaut le mieux. Après tout, pourquoi tant se tracasser pour quelques pauvres années. Quoi qu'on fasse, il y aura des épreuves et des souffrances... s'en remettre au bon plaisir de Dieu pour accepter la vie telle qu'Il jugera à propos de nous la faire, n'est-ce pas le meilleur, l'unique moyen pour trouver la paix? L'horizon politique, social et religieux est, paraît-il, gros de menaces sérieuses; on semble s'attendre partout à des événements presque sanglants. C'est le moment de ne pas trembler et de se rapprocher de Notre-Seigneur.

Nous avons un froid noir, je suis figée et je me sens des glaçons dans les veines; pourtant le soleil est radieux, heureusement, car sa lumière éclaire au moins le moral, à défaut de chaleur. La nouvelle année devrait bien nous amener quelques oasis... le désert commence à se faire par trop aride, et certaine voyageuse pourrait tomber en route. Qu'il

est bon de sentir un cœur comme le tien près de soi !
A Dieu, chérie, c'est près de Lui que je pense à toi.
Année bénie !

———

10 janvier 1893.

*Darling, what a work of charity you have done,
how can I thank you? I find no words to tell you
what I feel... and... I could not write. Ah! my poor
friend, life is sometimes very, very hard to bear;
people growing old become too hard and severe...
where is the sweetness of our Lord?... Well, I do not
grumble, and if such is the will of God, surely I
mean to suffer every hardship provided that the
souls of those I love may be saved...*

*God bless you; thanks to your delicate charity, I
do not suffer so much from this awful cold; the holy
water in the great chapel is quite frozen, one single
block of ice!*

. . . .

Prie tout particulièrement pour moi le 25. Ce ma-
tin-là, à notre messe de cinq heures trois quart, dans
notre oratoire, je renouvellerai mes engagements,
incognito s'entend, jusqu'au 31 mai...

Restons unies toujours, dans une même tendre affection et une même prière.

———

9 avril 1893.

Enfin, je puis t'annoncer que maman est en train
d'enfoncer triomphalement le réseau de mille diffi-

cultés, plus subtiles les unes que les autres, qui l'enlaçait sur place. Elle doit quitter Berne ce soir pour arriver à Angers demain ; à son âge et avec ses forces si secouées, vingt-quatre heures de chemin de fer ne sont pas une mince affaire, aussi ai-je si bien prié Notre-Seigneur de lui épargner toute souffrance pendant ce trajet, que me voici inopinément prise d'un superbe mal de gorge qui ressemble à une angine ! Tant mieux, si la douleur tombe sur moi, je vais sans doute aller une douzaine d'heures dans mon lit pour être, ou surtout pour paraître, vaillante demain.

Je ne réponds pas en détail à tes affectueuses pages, ma petite amie, ma main d'ailleurs n'est guère ferme aujourd'hui, et puis... je compte bientôt réaliser un rêve ancien déjà, c'est de vous mener ma chère maman. Il faut absolument qu'elle connaisse de près ces excellents amis où j'ai trouvé l'accueil si tendre pendant les tristes mois de 1886. Aussi ma sœur supérieure veut bien me donner l'autorisation de l'accompagner aux Fontenils, il ne nous reste plus qu'à fixer la date.

N'est-ce pas presque magique de voir combien Notre-Seigneur amène, resserre, conduit les circonstances, jusqu'à arriver à un résultat, qui, l'année dernière seulement, nous aurait paru hors du possible ? Je t'assure que j'ai cruellement souffert et en bien des manières, depuis quelques années, mais je suis loin de le regretter, puisque le bon Dieu veut bien couronner mon martyre, et s'Il se mettait à chercher un mérite quelconque dans ma vie, Il ne pourrait trouver que celui de la souffrance supportée et subie, pitoyablement il est vrai, mais Il ne regardera que la bonne volonté. Trouves-tu encore, ma Louise, qu'après tout cela, ce soit trop de désirer

l'honneur de l'exil pour compenser les nombreuses
défectuosités de mon sacrifice? je ne le crois pas.

------

27 avril 1893.

J'ai le cœur si plein de sentiments d'émotion à la
fois délicieuse et... douloureuse de mon passage à
ces chers vieux Fontenils, que ma plume certes ren-
drait bien mal ce que je ressens. C'est bon, doux, et
triste aussi, n'est-il pas vrai? comme tout ce qui
tient aux souvenirs intimes. Ce que j'apprécie par-
dessus tout, c'est le trésor inestimable de ton amitié,
oui, *darling,* ne te récrie pas, une affection de ce
genre est une gâterie du Ciel; cela se sent plus que
cela ne s'exprime, et je pense qu'il nous faut attendre
de savoir parler le langage de l'Éternité pour en
savourer tout le charme. Maman est ravie de votre
réception si pleine de cœur, heureuse d'avoir vu enfin
ceux qu'elle avait appris déjà à estimer et à aimer.

... Je me sens encore bien faible et alanguie, peut-
être est-ce de la paresse, mais j'espère qu'un changement d'air va me rendre les forces dont j'ai tant
besoin. C'est le moral surtout qui est en baisse; le
bon Père, d'après son mot de ce matin, le comprend
et cependant il nous complique le revoir. Quelle
cruelle déception si nous allions le manquer!

Paris, rue du Bac, 30 avril 1893.

... Le Père est le même toujours, et j'ai usé et
abusé de son amabilité. Nous avons causé avec l'inti-

mité de jadis, à ce moment si important de ma vie
religieuse qui menaçait de devenir une crise douloureuse. J'ai pu lui soumettre tous mes points d'inter-
rogation, pas un ne reste sans réponse. A travers
mon immense tristesse, je sens mon âme épanouie
d'une sorte de joie grave, toute spirituelle, qui a un
charme profond. Comme Notre-Seigneur a été bon!
Il a fallu mériter cette consolation par de longues
souffrances, certes, mais l'heure des indications
décisives est venue, le chemin est éclairé, il n'y a
plus qu'à me jeter dans le sacrifice exécuté si molle-
ment jusqu'à présent. Prie pour ta pauvre amie,
dearest, aide-moi à offrir des actions de grâces et
demande pour moi le courage qui me fait défaut. Ne
dirait-on pas que Notre-Seigneur a voulu me gâter
par ces deux joies intimes dont le souvenir durera
toujours, la journée trop courte aux Fontenils et le
passage à Poitiers, comme pour m'encourager à me
donner enfin sans réserve au jour prochain de mes
vœux publics?

L'Haÿ, 7 mai 1893.

Tes charmantes lignes n'ont fait qu'appuyer sur
ce que je savais, car de ton intérêt aux spéciales
bénédictions de ces jours passés, je n'en pouvais
douter. Je sens sous tes réticences une foule de
nuances les plus tendres et encore une fois je me
surprends à penser : comment se fait-il que je possède l'amitié d'un cœur aussi délicat? Certes, je suis
bien indigne d'avoir une amie telle que toi, ma

chérie, et ce n'est pas un sot compliment qui vient
se placer sous ma plume, mais enfin puisque ce trésor du Ciel m'a été donné, je veux en être heureuse
et je t'assure qu'en ce moment mon cœur est si plein
de reconnaissance que j'en pleurerais. Et c'est toi
qui es au fond de tout, car il a fallu ta confiance, tes
prières persévérantes pour *enlever* cette grâce immense, qui paraîssait entourée de tant d'obstacles.
Notre séjour à Poitiers a dépassé mes espérances,
puisque le Père ne nous a pour ainsi dire pas quittées. Quelles heures délicieuses, quelles causeries
complètes dont le moindre mot reste gravé au fond
de mon âme! Je me demande encore si c'est un rêve,
tant je suis émerveillée de la façon dont les obstacles
ont disparu; il y a trois ans, lorsque notre original
de Père m'écrivait qu'il promettait d'étudier sérieusement ma vocation avec moi, lorsqu'arriverait
l'époque de prononcer les vœux devant la communauté, il ne croyait pas plus que moi à la proba-
bilité d'un revoir. Et voilà que, magiquement, les circonstances se sont doucement succédées, jusqu'à ma
maladie, qui sous le prétexte de m'éviter des
fatigues, a concouru à l'ensemble! A Poitiers, j'étais
libre, sans contrôle, et j'en ai profité en rattrapant
un peu cet interminable régime de pain sec spirituel.
Pour moi personnellement ces entretiens, à ce moment de crise de la vie religieuse, sont d'une importance extrême. J'avais tant agonisé, ma pauvre
âme était si atrophiée, c'est le mot, si lasse, que
j'étais réellement tentée de m'asseoir, comme Élie,
sur le bord du chemin pour y attendre la mort. Le
secours est venu, si entier, sous une forme si suave,
avec des lumières telles, que je ne trouve pas d'expressions pour rendre la joie intime de ce que je

ressens. Toi qui as su si bien t'unir à ma souffrance d'âme, sois heureuse avec moi, *dearest,* et aide-moi à rendre un hymne d'actions de grâces à Celui qui a daigné m'envoyer une faveur aussi exceptionnelle.

... Merci de tout cœur pour la communion que tu me promets au douloureux anniversaire du 13. Huit ans! et tout est vivant comme au lendemain! Mon chagrin intime est aussi intense qu'à la première heure, toutefois j'espère avoir accepté le calice et je m'efforce de ne considérer le martyre du présent que comme le lien indispensable entre le bonheur du passé et celui de l'avenir. La tristesse du cœur rend mauvais service à l'énergie de l'âme, qui se trouve involontairement et presque inconsciemment avoir un fameux plomb dans l'aile.

... Vois-tu cette vie de paresseuse? Je ne rentrerai à Paris que jeudi, juste pour la retraite, ma sœur supérieure voulant me garder jusqu'au dernier moment. Prie pour moi pendant ces jours consacrés uniquement à la méditation; quels sujets de réflexion! et comme je vais repasser un à un tous les points traités ces jours-ci! Figure-toi que hier matin au retour de l'enterrement d'une de nos sœurs, je trouve... le P. de Régnon qui malgré ses occupations, ses fatigues, a trouvé le moyen de me sacrifier une demi-journée. N'est-ce pas charmant? Encore près de deux heures de ces causeries intimes dont tu connais le charme profond!

Et ensuite? me gardera-t-on jusqu'au 31? Ce serait mon grand désir, mais comme je ne veux pas le demander, je n'ose trop compter que l'inspiration en viendra. Encore une fois me voici livrée à l'imprévu, j'essaie de conserver la confiance et le calme; malgré moi l'appréhension de cet incertain m'oppresse. J ai du courage, mais les forces physiques du moment ne sont pas à la hauteur. Que Notre-Seigneur dispose tout selon Sa volonté et me donne les grâces nécessaires pour accepter Son décret, c'est mon unique prière.

A MADAME MARIE DE LA CROIX

L'Haÿ, 19 juin 1893.

La grâce de Notre-Seigneur soit avec nous pour jamais.

Votre bonne lettre m'a causé une véritable joie de cœur, car tout ce qui vient de vous m'est bien doux à recevoir; aussi pour ne pas encourir encore une fois vos reproches, je m'empresse de venir un instant causer avec vous. Mais pourquoi vous étonner de mon silence? Notre temps nous appartient-il? ne devons-nous pas faire abstraction de nos plus chères satisfactions en restreignant notre correspondance? Mieux que moi, et depuis plus long-longtemps, vous connaissez les sacrifices qu'exige toute règle religieuse de notre pauvre cœur; il n'y a donc pas lieu à la surprise, si je ne puis vous écrire que rarement. Songez que j'ai une famille nombreuse, deux familles plutôt, des amis très intimes, de nombreuses et excellentes connaissances, et que tout ce monde est disséminé en différents pays. Puis-je écrire à chacun? Oh non! je n'ai qu'une correspondance régulière, avec ma mère, et encore trouve-t-elle souvent mes lettres trop espacées. Hors de là je n'écris aux miens que pour des occasions ou

quand il me semble qu'ils ont besoin de quelques
mots de moi. Il est de la plus haute importance de
conserver quelque action sur eux, car insensiblement cette influence peut faire du bien à leurs âmes.
Précisément, j'ai été grandement consolée ces temps-
ci en recevant les lettres de mes frères. Ils m'écri-
vent tous des choses charmantes, très justes comme
appréciation, à propos des saints vœux. Comme
Notre-Seigneur est bon, n'est-ce pas, chère sœur?
et que de grâces merveilleuses nous avons à enregistrer! Aimons-Le bien en retour et ne Lui refusons
pas les sacrifices de détail que notre vie nous demande
à toute heure, c'est la meilleure action de grâces.

Vous êtes en retard, en effet, et peu au courant
de mes nouvelles; le cher Paul m'avait pourtant
promis de vous écrire, lorsqu'il était venu me trouver à l'infirmerie. Il est venu hier passer deux
bonnes heures à l'Haÿ, et je l'ai bien grondé de son
silence à votre égard. Somme toute, il est content
de sa position actuelle, soumis à la volonté divine
et confiant en elle pour l'avenir. Vous penserez à
nous le 30, car il est convenu que j'irai chez lui en
l'honneur de sa fête. Ce sera une bonne station,
mais bien rare. Dans sa petite installation, il est
entouré d'une partie des meubles qui ornaient le
fumoir de mon Albert, lambeaux matériels du passé
dont la vue éveille un monde de souvenirs...

Vous savez, que devant faire ma retraite de l'Ascension à la Pentecôte, on m'avait envoyé à l'Haÿ
pour ramener, par quatre ou cinq jours de repos
complet et de bon air, des forces très ébranlées par
une scarlatine fruste (1). Le 9 mai je suis prise d'un

(1) Voir *En Haut!* Notice biographique, p. xxx et xxxii.

violent malaise, obligée de m'aliter pendant douze jours, j'ai beaucoup souffert et n'ai échappé que par miracle au typhus. Là-dessus affaiblissement extrême, ordonnance sévère du médecin, repos absolu. J'ai été soignée d'une façon touchante, avec mille attentions délicates par ma supérieure momentanée, qui est un diamant rare. Bonne, charitable, pleine de cœur, large, délicate, elle a saisi que mes souffrances physiques avaient sans doute une cause morale, elle a compris la situation, et m'a traitée en conséquence, ce qui n'a pas peu contribué à me faire du bien.

Mon père est venu la veille de la Pentecôte; sur six jours qu'il a passés à Paris, quatre après-midi ont été pour moi et dans des dispositions délicieuses; il a été bon, tendre, excellent, pas un mot d'amertume, rien qui puisse amener le moindre nuage à l'horizon. Il a été des plus aimables envers ma sœur supérieure, qui de son côté l'a reçu fort gracieusement, en sorte qu'il m'a quittée sous une excellente impression, rassuré sur ma santé, puisque ma première sortie au jardin a été à son bras. J'étais si faible que je ne pouvais tenir debout. Grâce aux excellents soins, au régime fortifiant, que je suis du reste encore, il m'a été possible d'aller à la Maison Mère du 29 au 31 pour suivre les exercices de la petite retraite qui se fait la veille des premiers vœux (1). Les Supérieurs m'ont tous reçu avec des témoignages de la plus extrême bienveillance, ce

(1) Sœur Blanche prononça son premier engagement solennel le 31 mai 1893. Mais le renouvellement des vœux réguliers, qui sont annuels, a lieu le jour de l'Annonciation, le 25 mars, et cela dans toutes les maisons de la Compagnie des Filles de la Charité de Saint-Vincent de Paul, à la même heure.

qui, comme vous pensez, m'a vivement touchée, car c'est pure bonté de leur part et je n'ai rien fait pour les mériter. En me voyant si pâle, ils ont décidé de me laisser à l'Haÿ jusqu'à complet rétablissement. Je me suis rendue à Paris pour me présenter pour la première fois en particulier à notre nouvelle Mère générale, la Mère La Martini. Elle a été très gracieuse et bonne, m'a recommandé de profiter en conscience de ce temps de repos pour me remettre et m'a dit qu'elle s'occuperait le mois prochain de me placer. Il paraît que je ne retournerai pas à Angers, et j'ai su aussi que les Supérieurs qui avaient presque décidé ce printemps de m'accorder la grâce de m'envoyer dans une de nos missions lointaines, y avaient renoncé tant à cause de mes maladies que pour ne pas demander encore un aussi grand sacrifice à ma pauvre maman qu'ils veulent ménager. Comme Dieu est infiniment délicat dans les inspirations qu'Il envoie !

J'oubliais de vous dire que le P. de Régnon a prêché le mois de Marie à Paris, et qu'il a trouvé moyen, malgré ses constantes occupations de consacrer trois bonnes après-midi à venir causer avec moi. N'est-ce pas que ce temps de mai a été un mois de grâces exceptionnelles ?

Me voici sinon tout à fait guérie, au moins en bonne voie ; je mène une vraie vie de paresseuse, me promenant au jardin, où, par ces chaleurs, il y a toujours un peu d'air, faisant quelques petits travaux de couture pour la maison, donnant de-ci delà un coup de main pour aider une sœur, et surtout respirant l'air excellent. Au bout du village se trouve une grande maison de la Communauté servant de retraite à soixante sœurs infirmes ou âgées, et le parc immense aux ombrages superbes nous est de précieuse ressource. Il y fait délicieux, et je vais m'y rendre tout à l'heure. Cette propriété a son intérêt à cause du pigeonnier de la reine Blanche, ainsi nommé parce que Blanche de Castille aimait à y monter et à faire elle-même sur une grosse échelle tournante l'inspection des mille huit cents trous à pigeons; saint Louis s'est promené dans nos belles allées.

Voici un long griffonnage, chère Marie, et bien rempli de détails sur ma pauvre personne, ce n'est pas pour le plaisir de parler de moi, certes, mais pour obéir à votre demande.

J'ai pris la plus grande part, vous ne pouvez en douter, à votre profond chagrin de la perte du directeur de votre âme; ce sont-là des liens si intimes et si forts qu'ils ne peuvent être rompus par la mort, mais la présence visible manque et c'est là un sacrifice bien gros. Il vous aidera de Là-haut; quand le P. de Régnon sera au Ciel à son tour, il continuera à veiller sur mon âme; nous avons pris tous nos arrangements, car nos sentiers vont sans doute demeurer séparés pour toujours sur terre. Les revoirs sont de purs faveurs; et, s'il est doux d'en jouir, il faut se soumettre de bon cœur à la séparation.

A MADEMOISELLE DE MARCÉ

L'Haÿ, 14 juillet 1893.

... Que je voudrais pouvoir rêver le revoir de temps à autre! Sans doute, nos rencontres seraient rares et incomplètes comme tout ce qui est bon et doux au cœur, il faudrait s'y attendre, pourtant... elles auraient leur charme, n'est-il pas vrai ? Je serais si heureuse, *my darling,* de pouvoir quelquefois causer avec ton âme, échanger quelques pensées, entendre les échos de ton cœur. Tout en n'étant jamais seule, je suis très isolée, et ce sera ainsi toute la vie... je n'insiste pas, tu as suffisamment compris. D'ailleurs je ne m'en plains pas, c'est l'une des nombreuses nuances dont se compose mon martyre. Cela rend le détachement plus facile et par suite rapproche l'âme de Notre-Seigneur.

Ma situation semble se prolonger, j'attends, je suis résignée à tout et soumise en théorie à la décision des supérieures. Prie pour moi, afin que la pratique ne me trouve pas en défaillance. En attendant je prends de l'air, du repos, je rêve au passé et à l'avenir, je lis les conférences du P. Monsabré, dont l'ensemble me ravit, je médite tout le long du jour et j'essaie de m'abandonner au bon plaisir de Dieu, qui a Ses desseins en me faisant passer par l'épreuve de l'inaction et du décousu. Cette vie est en apparence si contraire à celle d'une Sœur de Charité... et en réfléchissant, j'y trouve matière à des découvertes que je n'aurais peut-être jamais soupçonnées.

Mais quel merveilleux enchaînement de grâce là aussi ! Notre-Seigneur m'a conduite par la main toujours dans le cadre le mieux adapté pour faire naître des impressions salutaires dans les âmes. Cela seul est un enseignement pour me laisser guider par Lui les yeux fermés, quand même je pourrais être tentée de croire que j'eusse été mieux dans mon élément ailleurs. Aide-moi, *dearest,* à obtenir cette grâce nécessaire de l'immolation silencieuse, de l'adhésion de cœur aux décrets de la Providence qui paraît me condamner au rien. On ne sacrifie pas sa vie sans sentir à toute heure ce qu'il en coûte. Peu importe, je suis dans le vrai, je le sais, je le sens et je suis heureuse de souffrir.

. . . .

Ma lettre va être bien vieille, j'espérais de jour en jour pouvoir t'indiquer mon placement définitif, et voilà que le provisoire s'accentue et se transforme en indéfini. Nos Supérieurs sont d'une bonté extrême et cherchent à avoir mille égards pour la position un peu exceptionnelle où je me trouve. Il n'est pas facile de tout concilier, il est évident que les considérations majeures doivent marcher en avant. Après quelques projets aussitôt abandonnés, il a été convenu que pour le moment je resterais à l'Haÿ ; on verra plus tard, s'il y a lieu, à m'envoyer ailleurs pour me donner un travail moins totalement en dehors de ma ligne.

———

Villa Enghe, 2 août 1893.

Certes, ma chère Louise, il est doux de sentir de bonnes affections qui prient au loin quand elles ne peuvent accourir, aussi j'ai tenu à vous faire prévenir de suite, puisque ma hâte de m'a pas permis de vous écrire moi-même. Quelle nuit j'ai passée en chemin de fer ! et quelle émotion pour maman de me voir à son chevet ! Celle-ci a été bienfaisante, car peu d'heures après mon arrivée, la parole a commencé à lui revenir. Pour cette fois elle est sauvée... mais l'avenir me préoccupe. Enfin, il faut se soumettre à la volonté divine, Notre-Seigneur est bien bon; mais l'éloignement coûte dans de telles conditions.

———————

L'Haÿ, 12 août 1893.

Tu attends sans doute avec anxiété un mot de moi, car je sais combien vos cœurs ont dû s'associer à nos angoisses. Il m'a fallu quitter ma pauvre mère mardi soir; je l'ai laissée en pleine convalescence, mais d'une faiblesse presque inquiétante. Elle s'est laissée soigner par moi... aura-t-elle la prudence nécessaire de continuer une vie de ménagements, si active, si dévouée et ne pensant jamais à elle? Tu comprends sans peine ce qu'il en coûte à distance, bien que les jours passés à Berne aient été traversés par différentes émotions douloureuses. Il me semble parfois que mon cœur va éclater tant il faut qu'il se dilate pour contenir une pareille dose de souffrances.

———————

A MADAME MARIE DE LA CROIX

L'Haÿ, 12 août 1893.

Vous avez su par Paul les angoisses causées par l'accident qui a failli enlever ma chère maman, et vous savez aussi combien nos excellents Supérieurs ont usé à mon égard d'attentions et de largeur, toujours en vue de travailler au salut des âmes. J'ai passé deux jours en Suisse, faisant, il est vrai, matin et soir deux heures de trajet pour regagner notre maison de Fribourg, mais j'avais la journée entière au milieu des miens. La joie de me revoir, sur laquelle elle n'osait pas compter, a été si grande, l'émotion si bienfaisante, que dès mon arrivée le mieux s'est produit, et j'ai pu la quitter rassurée pour le moment! Pauvre maman, comme elle est faible!

... Ma sœur supérieure est d'une bonté rare; elle se mit immédiatement en route pour Paris et revint au dernier moment, munie des permissions les plus bienveillantes. Je partais le soir même; quelle nuit d'angoisses! Comme tout cela est merveilleusement enchaîné depuis des mois et comme il faut admirer l'intervention divine! souvent on la recherche et dans ma vie on la touche du doigt. Vous savez que mon départ pour l'Orient était presque décidé pour ce printemps. Comme on m'a offert Constantinople, je suppose qu'il y aurait par là quelque chose qui me conviendrait; une suite de circonstances imprévues, ma maladie, le changement de notre Mère générale, etc. firent changer d'avis. Après avoir, il y a un mois, pensé à me placer successivement à Paris, à Lille et à Amiens, chaque fois l'on y renonça et on décida de me laisser provisoirement à l'Haÿ, où je fus chargée du soin de la sacristie et de la visite à domicile des pauvres du village. On disait que là, il me serait facile d'entretenir des correspondances avec les miens, de les recevoir même en séjour et au besoin d'apparaître à Berne comme l'ange de l'agonie. Huit jours après cette décision, maman était frappée d'une attaque!...

Notre-Seigneur veille et continuera à garder cette âme; maman est tranquille, puisqu'elle sait qu'au moindre signal de danger, je puis accourir et je veux avoir confiance en Celui qui sait le pourquoi de toutes choses. Mais cela n'empêche que l'éloignement est bien crucifiant pour le cœur dans ces cas-là. Je vous raconte ces détails, ma chère sœur, pour que vous redoubliez vos prières, c'est notre seul moyen d'atteindre les âmes, le plus efficace de tous. Demandez à Notre-Seigneur de bénir tous nos efforts; il a inspiré nos Supérieurs, ce ne peut être pour rien; vous savez que nous ne retournons jamais dans nos familles. C'est une preuve de plus que l'Esprit de Dieu a soufflé, et c'est là ce qui me donne confiance en l'avenir.

J'ai revu la chère tombe aimée... certes, je ne croyais pas m'agenouiller plus jamais sur ce coin fleuri qui renferme mon bonheur terrestre. Chère croix de marbre blanc, ombragée par des conifères déjà touffus, abritée par un saule, une délicieuse rose l'entoure, l'enlace et monte jusqu'au haut; autour un large parterre de lierre vert foncé, superbe, grimpant et formant mur contre la grille; de grosses touffes de roses d'un rouge ardent, symbole de la charité et de l'amour.

A MADEMOISELLE DE MARCÉ

L'Haÿ, 24 septembre 1893.

... Sans doute, j'ai profité de suite de tes bonnes indications pour demander une heure de rendez-vous qui m'a été offerte pour le lendemain avec toute la bonne grâce que tu connais. Avant deux heures j'étais installée à causer avec le Père et quelle n'a pas été ma surprise d'entendre sonner cinq coups, alors que j'avais compté repartir par le train de quatre heures! Aussi ne suis-je revenue au *home* qu'à la nuit tombante, ayant monté la côte par le vent, la pluie, l'obscurité, tout cela dans une solitude champêtre. Mais je repassais en mon âme les paroles précieuses que j'avais entendues, et rien de matériel n'avait prise sur moi, si bien que je me trouvais mouillée à fond, sans avoir compris qu'il aurait fallu tenir mon parapluie au-dessus de ma tête. Je ne te donnerai pas des nouvelles du Père, puisque tu as pu jouir, toi aussi, de son aimable société; il m'a paru toujours le même, bon, délicat, plein de dévouement, avec une nuance, comment m'expliquerais-je?... d'intimité plus étroite, qui donne au charme de nos relations un cachet plus indélébile encore. Il prétend que nous avons les mêmes idées, tout comme si les miennes n'étaient pas uniquement un pâle et incomplet reflet des siennes! Nous avons échangé de mutuelles confidences à propos de... je ne trouve pas en ce moment l'expression en français *the morose dullness of those whose wish is ever to crush us*. Il doit arriver ce soir à Bourg-la-Reine pour prêcher une retraite aux religieuses du Calvaire et il m'a promis de venir me voir demain. J'y compte... juste assez pour ne pas avoir de déception, si je ne vois poindre personne à l'horizon. Ma pauvre petite amie, Notre-Seigneur est bien bon de ménager ainsi de temps à autre un Cyrénien, car la vie est parfois *awfully dull and sad.*

... Sans doute je fais mal mon sacrifice, aussi depuis hier, je songe de nouveau à remplacer la qua-

lité, trop inférieure, par la quantité et je me reprends
à la pensée d'insister pour le grand étranger, ce qui,
je crois, me serait accordé cette fois. Le P. de
Régnon et vous tous, vous avez beau dire; c'est
pourtant là ma véritable voie. Je vais lui en parler
encore demain. Certes, on ne manque d'occasions de
souffrir nulle part, j'en trouve de belles à toute
heure, mais peut-être faut-il y ajouter, pour im-
primer à l'immolation un sceau plus marqué, l'indéfinissable torture de l'exil volontaire et absolu?
Remarque que l'appel aux missions est un seconde
vocation et que souvent Dieu demande aux âmes un
effort spontané! Que de fois il faut frapper, refrapper
à la porte d'une communauté avant de conquérir le
oui définitif. J'en sais quelque chose. Le Père Henry
aussi, et, comme il le dit : Quand on n'est pas capable
de se jeter à l'eau soi-même, on n'est pas digne de
la vie religieuse. Il faut dire en son cœur : Mon
Dieu, je ne sais pas si vous avez commissionné tous
ces gens-là pour me dire que vous ne voulez pas de
moi, mais cela ne saurait me suffir, il faut que vous
me le disiez vous-même.

L'Haÿ, 13 octobre 1893.

Quelle douloureuse surprise hier au soir, ma
pauvre petite amie, en rentrant de Paris, de trouver
tout à la fois lettre et dépêche! Comment, depuis
quinze jours vous viviez dans l'angoisse et tu ne me
disais rien! Toutefois, je n'étais pas sans inquiétude,
ton silence m'étonnait et vaguement j'avais le pres-
sentiment de quelque chose de triste, tant il est vrai

que les cœurs qui s'aiment ont des intuitions parti-
culières. Ma plume restait silencieuse... mais non
pas mes prières, ni les pensées d'intime et profonde
affection de votre amie. C'est donc bien vrai, tout
est fini! Cette nuit il me semblait être avec vous
près de la dépouille de ton cher père, et je t'assure que le sommeil ne m'a guère visitée. Que de
souffrance avant de mourir! a-t-il eu connaissance
de son état, s'est-il vu partir? Que de détails je
voudrais avoir! Sans doute le bon P. de Régnon ne
l'a plus trouvé en vie; quelle peine pour lui aussi!
Il a eu la délicate intention de m'écrire un mot dans
la nuit avant de partir. C'est une consolation pour
vous de l'avoir près de vous dans ces premières
heures si poignantes.

Pauvre chère amie, je ne puis que te répéter
combien je *sens* avec vous tous l'immense chagrin.
Les paroles sont inutiles, certaines souffrances sont
tellement au-dessus du langage humain, qu'il n'y a
qu'à garder le silence et embrasser muettement ceux
qu'on ne peut avoir la sotte prétention de consoler.
Ah! oui, il faut prier pour la chère âme, bien qu'à
cette heure celui que nous pleurons soit certainement en possession de la récompense. Que je ne
puis-je avoir la même assurance pour mon Albert!...
se sont-ils revus?

A M. E. CORRAGIONI D'ORELLI

L'Haÿ, le 14 février 1894.

... La faiblesse humaine nous fera tomber souvent,
nous aurons mille défaillances en chemin, mais

quelle large compensation pour l'âme religieuse dans cette profonde parole du Maître : *Majorem hac dilectionem nemo habet, ut animam suam ponat quis pro amicis suis.* Oh oui ! donnons notre vie, mais donnons-la noblement, sans condition et sans réserve, non pas pour l'immoler de telle ou telle façon dans un sacrifice choisi par notre volonté propre, mais offrons-la à l'Ami du Ciel pour en faire ce qu'Il veut, et acceptons à l'avance le martyre voulu de Lui... ce ne sera pas l'accomplissement de nos rêves, non, il faut pousser l'abnégation jusqu'au bout, *abneget semet ipsum,* et être prêt à faire de notre être entier une hostie vivante. Avec quelle confiance nous verrons alors approcher la mort ! N'est-ce pas là une pensée qui console de tant de souffrance ?

... Prions beaucoup pour que la volonté divine s'accomplisse en nous et autour de nous, sans que nous y apportions le moindre obstacle ; c'est là la sainteté vraie et quand on la comprend ainsi, on peut souffrir, sans doute, se sentir le cœur broyé et meurtri, mais on est heureux de savoir qu'on appartient à Notre-Seigneur, qu'on est aimé de Lui, et alors la consolation suprême est de n'en avoir pas.

A SON PÈRE

L'Haÿ, 4 janvier 1895.

Je suis bien désolée, mon cher père, de n'avoir pu vous prévenir en venant la première vous offrir

tous mes vœux; mais mes occupations ont été
triplées ces jours et j'ai dû me contenter de les
former dans mon cœur. Merci mille fois de la surprise que contenait votre lettre; c'est beaucoup trop,
j'en suis confondue.

J'espérais recevoir une lettre aujourd'hui me racontant votre Jour de l'an et... rien, mais la poste
est si surchargée en ce moment que le récit attendu
me parviendra sans doute demain. Pourvu que
maman n'ait pas ressenti trop de fatigue! Je suis
presque contente sous ce rapport que votre cercle
de famille ait été restreint.

Ici, nous ne sortions pas des compliments, des
réceptions, il faut en subir de toutes façons, et à la
fin on est toujours obligé d'offrir quelque brimbo-
rion. Les fournisseurs habituels envoient des
étrennes de leur ressort, pièces de bœuf, brioches,
caisses de bougies, etc., et toute la matinée il faut
courir donner la pièce aux porteurs.

Ma sœur supérieure va voir les dames pension-
naires réunies, qui lui font un petit speech, puis on
s'embrasse et nous leur avons offert à chacune un
mignon cruchon de liqueur douce. Même cérémonie
chez les messieurs, agrémenté d'un compliment en
vers d'un ancien professeur et d'un morceau de vio-
loncelle. Encore distribution de petites fantaisies.
Les employés hommes, une quinzaine environ,
viennent au bureau en corps, le plus ancien porte la
parole, on répond en distribuant des pièces de
5 francs, et des boîtes de gâteaux. Après cela les
femmes, au nombre d'une vingtaine, même cérémonie. La veille nous avions chez les enfants
externes une petite représentation de chansonnettes,
dialogues, etc., ainsi qu'à l'asile; toute cela suivi de

la traditionnelle distribution de boîtes de bonbons. Le dimanche c'était fort gentil chez les internes, dont plusieurs chantent et récitent à ravir. Après quoi il y a encore les visites officielles, chez le curé, le maire, le supérieur du noviciat voisin, les sœurs du Parc; c'est fatiguant et l'on est bien content lorsque chacun a ses étrennes et que l'on s'est débarrassé de ces multiples petits objets qui ont nécessité tant de courses et de fatigues. Tant mieux, c'est passé et tout le monde a été satisfait. Vendredi nous avons eu l'arbre de Noël, que tout le monde a trouvé charmant cette année. Je crois bien, c'était la première fois qu'il avait l'air d'un sapin réussi, sans me vanter; après une petite loterie pour soixante-quinze enfants et environ une quarantaine d'autres personnes. Je vous assure que j'ai eu bien du mal depuis trois semaines pour venir à bout de tout, car c'est moi qui ai tout choisi, tout organisé; courses dans Paris, comptes, lettres, envois, nombreuses fêtes à la chapelle, il fallait que tout marche de pair, sans compter le courant, toujours pesant pour la pauvre économe dans une maison pareille. Depuis plus d'une quinzaine, c'est la première nuit que j'ai pu avoir sept heures de sommeil. Il était temps! Demain il faut que j'aille à Paris, malgré la vilaine neige mouillée, pour affaires d'argent et pendant au moins trois semaines je vais me pencher sur des colonnes de chiffres pour boucler mon année, préparer la nouvelle et présenter pour la première fois depuis des années les livres de Sainte-Geneviève en règle, à la Communauté.

A MADAME MARIE DE LA CROIX

L'Haÿ, 20 janvier 1895.

Tout est terminé, votre pauvre chère mère est au Ciel. Plus près que moi, vous aurez pu suivre les douloureux progrès de la maladie; j'avais vu Paul, il y a huit jours, qui paraissait tout joyeux d'une meilleure nouvelle; dimanche il m'a écrit qu'il partait et hier soir, en rentrant de Paris, je trouve la dépêche de Maria m'annonçant que tout est fini! N'est-ce pas que dans ces moments-là, le sacrifice de la séparation absolue déchire le cœur? Je pense à tout ce que vous souffrez, au chagrin profond de notre cher frère, à celui de Maria qui va ressentir un vide immense! A l'heure où vous recevrez ce petit mot, le corps de votre chère mère sera peut-être déjà au lieu de son repos. Je n'ai pas le temps de vous en dire davantage. Nous sommes entourés de malades et de mourants, il faut se décupler, je ne puis que vous embrasser bien tendrement, chère petite Marie, en unissant mes prières aux vôtres.

A LA BARONNE DE SONNENBERG (1)

L'Haÿ, 18 août 1895.

Vous ne sauriez croire combien j'ai été heureuse de revoir votre écriture; il y a si longtemps que je

(1) La baronne Louis de Sonnenberg, née de Heeren.

n'avais de vos nouvelles! Bien souvent je pense à vous, et je prie Notre-Seigneur de vous bénir, de consoler votre cœur et de le combler de Ses grâces. Faites-vous de même pour moi? Je l'espère et le crois. Je sais que vous êtes toujours vaillante... on est si heureux de constater que les êtres qu'on aime restent noblement à la hauteur de leurs épreuves!

... L'abbé W. m'a parlé de vous avec enthousiasme et il m'a été doux de l'écouter. Je n'ai plus rien su par lui de l'affaire qui l'intéresse tant. Quel succès, en effet, si on parvenait à installer une maison religieuse dans ce Zurich si protestant! Je n'ai pas besoin de vous dire, chère amie, que ma joie serait doublée s'il s'agissait de nos sœurs. Il y a un échec apparent; je sais que la Communauté a refusé cette fondation sous prétexte de manquer de sujets, mais je sais aussi que notre grand saint Vincent de Paul, craignant toujours « d'enjamber sur la Providence », comme il le dit si naïvement, était d'avis d'attendre, de ne point s'avancer et de laisser l'œuvre de Dieu se préparer lentement, afin que l'on voie bien que rien d'humain n'y présidait. Pour moi, ce refus est de bon augure. Dites bien au bon abbé, dont le zèle me plaît, dites-lui de ma part qu'il insiste, qu'il fasse faire une demande pressante par son évêque et il sera sûr du succès. Surtout, ceci est très important, à mon idée, pour le succès durable de l'œuvre, qu'il demande comme une faveur que la maison dépende directement de la Mère générale et non pas de la province de Turin ou de Cologne, comme on le lui a soufflé.

Enfin, à la garde de Dieu; s'Il le veut, cela se fera et d'autant mieux que l'œuvre aura eu du mal à s'organiser (1). Personne plus que moi n'en désire la réussite, mais comme je veux avant tout faire, moi aussi, la volonté de notre Dieu, je suis liée et n'ose parler. Songez dans quelle situation délicate je me trouve : cette œuvre, en plein milieu contraire, est séduisante, et je connais assez les usages et les idées du pays, si voisin de ma ville natale, pour que, si je me hasardais à plaider la cause ce que je sens que je ferais avec enthousiasme si je commençais), nos Supérieurs majeurs aient immédiatement la pensée de m'y envoyer, d'autant plus qu'ils savent que ma présence, en Suisse, pourrait être la cause d'un revirement dans quelques âmes, dont le retour commence à se faire pressentir... Si j'étais là, peut-être serait-ce un appui, un encouragement! Comprenez-vous ma position, chère amie, vous si délicate? Je ne veux rien faire de mon propre mouvement; c'est pourquoi, dans cette affaire, l'abbé W. a dû me trouver indifférente peut-être. Si Dieu me veut là-bas, le signal viendra par l'appel de mes supérieurs, sans que rien de ma part ne leur en inspire l'idée. *Ecce venio, ut faciam, Deus, voluntatem tuam.* Prions, amie chérie, pour que les obstacles au bien s'effacent, pour que l'œuvre de Dieu s'opère dans les âmes, et pour que nous ne mettions pas nos petites idées à la place de celles de la Providence.

---

(1) Cette œuvre, fondée aujourd'hui, est dirigée par les Sœurs de la charité de Saint-Vincent de Paul et prospère admirablement.

A SON PÈRE

L'Haÿ, 9 août 1896.

Je suis presque en retard, mon cher père, pour venir vous souhaiter bonne et heureuse fête, car j'ai grand'peur que ma lettre n'arrive à destination que le lendemain; c'est notre vie mouvementée, toujours sillonnée d'imprévu, qui m'a empêchée de prendre la plume. Vous ne doutez pas, que la date du 10 août ne saurait être oubliée par moi. Soixante et dix ans! C'est un chiffre respectable, et quand on songe que vous n'avez aucune infirmité, nous pouvons vraiment remercier la Providence. Je forme les meilleurs vœux du fond de mon cœur pour que nous ayons de longues années encore le bonheur de vous conserver aussi vaillant. Je suis contente de vous sentir en changement d'air, car nous avons eu des chaleurs très fortes; il est vrai que maintenant le tableau est changé. Un jour de pluie, désiré pourtant, nous a laissé des feuilles dorées aux arbres, une température presque fraîche, et ce matin, à six heures, le brouillard arrivait jusqu'à ma fenêtre, voilant la jolie vue que nous avons sur les côteaux de Bagneux et Fontenay-aux-Roses, depuis la disparition de nos vieilles masures.

Encore un imprévu! Une de nos vieilles dames a une attaque, j'y cours...

A MADEMOISELLE MARIE-CAROLINE FALCK

L'Haÿ, 29 novembre 1896.

Chère mademoiselle, permettez-moi de vous appeler ainsi en attendant de vous donner bientôt un nom plus intime. Vous ne doutez pas, je pense, de la vive gratitude envers Notre-Seigneur avec laquelle j'ai accueilli la nouvelle bénie de la conclusion tant désirée par notre Henry. Le voilà arrivé à la réalisation de ses rêves, le cher garçon, et j'ai pleine confiance que vous saurez remplir noblement votre mission en développant en lui ses très réelles qualités de cœur.

... Si je suis quelque peu en retard pour venir vous offrir mes souhaits de bonheur, n'en accusez que ma vie occupée, très surchargée ces temps-ci, et ne me laissant pas une minute. Depuis mon rapide passage à Lucerne, il y a deux ans, mes pensées se sont souvent reportées vers vous, et c'est avec un grand charme que je souviens de l'aimable et franc accueil de madame votre mère (1), de votre frais et gracieux sourire... Je veux espérer que l'année nouvelle ne se passera pas sans que j'aie l'occasion d'apprécier de plus près celle qu'il m'a été donné d'apercevoir seulement. En attendant je forme mille vœux sincères pour que Notre-Seigneur vous accorde Ses meilleures bénédictions. C'est ce que je Lui demande tout particulièrement ce matin

(1) Mme Louis Falck, née comtesse Crivelli, sœur de Mme de Segesser-Brunegg.

et j'ose espérer que vous accepterez l'offrande de mes prières.

Vous allez recevoir un de ces jours un souvenir auquel, je l'espère, vous voudrez bien accorder une place dans votre chambre. En regardant ce Christ, protecteur de votre foyer, veuillez penser quelquefois à l'humble sœur de Saint-Vincent de Paul, qui, quoique éloignée par la distance, sera toujours de moitié dans vos joies ainsi que dans les peines inévitables de la vie, et qui, croyez-le bien, vous garde une large part de tendresse fraternelle dans son cœur.

A MADAME MARIE DE LA CROIX

L'Haÿ, 24 décembre 1896.

Voici Noël! ma chère Marie, et je viens vite vous saluer au sortir de votre saint silence. Que vous êtes heureuse de pouvoir vous recueillir, dans la calme méditation près du Cœur de notre divin Maître, et que je voudrais parfois vous envier un peu cette paix extérieure que les bruits du monde ne viennent point troubler! Tandis que moi, je vis dans un vrai tourbillon; nos œuvres sont un mouvement perpétuel et par suite de la santé très usée de notre chère supérieure, je me trouve à la tête des organisations beaucoup trop souvent. Elle a passé cet automne trois semaines à Vichy pour en retirer un bénéfice très peu apparent, et, pendant ce temps, j'ai été appelée à la remplacer officiellement.

Ces derniers temps je viens d'éprouver une

grande joie, à laquelle je sens que vous allez vous
associer avec tout votre cœur si tendre et si dévoué.
Mon frère Henry est fiancé, j'en avais l'espoir depuis quelque temps, cela s'est enfin décidé il y a
trois semaines, et le mariage sera célébré dans une
dizaine de jours.

... Une autre bonne nouvelle, c'est un de mes
cousins, dont je vous ai parlé quelquefois et que
j'aime comme mon frère, qui s'est décidé après une
longue période de luttes et d'hésitations, à briser
avec le monde, à renoncer à une existence remplie
d'espérances brillantes au point de vue humain... Il
a revêtu la soutane le jour de la Toussaint, et fait
actuellement ses études de théologie au Séminaire
français de Santa-Chiara à Rome.

Si je vous ai souvent confié mes peines avec la
douce certitude de trouver un écho bien affectueux
dans votre cœur, je suis certaine aussi que les
bonnes nouvelles d'aujourd'hui vous réjouiront et
que vous vous unirez à mes actions de grâces pour
ces bonheurs si longtemps attendus.

A MADAME HENRY DE FISCHER (1)

L'Haÿ, ce jour des Rameaux 1897.

Ma chère Caroline, j'aurais voulu répondre de
de suite à votre affectueuse lettre, mais mes journées sont si agitées et si remplies que je me vois
toujours obligée de sacrifier mes désirs personnels.

(1) Belle-sœur de Mme de Saint-Martial.

Votre envoi de médailles est arrivé en bon état, je vous remercie de tout mon cœur de cette charmante et pieuse attention. Je les donnerai comme récompense aux enfants les plus sages, et, à chaque fois, je demanderai une prière pour vous. Merci encore, vous avez deviné la joie que devait me causer cet affectueux témoignage.

Ma mère m'écrit que vous avez été un peu grippée; la saison est mauvaise vraiment et on n'entend parler que de maladies. J'espère que vous voilà remise et le petit séjour que vous devez faire à Lucerne va achever votre guérison. Peut-être y êtes-vous déjà, je comprends votre bonheur de vous retrouver au milieu des chers vôtres.

... Pour Henry aussi j'en suis contente; j'ai passé par là, je sais ce qu'il en coûte de patience, de courage froid. Heureusement que vous êtes son bon ange, ma chère petite sœur, et d'un sourire vous saurez éclairer les moments sombres. Quel rôle consolant que le vôtre et comme je remercie Notre-Seigneur de vous avoir choisie pour cette douce mission! Que je voudrais donc pouvoir causer avec vous de tant de choses qu'on ne peut écrire! Quand aurai-je la joie de vous voir? Ma plus tendre affection vous est acquise, mais je voudrais pouvoir vous le dire de vive voix. C'est dans ces choses du cœur que le sacrifice se fait surtout sentir, et, tout en éprouvant fortement la peine de la séparation, je suis toujours heureuse d'être dans la voie où Dieu m'a appelée.

Je vois que vous avez bien joui de votre séjour à Rome, et qu'il vous a laissé de ces souvenirs que l'on conserve longtemps dans le meilleur coin de son cœur. Tant mieux; pour Henry cela a été une douceur intime de vous montrer ces beautés imposantes dont il avait déjà un aperçu, mais que l'admiration partagée rendait mille fois plus belle.

Vous allez sans doute vous installer sous peu, au moins provisoirement, dans votre appartement; j'en suis bien aise, car vous serez mille fois mieux. Le *home* a tant de charmes, et comme c'est agréable d'organiser son intérieur à son idée!

... Savez-vous que nos Sœurs sont à Zurich depuis quelques mois? Il paraît que les œuvres marchent, elles sont contentes de leurs débuts. La population catholique est, dit-on, très fervente. Lorsque l'église de Berne sera bâtie, vous penserez à faire venir les cornettes, n'est-ce pas? On pourrait faire beaucoup de bien et je crois que les ressources se trouveraient.

Je vous quitte à la hâte, car j'ai beaucoup de travail et ce n'est que ce matin lundi que je termine ma lettre; on m'interrompt sans cesse pour une foule de détails. Mille choses de cœur. Embrassez votre mari de ma part, il me saura gré de vous charger de la commission.

---

30 novembre 1898.

Merci, ma chère Caroline, de vos affectueuses pages, rassurez-vous sur mon sort. Je suis entière, il ne me reste aucune marque, ce qui est au reste, un vrai miracle. Peut-être cet accident (1) ne m'est-

(1) Le jour de la Toussaint, en changeant la décoration de l'autel pour l'office des morts du lendemain, la grande exposition, pièce très lourde en cuivre et bronze, était retombée sur

il arrivé que pour me procurer la consolation de recevoir de tous côtés des témoignages de sympathie les
plus aimables; je ne me savais pas si appréciée!... A
quelque chose malheur est bon! En tous les cas je
suis très reconnaissante à la Providence de m'avoir
si merveilleusement préservée. — Quand à m'absenter, il ne saurait en être question. Un séjour dans
la famille n'est autorisé qu'à de très rares exceptions
tions et pour des circonstances tout à fait particu-
lières; un motif de santé ne peut jamais être allégué
pour cela. Aussi faut-il en faire le sacrifice, et je
compte sur votre tact et votre délicatesse, ma chère
petite sœur, pour le faire comprendre à ma mère.

Je suis heureuse de savoir que vos forces reviennent et que Mercédès grandit; quand tirera-t-on
sa photographie? Je suis impatiente de connaître ma
filleule que toutes les lettres me dépeignent être
charmante comme sa maman. Jouissez de votre
bonheur; que Dieu vous le conserve, c'est ma prière
quotidienne. Que Notre-Seigneur vous bénisse et
comble de grâces votre cher trio! Je pense souvent
à vous, avec une profonde et tendre affection.

A SON PÈRE

L'Haÿ, 30 décembre 1898.

Je suis obligée de me contenter de peu et de donner à mes souhaits de bonne et heureuse année une

---

la tête de sœur Blanche, lui brisant l'os du nez et occasionnant
une forte perte de sang.

forme des plus laconiques, car ces jours-ci sont vraiment surchargés. Il faut agir avec une dextérité électrique et passer d'un détail à un autre avec une rapidité d'éclair, bien que leur nature soit généralement très hétéroclite. Pourtant cela n'empêche pas de penser à la bonne réunion qui commencera sans doute la nouvelle année. La joie des enfants compensera le vide creusé par les absents, et ce petit monde sera très gai, je suppose, sauf Mercédès qui n'aura pas encore des notions très nettes sur les étrennes.

Puis-je espérer que vous viendrez de nos côtés en 1899 ou voudrez-vous, comme beaucoup, vous réserver pour l'exposition monstre ? En tous cas je compte sur un séjour de maman; ce petit changement lui fera du bien et voilà longtemps que personne n'est venu me voir. Donc, n'est-ce pas? c'est entendu. — Bonne et heureuse année !

―――――

A MADAME HENRY DE FISCHER

L'Haÿ, 11 juin 1899.

Que vous dire, ma bien chère Caroline, de votre charmante surprise ? En recevant l'avis d'un colis, je me demandais : qu'est-ce donc qui va m'arriver là ? et je croyais à un envoi-échantillon quelconque, ainsi que j'en reçois souvent, mais cependant je ne suis connue en général que sous le nom de Sœur Blanche. Enfin, le soir du Sacré-Cœur, après une journée splendide, mais ultra-éreintante, j'ai pu ouvrir ma petite boîte et y trouver, au milieu de ces ravissants légumes, délicieusement imités, votre carte affectueuse et délicate. Quelle jolie intention ! Elle portera bonheur à Miss Baby, qui pratique déjà si bien les raffinements de la charité.

Je n'ai pas encore eu le temps de distribuer ses bienfaits, mais ce matin, en rangeant notre petit monde, tous les bébés habillés de blanc avec écharpes bleues et roses, bannières en main pour la procession, j'ai annoncé que, si l'on était sage, on aurait demain, à l'école, une leçon toute nouvelle et extrêmement intéressante. Or, on a été comme de petits anges, on a marché bien en ordre, on a jeté les feuilles de roses avec beaucoup d'ensemble devant le Saint Sacrement, enfin toutes les conditions sont réunies pour que la leçon de choses soit donnée demain ! Ce sera tout à fait gentil, et j'ai un seul regret, c'est que vous n'y assistiez pas. En reconnaissance on récitera une prière pour petite Mercédès. Merci encore, je suis profondément touchée. Henriot est bien paresseux, il me ferait tant de plaisir en m'écrivant de temps à autre ! je le sens heureux, c'est le principal, mais est-il bien le mari dévoué, généreux et tendre ? Gare s'il ne l'est pas en tous points, je le gronderai très fort... Vous ne doutez pas, n'est-il pas vrai, de la joie que j'aurais à vous voir, à causer avec vous de tant de choses... le sacrifice de l'éloignement fait crier le cœur quelquefois, mais cela est si bon de penser qu'il peut attirer les bénédictions de choix sur ceux que l'on aime !

Notre jardin est ravissant pour le moment, avec sa profusion de roses de toute beauté.

A SON PÈRE

L'Haÿ, 9 août 1899.

A défaut d'une longue missive, mon bien cher père, hélas! impossible à écrire au milieu de ce tohu-bohu qui est ma vie, ces quelques mots viendront vous dire que je n'oublie pas l'anniversaire de demain. Mon cœur n'a pas besoin de dates fixes pour être auprès de vous tous, mais demain plus particulièrement encore je demanderai à Dieu de vous conserver la santé et de rendre vos dernières années aussi douces que possible. Ainsi en voilà donc encore une d'écoulée et plus on avance en âge plus il semble qu'elles s'envolent avec rapidité; heureusement que pour vous leur poids n'est pas trop lourd... Je ne sais si ma carte vous trouvera à Berne, car maman m'écrit que vous allez partir en villégiature pour une destination encore inconnue. Sans doute votre malle est faite depuis au moins une quinzaine! Il doit faire bon respirer sur les montagnes et, par ces temps de canicule, plus d'une fois je pense aux chers glaciers.

Quant à moi je ne puis m'absenter, les occupations devenant plus absorbantes à mesure que la maison grandit. Les diverses œuvres prospèrent, tout est en bonne voie, la maison est pleine; j'en suis ravie, mais aussi nous voilà devenus établissement important, et ce n'est pas une sinécure que de diriger une pareille organisation. Je me sens bien un peu fatiguée, mais comme je mourrais d'ennui dans une petite bicoque, mieux vaut encore cela. Nous avons nos distributions de prix samedi prochain et dimanche, encore de fameuses journées! Puis les vacances ne sont jamais complètes, la moitié des enfants nous restant et l'autre moitiée s'absente à deux et même trois reprises, de sorte que l'on est toujours à compter son monde.

Je suis heureuse que les Henry soient auprès de vous, j'espère qu'ils ne vont pas rentrer dans la capitale de sitôt. Mercédès doit être toute mignonne et mettre de la gaieté dans l'air. Quel dommage que nous soyons si loin! Ici les élections des conseillers municipaux nous mettent du noir dans l'âme.

A MADAME MARIE DE LA CROIX

L'Haÿ, 15 août 1899.

Aujourd'hui grande fête, ma chère sœur, aussi je viens en courant vous assurer de mes plus tendres vœux. Vous pensez si j'ai prié pour vous ce matin, plus encore que les autres jours! Je regrette seulement que mes souhaits de fête vous arrivent en retard, mais vous savez combien mon temps est surchargé. Hier j'ai dû arranger la chapelle et dans une heure déjà il faudra se mettre à dégarnir!

Je comprends combien vous devez être occupée par le grand projet de centralisation de votre ordre, dont il s'agit. Votre révérende Mère doit être bien heureuse de voir ses travaux et ses peines assurées du succès; c'est une belle œuvre à laquelle elle s'est vouée, car rien ne donne de la force comme l'union et l'uniformité. Jamais notre Compagnie

n'aurait acquis son développement presque extraordinaire, sans ce groupement autour de nos supérieurs majeurs. Que c'est beau de voir des milliers
de maisons répandues dans l'univers entier, prendre
leur mot d'ordre d'un chef unique et opérer leurs
œuvres dans toutes les parties du monde de la
même façon!

Paul est venu me voir l'autre jour, à ma grande
joie, car depuis longtemps j'étais privée sous ce
rapport. Nous avons causé longuement de ses projets... Ce cher frère, je suis toujours heureuse de le
revoir, mais c'est si rare! Il m'a donné d'assez
bonnes nouvelles de votre santé... sont-elles vraies?
Je l'espère, sans oser trop y croire, car vous ne le
lui auriez certainement pas dit si vous souffriez.

Quant à moi, je me sens bien lasse depuis
quelques jours. J'ai beau me forcer, vouloir aller
quand même, les nerfs sont trop tendus et auront,
eux aussi, bientôt fini de suppléer aux forces exces-
sives que demande un surmenage aussi constant.
Dieu le veut sans doute ainsi, car notre Mère générale le sait depuis qu'elle est venue visiter la maison il y a dix jours; elle a vu à quel point notre
bonne supérieure est fatiguée, souffrante, et comme
par conséquent toute la direction des œuvres
et de leur nombreux personnel pèsent sur mes
pauvres épaules, sans compter la pharmacie, la
sacristie, qui à elles seules occuperaient très bien
une sœur. Une fois les supérieurs avertis, qu'avons-
nous à faire sinon à continuer? Priez beaucoup,
ma chère Marie, pour que Notre-Seigneur me
donne l'énergie nécessaire, car parfois je faiblis, la
croix est si lourde quand il faut la porter avec un
cœur brisé! Enfin, Dieu le veut; pourvu que nous

ne sortions pas de la voie tracée par Lui, n'est-ce pas? c'est le principal. Je vous embrasse affectueusement et vous demeure unie en pensées et en prières. Pensez à *nous* le 19!

Sᵣ BLANCHE,
Fille de la Charité.

***

M. L'ABBÉ DE SAINT-MARTIAL
A MADAME MARIE DE LA CROIX

Paris, 15 octobre 1899.

Ma chère Marie, je reçois à l'instant une nouvelle qui, ainsi que moi, va te consterner, t'affliger profondément. La sœur supérieure de la maison Sainte-Geneviève de l'Haÿ m'envoie par exprès ces mots si douloureux et si terrifiants à la fois : « Il vient de nous arriver le plus grand malheur possible; ma bien-aimée et chère sœur Blanche vient de s'envoler au Ciel subitement. » Puis la révérende sœur supérieure me supplie de venir le plus tôt possible. Je le ferai dès demain sitôt ma messe dite au Sacré-Cœur.

Quel coup terrible pour la bonne Mme de Fischer, pour M. de Fischer, pour ses frères, pour nous tous! Comment prévenir à Berne, alors qu'il n'y a pas eu la plus petite maladie auparavant?...

Ensemble, ma chère Marie, nous sommes bien affligés; ensemble aussi nous allons prier pour cette âme qui aimait tant Albert, notre frère, et qui nous aimait beaucoup aussi. Sa mort est un grand vide pour moi, je comptais absolument sur la bonne et dévouée amitié de cette chère sœur. Que la vie est donc peu de chose! Adieu bien tristement : je n'ai qu'un instant à moi.

---

16 octobre 1899.

J'arrive à la minute de l'Haÿ, prier près de la dépouille de notre sœur, j'ai vu la supérieure qui l'aimait tant et dont la douleur est toute semblable à celle de Mme de Fischer, arrivée de ce matin sans savoir encore la mort de sa fille, et je t'apporte à la hâte quelques détails dont tu es bien avide, j'en suis sûr.

C'est hier dimanche, jour où Blanche avait fait la sainte Communion, un peu avant midi, qu'elle a été frappée, exactement comme son pauvre mari qu'elle désirait tant rejoindre là-haut, d'une embolie. Elle était dans sa chambre, et, ne la voyant pas revenir, la supérieure qui la quittait le moins possible, tant elle craignait de sa part excès de fatigues et de dévouement, est entrée et l'a trouvée affaissée par terre; elle vivait encore; à la voix de la supérieure, elle s'est ranimée, a souri doucement, mais ne pouvait parler. Vite, on s'est empressé autour d'elle; avec les plus touchantes et les plus délicates attentions on l'a portée sur son lit, le curé prévenu est arrivé en toute hâte, pendant qu'on lui disait à haute voix l'acte de contrition, il lui a donné l'absolution, il a pu même lui administrer l'extrême-onction. C'est un instant après qu'elle s'est éteinte sans paraître souffrir. Elle doit être maintenant bien heureuse, car elle appelait la mort de tous ses désirs et ne songeait qu'à se réunir en Dieu à notre frère Albert, à celui qu'elle n'a cessé d'aimer d'une affection dont on ne peut se faire une idée. Et la preuve qu'elle pensait à la mort, c'est que tout était prévu, écrit d'avance : papiers parfaitement en règle, testament devant être déposé chez le notaire le jour de sa mort, son corps devant être transporté à Berne pour reposer près d'Albert, la cérémonie religieuse qui doit avoir lieu à Berne minutieusement indiquée, même l'épitaphe à mettre sur la pierre tombale est composée. Rien n'est omis jusque dans les plus petits détails.

...M. de Fischer arrive ce soir avec son fils Adalbert. Mme de Fischer est abîmée de douleur, pleine néanmoins d'une admirable résignation. Puisque maintenant, dit-elle, sa fille bien-aimée est heureuse, elle s'efforce de remercier Dieu de sa mort. Mais que ce remerciement coûte à son cœur de mère !

———

19 octobre 1899.

La cérémonie des obsèques a été très belle. Beaucoup de Sœurs de Saint-Vincent de Paul, les petits garçons, les fillettes de l'établissement Sainte-Geneviève, les jeunes filles de l'ouvroir, beaucoup de monde de l'Haÿ, des prêtres du noviciat (de l'Oratoire). Le Supérieur majeur, le T. R. Père général de Saint-Lazare, était venu la veille, chose extraordinaire! L'église était fort bien ornée; beaucoup de lumières, les chants ont été très beaux : la bonne supérieure, avec son affection maternelle pour notre sœur, avait tout admirablement ordonné.

J'ai pu pendant ces instants passés à Sainte-Geneviève me rendre de plus en plus compte de tout ce que Blanche a fait dans cette maison. Buanderies, lavoirs, séchoirs, pharmacie, écuries, poulailler, bibliothèque, salle de billard, chapelle mortuaire... C'est elle qui a tout fait construire, et toujours d'après ses plans, car elle s'est révélée architecte accompli. Tout est bien conçu et très joli d'aspect. La comptabilité considérable, qui roulait uniquement sur elle, est tenue au point qu'un expert qui inspectait des livres croyait y voir l'œuvre d'un homme et non pas d'une femme. Et que dire de son esprit qui était comme l'âme de la maison? Elle était partout, agissant et faisant agir. Il y a peu de temps une alerte est survenue, un commencement d'incendie; aussitôt, avec un sang-froid imperturbable et une intelligence remarquable, elle a pris la direction et le commandement des secours, et en quelques instants, sans émoi et sans trouble dans la maison, tout a été éteint. Aussi, ma chère Marie, on ne peut se faire idée de la grandeur de la perte que fait la maison, et en particulier la supérieure, car, pour elle se joint à ces importants côtés la question de cœur; elle aimait Blanche je puis bien dire autant que Mme de Fischer elle-même.

Le soir à quatre heures un touchant cortège s'est

formé à la porte de la petite église paroissiale. Le curé en surplis et en étole est monté dans le coupé du fourgon des pompes funèbres avec son enfant de chœur; et derrière, cinq voitures emmenaient famille, sœurs, jeunes filles, à la suite de leur chère défunte. On l'accompagna ainsi aussi loin que possible, la supérieure était dans le coupé de la maison (encore un achat de Blanche) avec Mme de Fischer, et, entrant dans Paris par l'avenue d'Italie, après un long parcours, on arriva enfin à la gare de Lyon.

C'est là que, non sans larmes de la part de beaucoup, a dû se faire la séparation suprême. Aujourd'hui ont eu lieu à Berne les dernières cérémonies, c'est-à-dire la messe qui a dû être célébrée par un parent de Blanche, récemment ordonné prêtre, puis l'inhumation au cimetière, près de notre cher Albert.

. . . .

J'abandonne le passé à la miséricorde de Dieu !
Je confie l'avenir à sa douce Providence !
Je consacre le présent à son Amour !

Alors j'ai dit : Me voici ; je viens pour faire, ô Dieu, votre volonté. Il abolit ainsi le premier sacrifice, pour établir le second.

(Hébreux, X, 9.)

10 novembre 1888.

Si loin qu'il leur faille aller, ils avanceront jusqu'au terme... ce terme est le secret de Dieu !

(Vocation des Mages.)

22 décembre 1889.

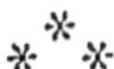

Je ne suis moi que pour moi! Pour les autres, je ne suis qu'une autre!

***

Courage, confiance et paix!
L'Éternité n'est pas loin avec ses joies qui demeurent toujours!

Mars 1890.

***

Dieu ne laissera sans récompense aucune peine, même la plus légère qu'on aura soufferte par Lui!

(Imitation.)

***

Les afflictions sont le gage le plus certain que Dieu puisse nous donner de l'amour qu'Il a pour nous.

On enchaîne agréablement et on gagne les cœurs des hommes en traitant avec eux d'une manière pleine de douceur.

Notre perfection consiste à unir tellement notre volonté à celle de Dieu, que nous ne voulions que ce qu'Il veut. Celui qui conformera le plus sa volonté à celle de Dieu sera le chrétien le plus parfait.

(Saint Vincent de Paul.)

***

A toute souffrance, endurée chrétiennement sur la terre, correspond dans le Ciel un degré de gloire qui nous configure au divin Triomphateur.

Août 1892.

***

L'éducation, c'est le tact, le discernement, la divination des nuances, l'habitude de dominer une impression fâcheuse, de savoir moduler sa parole suivant les circonstances. L'éducation implique la possession de soi-même, une harmonie parfaite régnant dans l'attitude extérieure.

***

Combattre un seul défaut et tendre à une seule vertu sans se relâcher jamais est le signe d'une grande âme.

(P. de Ravignan.)

***

L'âme qui souffre est près de croire, — l'âme qui rêve est près de douter.

Le triple secret qui fait qu'on meurt jeune à cent ans, c'est : l'étourderie du cœur, l'égoïsme, et la frivolité de l'esprit.

(Mme Swetchine.)

La religion paraît quelquefois terrible vue du dehors : il faut y entrer, il faut y vivre, il faut la pratiquer pour connaître son charme profond et sa suavité que rien n'égale.

Rien n'est si tendre, si ouvert, si vif, si doux, si aimable, si aimant qu'un cœur que l'amour divin possède et anime.

(Fénelon.)

Qu'importe si rien ne nous réussit, si tout nous abandonne, lorsque nous savons que Dieu triomphe en nous ?

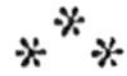

Mon Dieu ! je me fie à Vous entièrement, et pour le Temps, et pour l'Éternité.

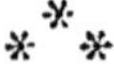

Éternité !
Prix des travaux d'une heure,
Tu vaux la peine que l'on pleure,
Que l'on combatte et que l'on meure,
Pour conquérir ton Immobilité !

31 mai 1893.

***

Au service d'un Dieu tout amour, le cœur ne saurait oublier jamais les affections de choix.

***

Mon Dieu, parlez-moi, je Vous écoute!

***

Mon Père! non pas ce que je veux, mais ce que Vous voulez.

(Saint Mathieu, XXVI, 9.)

***

Quand on aime, il n'y a pas de peine, ou, s'il y a de la peine, c'est une peine qu'on aime.

(Saint Augustin.)

***

Que rien ne te trouble; que rien ne t'épouvante. Tout passe. Dieu ne change pas.

***

La patience tout obtient. Qui possède Dieu, rien ne lui manque. Dieu seul suffit.

***

A chaque nouvelle douleur, dites à Notre-Seigneur : « Défendez-moi contre moi-même et faites que je Vous aime jusqu'au bout! » Dites-vous : Voilà ma vie... la souffrance sous une forme ou sous une autre; je demande à Notre-Seigneur de ne pas déposer ma croix : « Puisque Vous avez porté la couronne d'épines, placez-la sur ma tête; je sourirai devant tout... mais dans le cœur à cœur, je dirai : O Jésus! le dernier mot de mon cœur, c'est que je n'en puis plus! La vie est lourde... mon âme, qui devrait être mon trésor, est ma torture. Puisque ma vie est crucifiée, faites qu'elle soit méritante et que d'autres âmes viennent auprès de mon âme et disent avec elle : Nous voulons bien agoniser avec Vous, car Vous avez traversé l'agonie et Vous êtes mort pour nous! »

Si vous avez bien compris Notre-Seigneur, si les relations avec Lui sont telles que c'est l'intimité complète, la vie pourra être pour vous un martyre, et vous direz : Merci! Elle pourra être une souffrance de toutes les heures, et vous direz : Ainsi soit-il!

***

Quand je lis l'Évangile chaque mot me semble un éclair et me donne une consolation.

(Lacordaire.)

* * *

Je Vous adore, ô Dieu le Père! qui m'avez créée; je Vous adore, ô Fils! qui m'avez rachetée; je Vous adore, ô Saint-Esprit! qui m'avez tant de fois sanctifiée et qui me sanctifiez encore; je Vous consacre toute ma journée pour Votre pur amour et à Votre plus grande gloire.

Je ne sais ce qui doit m'arriver ce jour, si ce sont des choses fâcheuses ou agréables, si je serai gaie ou triste, en consolation ou en angoisse : il en sera tout ce qu'il Vous plaira.

* * *

Je m'abandonne à Votre Providence et je me soumets à toutes Vos volontés.

* * *

Prenez votre Croix et suivez Jésus, et vous aurez la couronne de l'éternelle vie.

FIN

TABLE DES MATIÈRES

PARIS. — TYP. PLON-NOURRIT, ET Cie 8, RUE GARANCIÈRE. — 13601

PARIS

TYPOGRAPHIE PLON-NOURRIT ET Cⁱᵉ

Rue Garancière, 8

www.ingramcontent.com/pod-product-compliance
Lightning Source LLC
LaVergne TN
LVHW021228170726
843501LV00003B/710